三亚旅游革命

Sanya tourism revolution

龚后雨　卜凡中◎著

新 华 出 版 社

图书在版编目（CIP）数据

三亚旅游革命/龚后雨，卜凡中著
北京：新华出版社，2018.8
ISBN 978－7－5166－4298－6
Ⅰ.①三 … Ⅱ.①龚…②卜… Ⅲ.①地方旅游业—旅游市场—市场管理—研究—三亚 Ⅳ.①F592.766.3
中国版本图书馆 CIP 数据核字（2018）第 188379 号

三亚旅游革命

作　　者：	龚后雨　卜凡中		
责任编辑：	张永杰	**责任校对：**	刘保利
责任印制：	廖成华	**封面设计：**	臻美书装

出版发行：新华出版社
地　　址：北京石景山区京原路 8 号　　邮　　编：100040
网　　址：http://www.xinhuapub.com
经　　销：新华书店
　　　　　新华出版社天猫旗舰店、京东旗舰店及各大网店
购书热线：010－63077122　　中国新闻书店购书热线：010－63072012
印　　刷：三河市君旺印务有限公司
成品尺寸：170mm×240mm
印　　张：23.5　　　　　　　　字　　数：290 千字
版　　次：2018 年 8 月第一版　　印　　次：2018 年 9 月第一次印刷
书　　号：ISBN 978－7－5166－4298－6
定　　价：48.00 元

目　录

CONTENTS

序

三亚之痛与三亚之变

魏小安

说起三亚，首先自然是三亚之美，天蓝、水清、树绿、花红、风暖、气顺，一望无际的南海，洁白的沙滩，形成了巨大的吸引力。中国有18000多公里的海岸线，从鸭绿江口到北仑河口，但是真正具备滨海度假条件的地方并不多，北方有好沙滩缺少好气候，南方气候好但是缺少好沙滩。看来看去，真正具备条件的只有海南岛，海南岛又集中在三亚，由此形成中国唯一的热带海滨度假城市。可以说得天独厚，既是唯一，也是第一。

百年以来，世界度假的主流始终是滨海度假，尤其是热带滨海度假，在这方面，中国资源严重不足。百年以前，青岛和北戴河在西风熏染之下，成为中国首批滨海度假城市，但是由于资源和气候的局限，已经远远不能适应需求，三亚的稀缺性凸显。当代旅游发展以来，沿海都在开发，1991年，国务院即批准建设十二个国家旅游度假区，三亚当之无愧成为投资商瞩目之地，也成为游客聚集之地。

但是，自海南建省以来，30年起起伏伏，三亚总是不尽如人意，有时甚至为人诟病，成为三亚之痛。一是高峰期的拥挤，以及在此期间的天价现象。二是宰客如影随形，无论是旅行社还是餐馆，似乎成为顽症。三是旺季之后，消费严重不足。林林总总，不一而足。然而这些只是表面之痛，真正的三亚之痛是结构之痛。第一是客源结构，候鸟性人口比重过大，尤其是早期进入的候鸟性人口，占据了地点，消耗了资源，但是日常消费少，拉动作用小。第二是产业结构，房地产业主导甚至成为主体，在全世界的滨海度假区极少见到，澳大利亚黄金海岸是日本房地产模式，自己降低了自己。第三是滨海开发结构，沙滩之后就是大路，美其名曰还沙滩给大众，亚龙湾和三亚湾都是如此，使黄金地段不能产生黄金效益。第四是产品结构，一方面虽然休闲度假已经成为趋势，但观光产品的主导性影响仍然存在；另一方面是对海洋的浅层次利用，只是局限于海滩。说到根本，大规模的观光客流，多数是一次性客人，供给方尽可能宰客，反正不担心是否再来。

三亚之痛，早就引起各个方面的关注，多年以来，三亚各级领导高度重视，采取了多种措施，在市场治理和市场秩序方面，力度之大，方式之多，堪称全国领先。但是为什么仍然不尽如人意呢？一方面，运动式的治理，固然可以一时见效，风头一过，故态复萌，成为政府和经营者的博弈。另一方面，政府治理需要成本，三亚缺乏财政支持，长期的治理成本难以持续，也只能形成运动式的。由此，三亚提出了三亚之变，甚至提到了三亚旅游革命的高度。最为显著的是，最近几年，随着三亚市建立了全国首支旅游警察支队，以及打造了强有力、常态化的旅游投诉与监管体制，三亚旅游的市场治理已经发生了本质的改变，一跃成为全国典范。

三亚旅游革命，必须超越治标阶段，革命的对象，革命的方式，革命的成果，一系列问题都需要研究。治本之策是供给侧结构性改革，这是系统的系列的改革。第一是地域的扩大，在行政区划不能调整的情况下，应当追求市场地域的扩张。严格地说，北纬18度线以南，是热带地区，都是宝地，应当是大三亚市场影响所及。第二是市场的分层，三亚应当成为高端滨海度假的集中地，但是现在格局已成，调整困难。土地有限，扩张困难。一流资源成为二流目的地，富人不愿来，中产不敢来，穷人不能来。不必讳言，三亚应当成为富人的天堂，中产的盛宴，穷人的机会。如果市场分层形成不了，三亚旅游革命也无从谈起。第三是腾笼换鸟，候鸟性人口可以转移到大三亚，后续性接替需要质量，需要消费，要能够拉动发展。第四是产品的革命，观光旅游挡不住，也不必挡，但是应当集中于几个主要的观光地。要腾出空间，满足高端休闲度假的需求。全世界的滨海度假带都有公共海滩，但绝对不在最好的地段，免费产品不能是最好的产品，这是常识，黄金地段应当产生黄金效益。第五是产业结构调整，房地产的高峰已过，开发商一次性赚钱政府一次性收费的模式也已经成为过去，康养产业、文化创意产业、海洋产业、环境产业应当成为主导，主体则是休闲度假产业，有了市场基础，有了消费基础，其他新兴产业的培育指日可待。

三十年的大特区，十年的国际旅游岛，海南的政策不可谓不多，但是落地生根，效果有限。今年又面对着全新的格局，一个巨大的自由贸易区成为国策，一个个改革开放的措施出台，人员自由往来，资金自由流动，货物自由进出，这是一个超越性的格局，三亚旅游革命也面对着跨越性的发展之局，必须形成跨越式的发展之举。其中，观念的革命恐怕是重中之重。《三亚旅游革命》一书开了一个好头，但问题的解决还是在生动的实际生活之中。

（作者系世界旅游城市联合会首席专家、海南省政府咨询顾问委员会委员）

第一章　痛定之后还要思痛

天生丽质，魅力独具。三亚之美，让人惊艳。

美丽的三亚也曾经历"成长中的烦恼"。

揭开已经愈合的伤口，不仅需要胆识，更需要格局与担当。

曾几何时，三亚旅游市场乱象频发，一度成为游客和媒体关注和诟病的焦点。

处在风口浪尖的三亚，让人欢喜让人忧。

重塑城市形象，还游客一片纯净的旅游空间，是对三亚政府管理智慧和整治决心的双重考量。

三亚旅游，亟待浴火重生。

第一节　三亚真的很美

　　大海的湛蓝，沙滩的洁白，雨林的葱绿，阳光的和暖……对海南，人们从向往而常往，到想来就来、来过还想来、来了还想买房住下来，反映出海南国际旅游岛建设取得实实在在的成绩，海南在变化、在进步，在成长，越来越美、越来越让人心动。

　　今天，"三十而立"的海南向世界发出了春天的邀请：美好新海南欢迎您！

　　海南的自信，来自于全国最好的生态环境、全国最大的经济特区、全国唯一的省域国际旅游岛的"三大优势"，得益于天时、地利、人和。

　　"三大优势"助力于早日实现全省人民的幸福家园、中华民族的四季花园、中外游客的度假天堂"三大愿景"，昭示美好新气象。

　　青山绿水、碧海蓝天，一流生态诠释独特魅力。宝岛海南是当之无愧的"天然氧吧""绿色之肺"，是中外游客宜居、宜业、宜游、宜养的生态岛、健康岛、长寿岛。

一

"阳和启蛰，品物皆春。"

2018 年 2 月 2 日，下午。

北京春寒料峭，外交部蓝厅却暖意融融。

今天的每一抹蓝色仿佛都为海南盛放。

以"新时代的中国：美好新海南 共享新机遇"为主题的外交部海南全球推介活动在此举行。外交部部长王毅致辞，海南省委书记刘赐贵、海南省委副书记、省长沈晓明亲临现场推介。

　　本次推介活动是外交部在中国共产党第十九次全国代表大会胜利闭幕后的首场推介活动，也是海南纪念建省办经济特区 30 周年的首场重要活动，吸引了 160 多个国家的驻华使节、国际组织驻华代表及工商界代表、中外专家学者和媒体记者等 500 余人出席。出席嘉宾的国别以及驻华使节、高级外交官、境外媒体人数和总人数均创历次外交部省区市全球推介活动之最。

　　"几乎所有建交国都来了，全世界都来了。"王毅表示，今天是 2018 年第一场外交部全球推介活动。2018 年是中国改革开放 40 周年，也是海南建省办经济特区 30 周年。改革开放不仅深刻改变了中国，也深刻改变了世界。海南是中国最大的经济特区，也是唯一的省级经济特区。

　　王毅在致辞中还不遗余力地为海南宣传推介，他充满激情地说："来自海南的同事告诉我，'来到海南岛，身体会更好'。今天面对各国使节，我再加一句话，那就是'结交海南岛，未来会更好'！"

　　刘赐贵围绕"新时代、新优势、新目标、新机遇"四个"新"向中外嘉宾详细介绍了海南。他说，"我们处在新时代"，党的十九大开启全面建设社会主义现代化强国的新征程，为海南深化与各国交流合作提供了坚实的支撑和最好的舞台。"我们拥有新优势"，海南拥有中国最好的生态环境、中国最大的经济特区、中国唯一的省域国际旅游岛"三大优势"。在新的历史时期，海南将以习近平新时代中国特色社会主义思想为指引，充分发挥"三大优势"，全面推动新一轮改革开放。具体来说，就是要实现经济繁荣、社会文明、生态宜居、人民幸福，努力实现海南人民的幸福家园、中华民族的四季花园、中外游客的度假天堂"三大愿景"，成为展示中国构建人类命运共同体、实现中华民族伟大复兴中国梦的重要窗口。

　　随后，沈晓明再加"三句话"以增进大家对海南的印象。第一句话是，海南值得来度假。海南同时具备气候好、空气好、风光好、设施好。第二句话是，海南值得来投资。海南旅游、医疗健康、互联网、热带农业、会展等产业蓬勃发展，以南繁育种为代表的热带高效农业、深海科技及产业、航天科技及产业等"陆、海、空"三个未来的高新技术产业正在培育，这些都是重大投资机会。第三句话是，海南值得来体验。海南民风淳朴、社会和谐，不仅自然环境好，而且文化多元，既有独特的民族民俗文化，也有越来越多的国际元素融入海南。

踏入外交部蓝厅，浓浓的"海南味儿"扑面而来。

"上有天堂，下有海南。"俄罗斯驻华大使安德列·杰尼索夫深情地说，他自己经常到海南去，时常陶醉于那里的碧海蓝天、青山绿水，"要想身体健康，都到海南岛去"。

海南之美，为世人所向往。海南气候温和湿润，环境空气质量优良天数比例达到 99% 以上，既有阳光沙滩、椰风海韵，又有青山绿水、珍花奇草，森林覆盖率高达 62.1%。海南以"美丽海南百镇千村"建设为抓手，创建全域旅游示范省，努力实现"一步一景，处处是景"。

从海南热带雨林罐装来的空气，在蓝厅成为焦点，嘉宾们争相体验。

海南从不吝啬自己的美丽，张开双手迎客天下。2017 年，海南全省接待游客 6745 万人次，是常住人口的 7 倍多。海南是中国唯一的省域国际旅游岛，离境退税、离岛免税、26 国免签政策和便捷的空中航线让海南成为中国旅游最自由、最实惠的地区之一。

在海南建省办特区 30 周年之际，海南旅游产业的发展有望进一步升级。2017 年 12 月《海南省旅游发展总体规划（2017—2030）》出台，该规划为海南省旅游发展的纲领性文件，为海南不断完善旅游体系建设指明了方向。规划提出对海南省旅游发展建设的近、中、长三个目标：至 2020 年，基本建成国际旅游岛；至 2025 年，建成世界一流的海岛休闲度假旅游胜地；至 2030 年，建成世界一流的国际旅游目的地，同时在 2030 年达到 1.5 亿人次的旅游客流量，旅游收入实现 3000 亿元目标。

进入新时代，海南正在建设一个山水美、城乡美、人文美的海南，一个发展好、生活好、风气好的海南，一个观念新、动能新、作为新的海南。海南把全省作为一个大城市、大景区、大花园来规划建设管理，以最严格的制度保护生态，努力使青山更绿、海水更蓝、沙滩更美、空气更清新，努力打造世界一流的海岛休闲度假旅游目的地。

二

认识海南当从三亚开始。

沈晓明坦言，三亚是海南亮丽的"窗口"和"名片"。三亚在全省经济社会发展大局中的地位具有不可替代性。人们对海南的印象首先就是对三亚的印象。三亚的发展是海南改革开放成果最集中的体现，也是建省办经济特区 30 年来海南进步发展的标志。

认同这一观点的人不在少数，他们把三亚视为外界观察海南的一个窗口。

三亚古称崖州，位于海南岛最南端，地处北纬 18 度的黄金旅游度假带上，拥有得天独厚的热带风光和丰富的旅游资源。

1950 年，崖县解放，县治仍在崖城。

1954 年崖县党政机关从崖城迁到了三亚，这次迁移，对以后的区划调整影响深远。

新中国成立后，海南作为战备前哨，三亚港不对外开放。1983 年 10 月，国务院批准该港为对外开放口岸，随后开通了三亚至香港海上客运航线。渔船、商船、客船一下子多了起来，港口也变得热闹了。

1984 年 5 月，撤销崖县建立县级三亚市，三亚实现了由发展农村到建设城市的转变。

当时，有人从外地来三亚，用了"五个一"来总结：一个港口，一条解放路，一条红旗街，一个电影院，一个菜市场。"完全就是个小渔村。"

还有人调侃当时最繁华的解放路，"路口立着一岗楼，一个警察望到头"。

1987 年 9 月 26 日，中共中央、国务院批准三亚市升格为地级市。

三亚长夏无冬，空气清新，阳光、海水、沙滩、蓝天相得益彰，山、海、河、城浑然一体，具有旅游城市最珍贵的自然底蕴。

三亚着眼于旅游开发，比国内许多城市都谋划得早。

1984 年，三亚就组建了市旅游公司。1986 年，全国旅游工作会议宣布海南岛为全国 7 个重点旅游区之一。当年 6 月，三亚市旅游局成立。

1986 年春节，一位国家领导人来三亚考察，在三亚市委负责人的陪同下踩着土路去了亚龙湾。面对原始而优美的海景，领导人发出一句感叹："不是夏威夷，胜似夏威夷！"

1990 年 3 月，海南省政府正式批准三亚重新修订的城市总体规划纲要，发展目标定为：重点发展旅游业和高技术产业的国际热带滨海风景旅游城市。

1993 年 2 月，三亚市委提出把旅游业作为主导产业和中心产业。

2014 年，三亚撤镇设区。

时间如梭，转瞬即逝。

三亚——昔日的边陲小城搭上时代发展的高速列车，一路高歌猛进，快步迈进国际化热带滨海旅游城市之列，成为海南国际旅游岛皇冠上的明珠。

历经了两个 30 年的发展建设，三亚已经站在了新的历史起点上，开启了建设国际化热带滨海旅游精品城市的新征程。

从国家战略来讲，今天的三亚已成为国家"21 世纪海上丝绸之路"的重要战略支点城市，是国家对外开放的重要窗口。对此，中央和海南省委对三亚城市地位和作用的提升提出了迫切要求。

2013 年 4 月，习近平总书记在海南视察调研时指出，"良好生态环境是最公平的公共产品，是最普惠的民生福祉"，"小康不小康，关键看老乡"，为三亚的发展指明了方向。

"三亚发展旅游，必须牢固树立生态环保理念，将生态环保与开发建设统筹好，让三亚的天更蓝、山更绿、水更清，为市民、游客提供优良的人居环境。三亚要以建设国际旅游岛为总抓手，全力建设国际化热带滨海旅游精品城市。"2014 年 10 月 31 日，在三亚市干部大会上，时隔八年多又回到三亚任职的中共海南省委常委、三亚市委书记张琦（现任海南省委常委、海口市委书记）表示。这是三亚城市发展新的蓝图，标志着三亚城市发展新征程的开始。

2016 年 8 月 13 日，时任海南省省长刘赐贵（现任海南省委书记）在三亚深入"双修"项目建设第一线，调研三亚对习近平总书记视察海南重要讲话精神的贯彻落实情况并进行现场办公。刘赐贵强调，要认真结合习近平总书记视察海南时对三亚扩大开放、深化改革的具体要求，通过一个个项目建设，不断完善城市功能，着力提升城市与国际接轨的精细化、规范化管理水平，积极推进城乡一体化建设，把三亚打造成真正意义上的国际化精品城市。

三亚，在国家建设"海南国际旅游岛"和"一带一路"两大战略引领下，将再次起航，朝着世界级滨海旅游精品城市、海南旅游特区标杆城市和国家南海战略门户和支点城市阔步前行。

三

一湾碧水开明镜，三面青山列画屏。

得天独厚的自然资源，美轮美奂的山水城市格局，让三亚名闻天下。

北纬 18 度的地方，是光照最强、热量最大的地区，也是中国最纯正的热带地区，这里没有亚热带区域那样的潮湿，更没有冬季的寒流，所形成的"天然温室"每年都吸引着全国甚至国外的游客光临。

天蓝海碧，沙白水清。三亚是一个充满浓郁热带风情的地方。这里常年有着温暖的海水、和煦的海风、绽放的鲜花以及郁郁葱葱的绿树。这片土地充满了热情和浪漫，从踏上三亚的那一刻起，你就会感受到海风轻抚和海涛阵阵所带来的浪漫情怀。

三亚环境极为独特，集山、海、河自然美景于一体，汇集了阳光、海水、沙滩、森林、动物、温泉、岩洞、风情、田园、古迹十大风景旅游资源，是中国乃至世界热带海洋旅游资源最丰富、最密集的地区之一，被世界旅游组织评为世界少有的最具魅力的旅游目的地之一。

三亚宛如一幅古朴优美的山海图画。

谁能不钟情于这海天一色，谁能不流连于这一方山水？

这是一座独一无二的城市。

只要你来，就会死心塌地爱上她。

三亚的美在于海。

三亚的大东海是月牙形的海湾，辽阔的海面晶莹如镜，三面环山。蓝蓝的天，蓝蓝的海，白白的云朵，银色的沙滩，可爱的海鸥，调皮的螃蟹，翠绿的山峦，还有在海边游玩的人们，构成了一幅和谐的风景画。白天，海十分喧闹，涛声激荡，偶尔还听见几声海鸥清脆的鸣叫。夜幕降临，海潮的声音渐渐变得呢喃起来。夜空中的星星一闪一闪地眨着眼，皎洁的月光洒在朦胧的海面，阵阵凉爽的海风扑面而来，让人感到温柔而又祥和。

天涯海角的海则别有风韵。这里碧海、青山、白沙、礁石浑然一体，椰林、波涛、渔帆、鸥燕、云霞交相辉映。海面从银白色的沙滩向远方渐次延伸，浅蓝、天蓝、湖蓝、深蓝，最后与蓝天相接，形成了"海天一色"的绝美景致。

来到天涯海角，自然会想到当代诗人海子的诗句"从明天起／关心粮食和蔬菜／我有一所房子／面朝大海／春暖花开"。而游客们何尝不和海子的念想一样，希望在云淡风轻的日子里，聆听海的细语，看日出日落，感受海的柔情，追逐海的影子。

在三亚这片神奇的海域，无数珊瑚构筑成海底的宫殿，金碧辉煌，又千姿百态，有的像一朵硕大的莲花静静地开在海底；有的像一簇簇跳动的火焰将海水照亮；有的连成一片像海底的森林，格外惹人喜爱。

潮起潮落，云卷云舒。三亚的海，是一幅优美的画卷，是一道广阔的背景，是一座壮丽的舞台，是三亚发展的见证。

三亚湾、亚龙湾、海棠湾、大东海湾、崖州湾并列三亚五大名湾。

三亚湾，位于三亚风景群的核心，银色海滩伴着蔚蓝海岸伸展，与三亚城区完美相融。这里沙滩平缓、海面开阔，湛蓝天宇映衬着碧波万顷，景象万千。作为三亚的"城市会客厅"，三亚湾风光旖旎，充盈着诗情画意，椰树成林依湾绵延，构成三亚滨海旅游美丽动人的风景长卷。

黄昏时分，红霞满天。漫步三亚湾的椰梦长廊，感受沙滩的细腻与轻柔，看霞光涌动，观夕阳慢慢融入大海，何等浪漫和惬意！

亚龙湾是海南最南端的一个半月形海湾，这里气候温和、风景如画，不仅有蔚蓝的天空、明媚温暖的阳光、清新湿润的空气、连绵起伏的青山、千姿百态的岩石、原始幽静的红树林、清明澄澈的海水、洁白细腻的沙滩以及五彩缤纷的海底景观，而且八公里长的海岸线上椰影婆娑，生长着众多奇花异草和原始热带植被。

"三亚归来不看海，除却亚龙不是湾"，这是游人对亚龙湾由衷的赞誉。

海棠湾位于三亚市东北部海滨，由于远离市区，一种原生态的美使其独具魅力。22公里长的岸线风光无限，河道如网，绿洲棋布，芳草萋萋。定位为"国家海岸"的海棠湾，是一个世界级的旅游度假天堂，更是国家级海洋科研、教育、博览基地的综合体。

提起海棠湾，尤值一提的是高端酒店群。不同于亚龙湾和三亚湾的酒店，海棠湾的酒店群更具现代魅力。作为三亚最后一块高品质的海滨资源，海棠湾是三亚成为世界级旅游度假区的希望，是海滨度假区拓展的"重中之重"。

三亚的美在于河。

三亚河、临春河穿城而过，把三亚市装扮得分外妖娆，妩媚动人。傍水而生的红树林沿河岸绵延不绝，就像绿色的飘带随风摇曳。三三两两的白鹭时而在水边嬉戏，时而在河流上空轻歌曼舞，营造出温馨浪漫的和谐意境。

华灯初上，夜色阑珊。三亚河的美让游客流连忘返。微风拂过，河面掠过细碎的涟漪，在忽明忽暗的灯光下，色彩斑斓，时有小鱼"啪"的跃出水面，仿佛也要看看来者何人，与您打声招呼。

三亚的美在于山。

南山踞南海之滨，形似巨鳌，古称鳌山，有观音菩萨坐骑之相。琼州历来就有观音出巡南海之说，观音菩萨在此循声救苦，普度众生之功德事迹，童叟可颂。南山侧望之东瑁、西瑁二岛，相传为观音闻声救难时担土跌落而成。佛教经典记载，救苦救难的观音菩萨为了救度芸芸众生，发了十二大愿，其中第二愿就是长居南海。

南山海上观音圣像高达 108 米，慈立南海碧波之上，巨鳌南山旁侍，大东海潮音相拥。海天一色，霞光潋滟。

三亚还是热带雨林原生地。高大的阔叶林，清清的溪流，悬崖边用树搭成的天梯，拉着老藤枯枝的艰难攀缘，光影斑驳。还有一跃而过的野生动物，神秘而美丽，令人惊叹不已。

热带雨林中有百年古藤、千年古蕨，遮天蔽日，流泉叠瀑，倾泻而下，漫步雨林中，清风徐来，爽人心脾。各种植物都在这里找到了它们自由生存的空间。无论在阳光下或者风雨中，它们总是伸出曼妙的枝丫，不断向上舞蹈，显现出勃勃生机。

在三亚，石头也有生命。

相传在很久很久以前，一对来自世代仇家的热恋青年男女发誓"即使到天涯海角也要永远在一起"。他们为了恪守誓言，双双跳进大海，最后化成两块巨石，永远相视相对。天之涯，海之角。湛蓝的天空与浩瀚的大海在遥远的天边相接相拥，广袤的苍穹在这里温柔地投入大海的怀抱，天到了尽头，海有了边角。

天若有情天亦老。天涯海角，这远在天边、守望千年的两块巨石，源源不断地抒写着无尽的浪漫风情和历史沧桑。

四

不仅自然美不胜收，三亚也有着璀璨的历史文化。

"三亚"，因古临川水而得名。三亚东西二河汇合，成"丫"字形。三亚河是三亚的母亲河。后来一些渔民从此上岸，成为城市的起源地。定居这里的人形象地把该河称为三丫。方言"丫"与"亚"同音，故取名"三亚"。

三亚市别称鹿城。相传，在很久以前，有一位勇敢勤劳的黎族青年，在五指山狩猎，发现一只美丽的梅花鹿，青年猎手穷追不舍，追了九天九夜，翻过了九十九道山，从五指山一直追到三亚湾的珊瑚礁上，茫茫的大海挡住了小鹿的去路，当青年猎手弯弓搭箭时，梅花鹿突然变成了一位美丽的黎族少女，含情脉脉地回眸凝视，青年猎手喜出望外，放下弓箭表达爱意。于是，俩人结为夫妻，在这里披荆斩棘，搭起寮栅，安家落户，从此他们捕鱼狩猎，男耕女织，生儿育女，过着幸福美满的生活。后来，人们为纪念他们的爱情，便将这个地方取名：鹿回头。

根据这个美丽的爱情传说，三亚建造了鹿回头山顶公园，并在园内竖立了一座高 12 米、长 9 米、宽 4.9 米的海南全岛最高巨石城市雕像。

三亚拥有历史悠久的海南先民文化、历史文化、独具特色的建筑文化、丰富多彩的民俗文化以及后来居上的旅游文化，多种文化相互补充、相互渗透、相得益彰，积淀成三亚丰富而厚重的地域文化。

在三亚荔枝沟境内的落笔洞里，尘封着一处我国目前发现的最南端的史前文化洞穴遗址——落笔洞史前人类文化遗址。

落笔洞，位于三亚市田独镇荔枝沟境内，距三亚市区约 15 公里。该洞坐落在一座奇特独秀的小山峰印岭之下，为天然石灰岩溶洞。洞的中央，有两根钟乳垂吊，明《正德琼台志》如此记载："石形如悬笔，笔尖滴水不断。"人若能手接此水，便会文思敏捷，挥笔成章。洞底地上数块平面大石形似砚台，传说此乃"神仙"所用的笔砚，"落笔洞"由此而得名。

20 世纪 90 年代初，由海南省博物馆、中国科学院古脊椎动物与古人类研究所、三亚市博物馆三方专业人员组成考古发掘队，对落笔洞遗址进行了全面考察，先后两次清理发掘，共清理遗存面积 70 平方米，发掘出 8 枚人牙化石、石制品、骨角制品标本等上百件文化遗物以及几百件动物化石和 7 万余件贝蚌壳化石，还有大量用火遗迹。这一发现在国内外引起很大的轰动，落笔洞由此成为目前发现的海南最早的人类活动的始点。

落笔洞人类史前文化遗址的发现，给三亚的历史文化添上了浓墨重彩的一笔。一万年以前，就有海南的先民在这里繁衍生息，创造了辉煌灿烂的史前文化，这有力地证明：三亚的早期开发时间，不亚于国内其他地区，"三亚人"是开发海南岛的伟大先驱。

早在两千年以前，三亚就已经归入中央朝廷管辖。三亚古称崖州。秦始皇时期，南方设置三郡，崖州就属于其中之一的象郡。

在古代，因三亚远离帝京，孤悬海外，一直被认为是边陲蛮荒的"天涯海角"，长期被作为贬黜罪臣的流放之地。古代一批名臣学士因政治斗争被贬黜到此谪居。

据典籍记载，从汉代到明朝，被贬黜流放到崖州的贤相名臣学士就有 15 人之多，其中有 10 人长年居留今崖城镇的水南村。如唐高宗太子冼马兼侍读刘纳言、唐代两朝宰相李德裕、北宋太祖时的宰相卢多逊、宋仁宗时的宰相丁谓、南宋参知政事赵鼎与李光、元代宰相王仕熙、明代广东电白名儒莫蔡等，他们大多是中原杰出人物。被蒙冤贬谪流放崖州期间，他们积极传播中原文化和先进的生产技术，为推动当地的经济文化发展作出了重要贡献。

南宋谪臣胡诠被贬崖州后，寄居在水南村裴闻义家中，他缘结乡里，兴建学堂，亲自执教，"日以经训传经书为事"，为当地黎、汉村民培养了大批学子。

追寻历代名臣学士贬谪的足迹，细细梳理他们寓居三亚的生活故事，人们仿佛就走进了一个深邃迷离的历史时空隧道，让人领略到中国历史的悠远和三亚旅游文化的深刻厚重。这也是许多中外游客慕名到三亚旅游的一个重要原因。

五

"扬心潮澎湃的帆，驾乘风破浪的船，去天之涯、海之南、梦的彼岸……"

2018 年 2 月 15 日农历除夕夜，全国人民、全球华人喜迎春节、阖家团圆。在万众期待的中央电视台春节联欢晚会上，三亚惊艳亮相，精彩呈现"美好新海南　美好新三亚"，用一场极具国际旅游岛风情的盛大表演，给全国观众和海外华人送去三亚的新春祝福。

这一刻，三亚惊艳世界；这一晚，三亚人也同全球观众一样，沉醉于三亚的美丽。

"我很想激动地告诉大家，这是我的家乡，它现在是这样的！"三亚返乡大学生王水秋非常幸运，成为春晚三亚分会场的现场观众。他一边看一边激动地举起手机，录下许多段小视频，发给不同的微信群，将喜悦的心情分享给五湖四海的朋友。

守在电视机前收看春晚的三亚市民容晓燕说，春晚分会场充分彰显了三亚的魅力，传递出海南人民的自豪和自信。

琼岛春来早，海风惹人醉。

2018 年春节黄金周，三亚再次呈上亮眼"答卷"：接待游客 97 万人次，揽金 97 亿元，实现人财两旺，助推三亚旅游取得新年"开门红"。沈晓明感叹说："三亚从上到下又经受了一次春节大考，让全国 100 万来三亚过年的人民过了一个好年。"

中国旅行社协会与途牛旅游网、艾威联合旅游顾问机构联合发布的《2018 年春节黄金周旅游趋势报告》数据显示，海南省位居国内长线游热门目的地，三亚市位居热门目的地城市榜首。

"人民对美好生活的向往，就是我们的奋斗目标。"这是中国共产党执政为民的郑重宣示。同样，"人民至上"的旋律也始终在大海之南萦绕不息。

海南向改革要动力，向开放要活力。目前，海南已开通国际航线 58 条、国内外货运航线 337 条、邮轮航线 14 条；离岛免税购物政策效应进一步放大，2011 年以来累计营业额超过 300 多亿元。

2018 年 4 月 18 日，公安部召开新闻发布会，国家移民管理局在发布会上通报，经国务院批准，自 2018 年 5 月 1 日起，在海南省实施 59 国人员入境旅游免签政策，免签入境停留时间为 30 天，进一步支持海南全面深化改革开放。

国家移民管理局副局长曲云海介绍，与过去相比，此次实施的入境免签政策包含三方面内容：一是扩大免签国家范围，适用入境免签政策的国家由 26 国放宽到 59 国，有利于鼓励更多的外国人赴海南旅游，形成更加开放的格局；二是延长免签停留时间，免签入境后停留时间从 15 天或 21 天统一延长至 30 天，促进入境旅游市场更加活跃发展；三是放宽免签人数限制，在保留旅行社邀请接待模式的前提下，将团队免签放宽为个人免签，满足外国游客个人出行的需要。

海南对外开放程度和国际化水平不断提高……

正如刘赐贵所指出，海南要实现全省人民的幸福家园、中华民族的四季花园、中外游客的度假天堂"三大愿景"，最基本的是要有一个开放、包容、文明的人文环境，一个优美洁净、人与自然和谐相处的生态环境，一个安全、有序、诚信的社会环境。

2018 年 2 月 25 日，海南省政府领导班子成员集体调研三亚市经济社会发展情况并召开座谈会，沈晓明在总结时指出，三亚在海南乃至全国发展大局中的战略地位十分重要，城市特色鲜明，发展活力和后劲都很足。他要求三亚从上到下要切实增强责任感和使命感，在追求高质量发展上取得重大突破，早日真正建成国际化热带滨海旅游精品城市，让三亚成为人人向往的幸福之城。

对标党的十九大精神，贯彻新发展理念，建设现代化经济体系，在中国特色社会主义进入新时代的背景下，三亚如何扛起建设美丽中国海南板块的责任担当？

海南省委常委、三亚市委书记严朝君言简意赅："大力发扬敢闯敢试、敢为人先、埋头苦干的特区精神，提升城市国际化水平，既打造好幸福三亚，也当好加快建设美好新海南的排头兵，这是省委对三亚提出的发展要求，也是三亚站在升格地级市30周年新起点上再出发的动力。"

三亚促进旅游产业大发展，既惠及当地百姓，又惠及外地游客，在主客共享旅游发展成果的同时，大大提升其幸福感。在这个意义上，打造"幸福三亚"与"幸福产业"的目标诉求是一脉相承的。

瞄准国际化，构建三亚旅游业体系是着力点。严朝君强调，未来三亚旅游发展要做好"三强"。首先，产业必须强，没有一个强大的旅游产业，仅仅只是游客数量的增加，这将不可持续，而且风险非常大。中国的旅游者走出去了，但我们期望的高端国际旅游市场并没有走进来。其次，科技要强。没有科技教育强项，没有人才的储备，是没有可持续的竞争优势的。最后，文化更要强。如果没有文化繁荣的三亚，就不可能有世界一流的三亚。因此，我们要深挖历史的文化，传承保护原居民文化，构建新移民文化，充分利用候鸟群体的特征打造世界一流的新移民城市文化。

新理念引领新发展，新发展孕育新动能。如今的三亚，在新城市的发展语境中，坚持以"多规合一"为引领，以全域旅游示范市建设为抓手，推动旅游产业转型升级，培育和发展旅游新业态，创新旅游市场监管方式，"幸福产业"旅游业正驶向全面发展的快车道。

六

四月的海南，春潮澎湃。

2018 年 4 月 13 日下午，海南省人大会堂被布置得庄严而喜庆，庆祝海南建省办经济特区 30 周年大会在这里隆重举行。

大会在雄壮的中华人民共和国国歌声中开始。中共中央总书记、国家主席、中央军委主席习近平出席大会并发表重要讲话。

习近平指出，今天，我们在这里隆重集会，庆祝海南建省办经济特区 30 周年，就是要充分肯定经济特区建设的历史功绩，深刻总结经济特区建设的宝贵经验，在新时代新起点上继续把全面深化改革推向前进，为实现"两个一百年"奋斗目标、实现中华民族伟大复兴的中国梦提供强大动力。

习近平指出，海南是我国最大的经济特区，地理位置独特，拥有全国最好的生态环境，同时又是相对独立的地理单元，具有成为全国改革开放试验田的独特优势。海南在我国改革开放和社会主义现代化建设大局中具有特殊地位和重要作用。

当习近平郑重宣布，党中央决定支持海南全岛建设自由贸易试验区，支持海南逐步探索、稳步推进中国特色自由贸易港建设时，全场响起了经久不息的热烈掌声。

这是总书记亲自谋划、亲自部署、亲自推动的国家重大战略。

这是党中央着眼于国际国内发展大局，深入研究、统筹考虑、科学谋划作出的重大决策。

这是彰显我国扩大对外开放、积极推动经济全球化决心的重大举措。

细心的人们发现，改革开放的主题贯穿总书记讲话始终，其中，"改革"出现 81 次，"开放"出现 69 次。三十而立的海南将迎来又一个明媚的春天。"形成更高层次改革开放新格局"，成为海南经济特区乃至整个中国新的奋斗目标。

在讲话最后，习近平对海南提出了殷切希望，他说："历史从不眷顾因循守旧、满足现状者，机遇属于勇于创新、永不自满者。一切伟大成就都是接续奋斗的结果，一切伟大事业都需要在继往开来中推进。历代经济特区建设者以他们的智慧、勇气、汗水书写了辉煌篇章。今天，海南广大干部群众要不忘初心、牢记使命，以'功成不必在我'的精神境界和'功成必定有我'的历史担当，保持历史耐心，发扬钉钉子精神，一张蓝图绘到底，一任接着一任干，在实现'两个一百年'奋斗目标、实现中华民族伟大复兴中国梦的新征程上努力创造无愧于时代的新业绩！"

《人民日报》刊发评论员文章认为："海南等经济特区的成功实践，改革开放40年来的伟大征程，充分证明中国特色社会主义道路是实现社会主义现代化、创造人民美好生活的必由之路；充分证明无论改什么、改到哪一步，都要坚持党的领导；充分证明改革开放是当代中国发展进步的活力之源，是党和人民事业大踏步赶上时代的重要法宝；充分证明党中央关于兴办经济特区的战略决策是完全正确的；充分证明人民是改革的主体，是推动改革开放的强大力量。"

5月14日，庆祝海南建省办经济特区30周年大会第二天，《中共中央国务院关于支持海南全面深化改革开放的指导意见》正式对外发布，这无疑是党中央国务院给三十岁的海南送上的最为厚重的大礼。

《意见》对海南作出了新的四大战略定位：

——全面深化改革开放试验区。探索建立开放型经济新体制，把海南打造成为我国面向太平洋和印度洋的重要对外开放门户。

——国家生态文明试验区。推动形成人与自然和谐发展的现代化建设新格局，为推进全国生态文明建设探索新经验。

——国际旅游消费中心。大力推进旅游消费领域对外开放，打造业态丰富、品牌集聚、环境舒适、特色鲜明的国际旅游消费胜地。

——国家重大战略服务保障区。深度融入海洋强国、"一带一路"建设、军民融合发展等重大战略，提升海南在国家战略格局中的地位和作用。

四大战略定位为海南在新时代新的起点上推动形成改革开放新格局指明了方向，是海南新一轮改革开放的重要方向，也是海南可以大有作为的着力点。

《意见》为海南发展描绘了新的蓝图，明确规划了"四步走"的发展目标：

2020年，与全国同步实现全面建成小康社会目标，自由贸易试验区建设取得重要进展，国际开放度显著提高；

2025年，经济增长质量和效益显著提高；自由贸易港制度初步建立，营商环境达到国内一流水平；

2035年，在社会主义现代化建设上走在全国前列；自由贸易港的制度体系和运作模式更加成熟，营商环境跻身全球前列；

到21世纪中叶，率先实现社会主义现代化，形成高度市场化、国际化、法治化、现代化的制度体系，成为综合竞争力和文化影响力领先的地区。

对于举世瞩目的海南自由贸易港建设，《意见》明确，将按照先行先试、风险可控、分步推进、突出特色的原则，分两步在海南推动形成全面开放新格局：

第一步是在海南全境建设自由贸易试验区，赋予其现行自由贸易试验区试点政策；

第二步是探索实行符合海南发展定位的自由贸易港政策。

围绕探索建设中国特色自由贸易港，《意见》指出，海南自由贸易港建设要体现中国特色，符合海南发展定位，学习借鉴国际自由贸易港建设经验，不以转口贸易和加工制造为重点，而以发展旅游业、现代服务业和高新技术产业为主导，更加强调通过人的全面发展，充分激发发展活力和创造力，打造更高层次、更高水平的开放型经济。

中国（海南）改革发展研究院院长迟福林认为，海南建设自由贸易试验区，跟国内其他自贸试验区的不同之处，是有步骤地加快推进自由贸易港的政策和制度建设。同时，海南自贸试验区和自由贸易港建设，是以服务业市场开放为重点，形成服务贸易发展新高地，这也正是海南从自贸试验区走向自由贸易港的一个重大任务。

东风浩荡，海南大地生机勃勃。全省人民欢欣鼓舞，习近平总书记的亲切关怀和党中央、国务院的战略决策让海南又一次迎来跨越式发展的历史性机遇。

庆祝海南建省办经济特区30周年大会整整一个月后，2018年5月13日，中国共产党海南省第七届委员会第四次全体会议在海口召开。

全会要求，扎实推进中国（海南）自由贸易试验区和中国特色自由贸易港建设，探索建立开放型经济新体制。在海南全岛实施现行自由贸易试验区所有试点政策，到2020年取得重要进展，力争建成投资贸易便利、法治环境规范、金融服务完善、监管安全高效、辐射带动作用突出的高水平高标准自由贸易试验区。按照"体现中国特色、符合中国国情、符合海南发展定位"的要求，充分借鉴国际自由贸易港发展经验，以发展旅游业、现代服务业和高新技术产业为主导，打造更高层次、更高水平的开放型经济，到2025年初步建立自由贸易港制度、到2035年自由贸易港的制度体系和运作模式更加成熟。

全会要求，要牢固树立和全面践行"绿水青山就是金山银山"

的理念，实行最严格的生态环境保护制度，推进生态环境治理体系和治理能力现代化，推动形成绿色生产生活方式，筑牢生态安全屏障，建设国家生态文明试验区，为全国生态文明建设作出表率。

我们不妨再把目光投向庆祝海南建省办经济特区 30 周年大会的一个月前，2018 年 3 月 13 日，十三届全国人大代表、三亚市市长阿东在全国"两会"期间回应春节"一票难求"现象时表示，"三亚旅游业，确实还存在着成长中的烦恼"。这种烦恼包括旅游产品缺乏精品，旅游质量达不到标准，特别是春节期间，存在一票难求、城市拥堵的问题。

如何破解成长中的烦恼？阿东介绍，下一步，三亚将从四个方面努力：

精心呵护三亚的生态环境，保护好三亚的碧海蓝天，让青山更绿、海水更蓝、空气更清新。

打造国际旅游消费中心，计划引进具有国际影响力的主题公园。

提高旅游服务的国际化水平，重点在吃住行游购等方面与国际旅游标准接轨。

加强城市精细化管理，铁腕治旅，让中外游客顺心。

"我们要争取让游客进得来、留得住，不想走、还想来。"阿东说。

显然，打造国际旅游消费中心已经成为三亚努力的主要目标之一。

三亚如何当好海南自贸区建设的排头兵？

省委常委、市委书记严朝君要求，要牢固树立"全省一盘棋"思想，坚持以"多规合一"为统领，谋划好三亚的产业和项目。要按照省委、省政府的部署要求，抓好百日大招商活动，启动三亚CBD规划工作，为发展总部经济做足准备，推进大型消费商圈建设。

严朝君说，我们要以"一天当三天用""不惜脱几层皮"的干劲，把各项任务落到实处，为海南自贸区建设打下坚实基础、作出三亚贡献。

三亚，扬帆拉弓，蓄势待发。

第二节　吕日周事件

三亚景色，美不胜收。

三亚旅游，世人向往。

得天独厚的自然资源使旅游业成为三亚的支柱产业。

然而，曾几何时，三亚旅游市场之乱，一度在全国闹得沸沸扬扬，此起彼伏。

网友评价："一流的环境，三流的软件，四流的三亚。打死我也不会在高峰期去三亚。三亚政府也该下狠手整顿整顿了！"

三亚，一时间成为全国游客诟病的焦点。

一

2006年12月，中国的北方正值寒冬。

冬日的寒冷真真实实地扎进血肉，呼啸的疾风狂躁地卷着冰冷而来，冬天这个季节，如一把叛逆的利剑，放荡不羁，寒气逼人。

时任山西省政协副主席的吕日周决定，携带家人前往南方度假。对这次难得的休假目的地，吕日周和家人很快达成共识：三亚。

吕日周不可小觑，这当然不是因为他的职位，而是因为他是当时政坛的知名人物。

1983年，在山西省委农工部工作的吕日周，被破格安排到山西省唯一的改革试点县原平担任县委书记。他根据当地农民的改革实践，创造发展了一种崭新的城乡经济组织形式，即风靡一时的"政府搭台，群众唱戏"。

三年之后，穷困的原平县"咸鱼翻身"，实现财政收入相当于周边 12 个县的总和。

著名作家柯云路成名作《新星》里主人公李向南的改革经历即取材于此。

作为李向南的原型，吕日周成为 20 世纪 80 年代的风云人物和一代改革者的杰出代表。

作为副省级干部的吕日周，事先并未将他的行程告知海南省的任何领导以求照顾。平日里，吕日周的时间已经被工作填得满满当当。现在，他只想和亲朋在一起过几天"无丝竹之乱耳，无案牍之劳形"的属于自己的休闲时光。

12 月 18 日，吕日周抵达三亚。出了飞机，抬头仰望，那是一潭清澈的蓝天，那蔚蓝之中，悠闲地游着片片云朵。他不禁抬起手指，仿佛指尖蓦然间也被染成了蓝色。

从瑟瑟发抖的寒冷的北方，抵达这天空澄碧、纤云不染、远山含黛、和风送暖的三亚，63 岁的吕日周心情开朗，笑容不止。

在酒店办完入住手续后，吕日周叫了一辆出租车，第一时间前往三亚赫赫有名的"第一市场"，满怀期待。

他早就听说三亚的热带水果琳琅满目，品种多不胜数，由于地处黄金纬度，使得这里出产的热带水果冠绝全国。

果不其然，市场里水果品种之多让吕日周难以取舍。外表光滑亮丽的芒果，颜色呈现金黄色带有红色霞晕。一个个百香果芳香馥郁，听朋友说这百香果富含人体所需的多种维生素，吃了能增强体质、提高免疫力。还有那红心木瓜，素有"百益果王"之称，果实硕大，外形美观。已经切开的木瓜显示出红色果肉，厚实细致、清甜香浓、软滑多汁，让人忍不住想尝一口。

吕日周走过去向老板要了个大口袋，撸起袖子，认真地挑选起来。吕日周将挑选好的几十个水果递给老板，老板热情地为他称重、打包、算钱。

咦，不对！正要掏钱的吕日周凭经验感觉水果分量肯定有水分。

"老板，你这个秤是不是有问题？"吕日周严肃地质问水果店老板。

老板有些唯唯诺诺，辩解道："哪里，哪里有问题了，我们都规矩得很！"

"规矩？这水果能有20斤？"吕日周质疑道。

"你看，我的秤显示出来就是20斤！"老板重新把打包好的水果放到秤上，展示给吕日周看。

吕日周的火气一下子就蹿上了头，治理山西城市多年的他历经了各色人等，还没有见过哪个摊贩使用假秤也这般理直气壮的。

"那我不走了，打个电话给质监局，让他们过来验证一下。"

"哎呀，您别啊，这多给政府添麻烦啊。这样，看您是三亚的客人，我给您补两斤芒果如何？"老板见吕日周气场强大，十分较真，想着再这样纠缠下去会影响生意，回头再把政府的人叫来了，不好收场，企图息事宁人。

吕日周想别因为这个事影响了好心情。少点就少点吧，好歹补了两斤。"你们做生意，应当信义为先，诚信为本。搞成这样，还会有人来吗？以后不能这样了！"

说着他把手伸进口袋掏钱，谁知口袋空空如也！吕日周迅速反应到："被偷了！"。

吕日周赶紧走到路中间，睁大了眼睛使劲找，可人来人往的，一叠人民币不翼而飞了。

"老板，你看到是谁偷了我的钱吗？"吕日周更加愤怒了。

"我一直在和你弄这个。"老板指着水果，表现出一脸无奈，"那这水果钱，你看？"

"唉！"吕日周长长地叹了一口气，他知道在这里和无良商家多说无益，便取出自己背包中的钱包支付了水果钱。

二

回到出租车中，吕日周又是叹气，又是愤怒，"三亚怎么是这样啊！"

司机抬手指着不远处的几个年轻人，对吕日周说："先生你看，好像就是那帮人偷了你的钱。"

"你既然看到了，怎么不提醒我一下？"吕日周有些气不过。

"老兄，我不敢啊！"司机紧蹙着眉头，"我要是下车提醒你，和你一起抓小偷，我俩不仅当场会被暴打，等你走了以后，他们还会报复我！以前就出过这样的事。"

"怎么猖狂到如此地步！"

"没有人管啊，不然怎么敢这样胡来。你看，你看，他们又开始了。"司机指向不远处的一个水果摊，五六个鬼鬼祟祟的人又开始伺机作案。

"我来问问看，到底是怎么回事！"吕日周认真起来，决心一探究竟。

他走到另一家水果摊面前，那是个女老板，也许容易问出些什么来。"老板，这里有小偷，你们知道吗？"吕日周不再寒暄，直奔主题。

"嘘"，女老板瞪大了眼睛，降低了音量对吕日周说："您小点儿声儿！"

"怎么了，还不能说，不能问！"

"小偷比老百姓厉害，老百姓看见了也不敢说什么。"水果店女老板小声说道。

"工商和公安管理人员呢？没人管？"吕日周不敢相信。

"您赶紧走吧，别在这儿纠结这事。东西丢了就丢了，小心多事挨打。"女老板好心地劝着吕日周，"走吧，真的，赶紧走吧。"

吕日周重新回到出租车里，"师傅，走吧，上那个卖贝壳的市场，换换心情"。

"好嘞。"出租车司机长长地松了口气，他生怕这位客人再惹出什么麻烦来牵连自己。坐在出租车上的吕日周，紧蹙眉头陷入沉思，迎面扑来黏黏的海风，和着丝丝的腥味。

如果政府不真正出手严管，缺斤少两的事，横行霸道的事，没法解决。擅长城市治理的吕日周，深感三亚乱象之冰，绝非一日之寒。

不一会儿，卖贝壳的市场到了，吕日周也收回思绪，付完车钱后拎着水果下了出租车。一位七八岁的小男孩突然上前，扶了一下刚下车的吕日周。小男孩皮肤黝黑、精瘦，刚经历水果市场被宰、被偷的吕日周心生一股暖流。吕日周低下头，腾出一只手来慈爱地摸着小男孩的头，微笑着对他说："谢谢小朋友。"

没想到小孩立即向他伸出手来，说道："给钱。"

吕日周有些纳闷，问："给什么钱？"

小男孩理直气壮地说道："扶你的钱。"

吕日周大跌眼镜，三亚旅游之毒，已蔓延至儿童身上。他顿感三亚旅游之乱象，到了必须根治的时候了。

三

吕日周大失所望，在三亚没待几日便决定返程。返程的飞机上，坐在他旁边的是一位长者。"您老也是来三亚度假？"吕日周问道。

"是啊，这边有部队的疗养院。"长者回答，"不过，三亚的社会环境太不好了。"

吕日周看到这位长者，忍不住向他倾吐自己来三亚后的遭遇。

老者听了吕日周的遭遇后说，"接待我的部队首长也不让我一个人在沙滩上散步。咱们过去的各种经验再丰富也敌不过这里的各类骗术。三亚的社会环境不好，生活不方便，我听说有些人在三亚买了房子后又卖了。"

回到家后，吕日周思考良久。他喜欢三亚的优美环境，对三亚爱之深、恨之切。当然他并不相信对三亚旅游乱象没有整治的方子。小米加步枪的共产党能够把美式装备的国民党打到台湾，就证明了它有多么强大的力量。只是因为眼下实在看不清三亚管理者会有多大的诚意、多大的决心，会采取怎样有力的行动。

政坛改革派吕日周，正气在胸，奋笔疾书，致信时任海南省委书记、省人大常委会主任卫留成，陈述了自己在三亚期间所遇、所见、所闻、所感。

值得庆幸，又在情理之中，吕日周的信没有石沉大海。

卫留成高度重视吕日周来信，迅速将此信转批三亚市委、市政府。卫留成批示说，这是一位外省领导的亲身经历，再不加强管理会严重影响三亚的形象，严重影响三亚的发展，各级、各类管理机关和队伍在干什么？

四

三亚方面高度重视。时任三亚市委书记的江泽林了解此事后，要求相关部门坚决落实省委主要领导的批示精神，既要有严厉的打击措施，又要建立长效机制。

三亚市委立即召开媒体通报会，自揭家丑，将"吕日周事件"公布于众，并开始着手酝酿全面开展提高城市管理水平和旅游服务水平的"双提高"大行动。

三亚市立即成立由多部门组成的整治旅游治安环境"天网行动"专项领导小组，加强管理，对影响到旅游环境的行为给予坚决打击。领导小组组长由时任三亚市市长陆志远担任。他要求，对"两抢一盗"、黑恶势力、欺诈勒索等各种犯罪行为，要做到打早、打彻底、敢于碰硬、敢抓敢管，绝不让他们站稳脚跟。

为充分发挥基层派出所、工商所、村委会的作用，"天网行动"做到网格化巡逻、区域化防范，努力营造平安三亚。

三亚通过媒体等多渠道公布游客举报电话，时任三亚市委常委、宣传部部长张萍吁请市民、游客等社会各界人士积极献言，广泛监督，共同致力于改善旅游服务环境，提高城市管理水平。

"切实提高城市管理水平、切实提高旅游服务水平"，一个以发现问题、献计献策为宗旨的调研活动迅速在各个行业和领域铺开，一场给三亚带来质变的"双提高"大行动迅速展开。

三亚市委市政府清醒地认识到，欺客宰客、敲诈勒索影响恶劣，如任由其发展，将严重影响三亚形象，影响三亚的发展。必须以"吕日周事件"为契机，下决心整改三亚城市发展和旅游服务中存在的问题，还游客一个和谐、安全的旅游度假环境。

"黄金周"向来是三亚旅游敏感时期，各地游客大量涌入三亚，稍有松懈，就很容易出问题。为深入了解三亚发展中存在的问题，三亚市四套班子领导在当年春节期间坚守岗位，并乘坐公交车、出租车，走街串巷，走到市民和游客中间，切身感受三亚的交通、治安秩序，查找交通、卫生等城市发展中存在的问题。

经认真研讨，三亚"双提高"大行动被细化成16个具体事项，分别涉及公共交通线路的增设与设施完善，出租车运营成本的降低与服务质量的提高，治理摩托车，安装电子眼，打击"两抢一盗"，打击缺斤少两行为，实行领导承诺制等。

面对问题，三亚对症下药，"刮骨疗毒"。

2008年1月，仅仅1年之后，三亚市委向吕日周发出重游三亚的邀请。吕日周在卸任山西省政协副主席后，率山西部分媒体和企业代表来到了三亚。

在几天的行程中，吕日周一行相继游览了大小洞天、天涯海角，考察了田独镇上、下廖村、凤凰镇鹅仔村等文明生态村，参观了三亚市规划展，重新来到了当初的"伤心地"——第一农贸市场。当看到农贸市场旧貌换新颜，吕日周非常高兴。

在2008年1月25日召开的座谈会上，时任三亚市委常委、政法委书记王泰令向吕日周一行详细介绍了三亚这一年多来实行"双提高"大行动所取得的成绩。当听到三亚2007年的生产总值达到130亿元，地方财政收入21.5亿元，增幅分别为20％和113.5％，分别创下1994年以来最高水平和历史新高时，吕日周赞许说："这是一个奇迹！"

吕日周在谈到重游三亚的感受时说，没想到自己当时把自己的感受写信给卫留成书记，会引起三亚这样大的反应和动作。"三亚居然把这件事主动向媒体进行了通报，公开地进行自我批评，显示了巨大的勇气和决心，这是共产党最宝贵的财富。"吕日周说，这次事件让他非常感动，他已经建议中央党校、清华大学、北京大学将此事作为经典的教学案例，让更多的地方政府和领导受益。

第三节　愤怒的老驴

"请到天涯海角来，这里四季春常在。海南岛上春风暖，好花叫你喜心怀。三月来了花正红，五月来了花正开，八月来了花正香，十月来了花不败。"

这首创作于 1982 年的歌曲《请到天涯海角来》，经过中央电视台春节联欢晚会的传唱，不仅让演唱者沈小岑从一个默默无闻的建筑工人一夜之间成为家喻户晓的明星，同时也为海南岛做了免费广告，三亚的天涯海角景区更是因此声名鹊起。

2007 年 3 月 8 日，25 年后的 3 月，天涯海角依然"花正红"，涛声依旧，一个网名为"愤怒的老驴"的四川游客老驴却在互联网上发出《如此让人恶心的三亚》一文，详细讲述了他家 5 口人春节期间在天涯海角风景区所遭遇的无礼对待。

截至 3 月 21 日，该帖仅在天涯社区里的"旅游休闲"论坛就已经被浏览 82309 次，回帖 24815 个。

老驴本性是"倔""犟"，何以变得如此"愤怒"？

一

十多年没有陪父母亲外出旅游的老驴，为了弥补因工作忙碌不能抽空陪二老的内疚，决定在 2007 年春节假期专程陪同年近七旬的父母亲外出旅游，经过反复考虑和选择，最终选择了北海和三亚。

在抵达三亚之前，一家人自驾出行，春风得意。途经阳朔、北海，一路心情愉悦，顺风顺水。

而这一切的美好，在三亚却灰飞烟灭！短短几个小时的三亚之行，给他们留下了刻骨铭心的痛和愤怒！

曾有网友戏言：到三亚旅游，不到天涯海角遗憾，到了天涯海角后悔。

老驴此行，真真切切地体会到了这句话的含义。

从景区大门到天涯海角那两块巨石，还有很长一段距离，老驴一家人从海滩上慢慢走过去，差不多用了半个小时。在这个过程中，身边一直跟着好几个兜售什么贝壳、珍珠项链的小商贩。

当老驴一家人到达刻着"天涯"两个字的大石头时，这里人山人海，拥挤不堪，等他们刚刚站定，刚才一直纠缠着老驴一家人的那几个中年妇女小商贩又围了上来。可能觉得老驴和他太太一路上看起来不太好说话，她们就围住了老驴的父母亲，把手里的东西高高地举着，几乎凑到二老的脸上，不停地要求他们购买。

两位老人面对一个个商贩如此"热情"的推销，一直都笑着说："不用了，我们不买。"后来，老驴想摆脱她们，在外面跟他父亲说："爸，我们一家人在这拍个合影吧。"

但是那几个中年妇女一直围在旁边不肯离开。于是，老父亲对她们说："大姐，麻烦你们让一下，我们要照个相，东西我们真的不买，谢谢了！"

当他们走到另一处人稍微少一点的地方准备拍照时，那几个中年妇女又拥了上来，站到两位老人的跟前，继续纠缠着叫卖说："买一点嘛，老板，买一点嘛，我们的东西真的很好……"老父亲可能有些烦了，说："我们说过了不买，请你们让一下，我们要照相了！"

刚才接话的那个中年妇女，大声吼道："我们凭什么让你？凭什么让你？我们想在哪卖东西就在哪卖东西！你不买就到别处去照，不要妨碍我们做生意！"

真是人善被人欺，马善被人骑。不想跟人起争执反而被欺负到头上来了。老父亲听了这话很生气，说："你说得很对，这是大家的地方，你们可以在这卖东西，我们更可以在这里照相！你们太不讲道理了！"

突然，那个中年妇女举起手里的项链，朝老人家身上砸去，口中叫道："我们想在哪卖就在哪卖！关你屁事！"事发突然，老驴一家人都愣了一下，老驴赶紧跑过去，隔在父亲和那个女人中间，指着那女人说："有事好好讲，你凭什么打人？"那女的吼道："不买就滚开！"

老人气得发抖，大喊："一群土匪！太不讲道理了！"刚说完这句，那位气势汹汹的妇女突然转到老人身边，用力猛推了一下，老人一个趔趄差点摔倒在沙滩上。

趁老人还未站稳，那个中年妇女迅速弯下腰，把老人脚上的拖鞋一下子扯掉，"啪啪"几下打在老人脸上！刚才卖东西的小商贩，五六个一拥而上，沙子铺天盖地向这家人砸过来。

看到这令人瞠目结舌的情景，老驴的爱人和老母亲赶紧跑过来，大声地叫道："住手！不准打人！"然而没有用，沙子越撒越多，围着老驴一家人的商贩也越来越多，从刚开始的五六个迅速增加到十几个人，从开始的撒沙子，很快发展到拉扯和推搡。拳头、脚不停地打、踢在老驴一家人身上。

看到一家老小都被欺负，老驴根本顾不上自己，他拼命从地上挣扎起来，扑向那群商贩。而这时又有四五个商贩围住老驴，他身上的衣服很快被撕得七零八落，甚至内裤都露了出来。

殴打持续了十几分钟，自始至终没有任何一位管理人员或安保过来劝止，更不要说游客了。

二

总算逃进了派出所，老驴一家人被带到一个房间里，而那群人却站在外面不依不饶，继续朝老驴一家人叫骂，甚至还做着一些下流的手势。

半个多小时后，进来几个穿武警制服的人，其中一个带头的走进来就气势汹汹地说："你们就是打架的那几个人吧？"

老驴一听赶忙纠正："你错了！是我们被打！我们是受害者！"

到了派出所后，老驴一家人被带到了二楼的一个大会议室，等着做笔录，一等竟然就是一个多小时。

这时候，派出所楼下又聚集了十几个人，包括几名健壮的男子，虎视眈眈地盯着楼上的老驴一家人。老驴七岁的儿子想上厕所，但是听到窗外的嘈杂声又害怕得不敢去，老驴只好让他暂时尿在矿泉水瓶子里救救急。

老驴准备下楼给大家倒水喝，然而却被他母亲和妻子拉着，劝他不要去，楼下都是那帮人。老驴只好作罢。

年近七旬的老父亲身体一直不好，还患有心脏病。从景区到派出所一直赤着脚，滴水未进，随着等待时间变得越来越长，老人的嘴唇已经变了颜色，面色也愈发难看。老驴赶紧到隔壁对正在给母亲做笔录的警员说，想先把父亲送去医院看看，怕老人身体出事。

焦急的等待。

这时，会议室又进来几个人，说他们是三亚旅游质量监督所的。他们拿出纸和笔，开始做笔录，老驴不厌其烦地又把事情的经过陈述了一遍，又是半个多小时。

老驴耐着性子对他们说："我们现在不关心你们怎么处理，我们只想能尽快安全地离开这个地方。你们作为旅游局，也有责任保证游客的安全！我们从到了三亚开始，一步脚没歇，在这里已经折腾好几个小时了。"

没想到质监所的人云淡风轻地说："这个事情由派出所管。"

说完就匆匆离开，没有一句安慰的话，更没有说怎么解决这个事情。

一直到晚上九点半左右，老驴一家才等到了事件处理意见：一、作为商贩方，他们违反规定，属于非法经营。二、作为游客方，你们说被商贩殴打，但提供不出人证、物证。所以，定性为是一起群殴事件，简单地说，就是打群架。双方都有过错。最终处罚决定是：对双方各罚款100元。

老驴蒙了。

提供不了物证？天啊！老驴一家人被扯烂的衣服，被打坏的眼镜，被抢走的鞋子，父母亲脸上、身上的伤痕，难道不是物证吗？

人证？难道要当时在场的游客给他们作证吗？谁会愿意留下来、站出来？

在质监局的人宣读处罚决定的过程中，老驴一家始终一言未发，没有替自己作任何辩解，因为他们只想尽快逃离这个地方。而那群小贩还在不停地叫骂着，不时地拍打着桌子，气焰十分嚣张。

三

终于，老驴一家人以为可以离开了，刚走到楼下，就看到外面停着两辆车，车外站着七八个身份不明的男人，气势汹汹地盯着老驴一家人。

于是，老驴一家人又被带进了一楼的一个房间。在等待的期间，时不时有人到窗口处来张望，还有几个男子在窗口威胁他们说："你们简直胆大包天，敢跑到这里来闹事！""老子等会砍死你们！""老子让你们活着回不了家！"听着这些赤裸裸的威胁，老驴的孩子被吓得又哭了起来。

一直等到晚上11点半，进来两个人，一个是镇政府的领导，一个是天涯海角景区的保安队长。镇政府领导说："其实这只是一个误会，我给那些人也说了，他们要求你们给他们赔个礼道个歉就算了，你们就可以离开了。你们看如何？"

天涯海角，天理何在？

老驴一家人是被殴打的受害者，现在居然要向施暴者赔礼道歉！

但人在屋檐下不得不低头，"黔驴技穷"的老驴深知自己没有选择。陌生的异乡，没有一个认识的人，"叫天天不应，叫地地不灵"，为了安全，老驴一家人只有选择屈服。

老父亲拉住了往外走的老驴，自己先走了出去。走到那群仍然气焰嚣张的人面前，老人强忍着眼泪说："对不起，我们给你们赔礼道歉了！"说完还给那群人鞠了一躬。

这时已经半夜十二点半了。在派出所整整被困了7个多小时，老驴一家人终于得以离开。

为确保安全，老驴一家人顾不上休息，连夜驱车赶往海口。

夜色苍茫，逃离三亚的路上，老驴一家人悲愤交加。老驴在心里发誓，再也不会来这个"令人恶心的三亚"。

赶到海口，已经是第二天凌晨四点多了。

本来是一个阖家团圆、享受美丽海景的春节假期，老驴一家人万万没有想到，三亚之旅竟然变成了噩梦！

四

回想整个过程，老驴难以抑制心中的愤怒。

整个事件中，天涯海角景区没有一个工作人员站出来，给老驴一家老小一个说法。只是到了最后，才来了一个保安队长，象征性地把老驴一家人送走。

游客购票到景区，景区至少应该对游客的人身安全负责。但天涯海角景区没有做到，不旦没做到，在游客遇到意外时，连一个说法都没有，甚至都没能及时公平地调解矛盾。

老驴一家在派出所 7 个多小时的漫长等待中，警察得知老父亲心脏随时可能出现问题，甚至危及生命，仍然漠然对待。

怒火难平啊！老驴回川后，通过互联网发长文怒斥三亚乱象，把经历过的所有细节都写了下来，努力还原当时的事件全过程，名为《如此令人恶心的三亚》。

徐翀先生，正是愤怒的老驴本人，他走遍了中国西部，到过很多南亚和东南亚国家，从来没有遇到过这样的事情。徐先生表示，把这个过程写下来是一件很痛苦的事，因为他必须又要一一去回忆那个晚上所经历的一幕幕。

《如此令人恶心的三亚》在网络上迅速发酵、蔓延，三亚一时成为众矢之的。

五

三亚市委、市政府高度重视网络舆情，成立专门工作组，重点对天涯海角风景区进行综合整治，彻底解决天涯海角景区存在的管理混乱问题。

3 月 13 日，三亚天涯海角景区接到三亚市广播电视局《内部参考》及三亚市信访局书面投诉件后，联同天涯边防派出所正式对"2·25 事件"开展调查。

经调查，老驴在网上反映的遭遇基本属实。

3 月 21 日，天涯海角景区全面整顿行动正式开始。

3 月 24 日上午，时任三亚市委书记江泽林亲自到天涯海角风景区现场办公。

3 月 28 日下午，天涯海角景区大门对面的临时摊位被拆除。

4 月 3 日晚，天涯海角景区拆除了原医疗急救站、彩色冲印中心和天涯船队码头等一批影响整体景观的旧建筑。

4 月 5 日，天涯海角景区投入 80 万元，安装 21 个电子眼对景区旅游秩序进行全面监控。

5月1日，为杜绝游商小贩，总占地面积为14360平方米的天涯海角休闲购物商场开始营业。

"2·25事件"追责迅速启动：

天涯海角景区总经理被撤职。

天涯边防派出所负责人被撤职。

带头滋事的商贩被刑事拘留。

事情的结局让徐翀感到意外。发文不久，他就接到时任三亚市常务副市长严之尧的电话，向他致歉。

9月13日，张萍代表市委市政府带着6人工作组，到四川遂宁向徐翀"登门道歉"，并把事件发生后三亚的整治情况用文字和宣传片的方式加以展示。

被三亚的诚意所感动，老驴心中的愤懑慢慢消融。

徐先生主动提出，自己的家乡遂宁和三亚都是著名的旅游城市，两地可以加强合作，互相借鉴经验，共同发展旅游。

9月17日，受三亚市政府的邀请，包括徐先生一家人在内的遂宁市代表团一行20多人来到三亚。

9月18日上午，时任三亚市市长陆志远与遂宁市负责人签订协议，缔结为友好城市合作关系。两市承诺在相互信任、互惠互利的基础上，在旅游、房地产、商贸、招商引资、人才、科技、文化教育等领域，建立横向联系，相互提供便利和优惠条件，广泛开展交流与合作。

徐翀表示："三亚对问题的处理，我很满意，也很感动。我们也越来越热爱三亚了。"

2007年11月18日下午，徐翀携家人受邀回到了曾经有过不愉快回忆的天涯海角风景区，并亲手栽下了象征着"友谊长存"的椰子树。

因为这一特殊事件，徐翀与三亚结下了不解之缘。

2008 年北京奥运会火炬在三亚首传，徐翀受邀成为第 192 位火炬手。

徐翀先后成为"三亚旅游友好大使""三亚荣誉市民"，并获得每年全家两次免费三亚旅游的待遇。

"三亚是全国人民的三亚，我们大家都要爱护他。""愤怒的老驴"说。

针对老驴一家的遭遇，有媒体以《旅游景点"商业欺生"无异于自杀》为题，就此事发表评论："商业欺生"是旅游景点的一个特有现象，因为这些地方的游客大都是外地人，人生地不熟，时间又很紧，消费选择受限，一旦发生了消费纠纷，既没时间和商家扯皮，也因势单力薄而不敢较真。

评论一针见血："商业欺生"是典型的一锤子买卖，获取的是不义之财，即使能占得一时便宜，也终会因名声败坏而失去竞争力。游客在一个景点可能只消费一次，但每一名游客都是一个信息传播者，景点短视的"商业欺生"行为会通过游客之口恶名远播，让本来计划到此一游的人们打消念头。因此，可以说，旅游景点的"商业欺生"行为是自毁前程、自掘坟墓。

还有媒体评论说，"愤怒的老驴"事件得到圆满解决固然可喜，但有关部门并不能从此高枕无忧。打造三亚精美的旅游环境，"愤怒的老驴"事件的解决不应是终点，而应是一次契机和开端。

有了刻骨铭心的教训，天涯海角景区开始"痛改前非"。

令人欣慰的是，海南省旅游景区协会抽样调查数据显示，2017 年，海南三亚天涯海角景区大受热捧，是海南省年度游客接待量首次突破 500 万人次的景区之一。

2018 年，三亚天涯海角景区正全力冲刺，申报国家 5A 级景区。

第四节　宰客门

三亚旅游要"天堂",不要"天价"。

这是央视《新闻1+1》2012年1月31日关注的话题。

2012年春节假期结束后,网友抱怨春节期间在三亚旅游遭遇商家恶意"宰客"的微博、网帖频频见诸网络。

随着马伊琍等公众人物加入曝光的队伍中,三亚"宰客"现象逐渐引发了更多网友和媒体的关注。

令人遗憾的是,面对公众的质疑,三亚官方无视当地宰客风盛行之实,先以"零投诉""无法举证"冷漠应对,其后又称"将对恶意攻击者依法追究责任",再到后来面对网友晒出的万元账单称"签字就不算宰客"等,使得网友的质疑与愤懑不断升级。

此事最终演变为一起网络公共事件——宰客门。

一

2012年1月26日,新浪微博用户"@睡不着的广大"在微博上发博称:"中国最没有谱、最贵的是'旺季'三亚,简直没有操作规则了。房费已经8800元一夜,然而一个早餐还要300元+20%服务费,打出租去大东海要价是400元,就连当地超市的物品都全面调价2~3倍!一个旅游者平均每天花费一万元左右,比出国游欧美都贵。明年春节千万不要去海南、到三亚。"

1月28日,演员马伊琍在微博上称"两个助手自己出去吃饭,要了西红柿鸡蛋和墨鱼,结账800元。最后叫来当地朋友解决,当地人告诫不可去排档吃,必须去明码标价的正规饭店"。

1月28日,新浪微博实名认证用户罗迪发布的微博,最终引发了整个"三亚宰客门"事件。

罗迪的微博称："朋友一家三口前天在三亚吃海鲜，三个普通的菜被宰 4000 元。他说是出租车司机推荐的。邻座一哥们儿指着池里一大鱼刚问价，店家手脚麻利将鱼捞出摔晕，一称十一斤，每斤 580 元，共 6000 多。那哥们儿刚想说理，出来几个东北大汉，只好收声认栽。别说服务水平了，连最基本的诚信都做不到，遑论国际旅游岛。"

其中"三个菜 4000 元"的说法引发了众多网友的关注，该微博一发布就引发热议，一些微博用户纷纷转帖称自己遭遇过类似情况，一时间"三亚防宰攻略"火遍网络。

二

1 月 29 日上午，三亚市工商局得知此微博后，马上联系了当事人高某（罗迪的朋友），获知涉事宰客海鲜排档的具体位置和其它相关情况后，立即组织精干力量开展查处工作，封存了该店的销售台账。

1 月 29 日下午，三亚市政府通过官方微博"@三亚市政府新闻办"连发三条微博对此事作出回应。

下午 2 点 45 分，"@三亚市政府新闻办"发布的第一条微博称："节后上班第一天，发现新浪微博《在三亚吃海鲜被宰，引发热议》，至中午跟帖人数达三万多人。三亚市委、市政府主要领导在第一时间做出批示：要迅速深入调查，决不容忍欺客宰客现象影响三亚，影响海南国际旅游岛的形象。"

随后，2 点 47 分"@三亚市政府新闻办"发布了第二条微博称："三亚市工商和物价部门迅速行动，紧急召开了专题会议，联系微博作者罗迪，并通过罗迪找到了高先生和那家海鲜店。已勒令该店停业整顿，调查组已进店调查取证和处理。三亚对欺客宰客行为，决不姑息，严惩不贷。"

至此，这个事情似乎还向着皆大欢喜的方向去发展了，三亚政府的快速应对也得到了一些网民的肯定。

没有想到，9分钟之后，也就是下午2点56分，"@三亚市政府新闻办"发布了第三条微博："感谢游客、网民和媒体对三亚的关注、关心和热爱。今年春节黄金周在食品卫生、诚信经营等方面三亚没有接到一个投诉、举报电话（注：零投诉），说明整个旅游市场秩序稳定、良好。"

这条微博无异于火上浇油。

由于对三亚方面回应的内容存在争议，该条微博遭到大量网友嘲笑、质疑。

三亚市政府的"零投诉说"明显不合时宜。

《珠江晚报》评论文章《宰客事小政府粉饰问题事大》认为，三亚市政府微博急急忙忙抛出的所谓"零投诉"，正是政绩思维下的不智之举——似乎"零投诉"一出，游客所有的不满就会烟消云散，所有的问题都可视而不见，三亚的旅游形象就能丝毫无损了。

当晚，三亚市政府新闻办再次通过官方微博对遭受广泛质疑的"零投诉说"作出回应，称"上一条微博表述有误，是我们工作的失误，敬请广大网友见谅"。但这一表态并未得到网友的理解，指责、批评之声此起彼伏。

次日，三亚市政府新闻办举行"春节黄金周旅游接待工作媒体通报会"，通报宰客门事件的进展情况。三亚工商局表示："目前发微博反映此事的罗迪和微博中提及的消费者高先生都无法取得联系。目前没有更确切的证据，案件查办工作存在较大困难。一旦取得了确凿的证据，证明商家存在欺客宰客行为，三亚市工商局将按照'一次性死亡'原则，从严处罚，依法吊销其营业执照。"

通报会特别强调："对于恶意攻击三亚的人，将依法追究责任。"

这句话又掀起了三亚"宰客"事件新一轮舆论波澜。

有媒体评论，三亚官方的表态令很多批评者心生"恐惧"。一来在海鲜排档的消费，如果没有索要留存发票等证据，本来就很难自我证明；二来一旦在人身安全受到威胁的状态下，被宰游客也很难保存证据。很多批评者担心没有证据证明自己不是"恶意攻击"。

2月1日上午10时，三亚市委、市政府举行媒体见面会，时任三亚市委书记姜斯宪对于春节黄金周期间游客反映的海鲜排档、出租车及个别景区"宰客"现象向大家表示歉意。

姜斯宪在见面会上表示，将以此次事件为契机，虚心接受批评，努力向国内外优秀旅游目的地学习，实实在在做好市场监管，真正把三亚打造成高品质的度假天堂。

三

三亚商家的"宰客"之风，还催生了一种新的职业——海鲜拉客妹。顾名思义，海鲜拉客妹是指为海鲜店拉客的销售人员。海鲜拉客妹的行骗主要分为两步：第一是拉客，第二是宰客。

有网友总结，海鲜拉客妹拉客方式花样多端：

花样一，花言巧语打折利诱。拉客妹往往会用各种花言巧语来诱惑游客，最大的诱惑莫过于打折了，打七折八折甚至五折。但是这些折扣其实都是有猫腻的，羊毛出在羊身上，她们会通过各种手段"宰客"来弥补这些折扣。

花样二，纠缠不清避不开。有人在网络上控诉道："海鲜拉客妹会一直纠缠着你，让你根本躲不开避不开，脸皮薄的人被她这么一纠缠就会跟过去了，跟过去的后果就是被宰。"

花样三，包围硬拉。看到游客走过，就一拥而上，团团围住，拉拉扯扯，软磨硬泡，硬是把游客拉扯到店里，游客毫无招架之力。

花样四，贬低其他商家。如果游客已经有了意向的店，她们就会贬低那家店，说那家店非常"黑"，甚至说已经关门了，或者被政府取缔了，忽悠游客进自家的店。

花样五，通过霸占公共车位威胁利诱。海鲜拉客妹往往会霸占公共车位，据为私有。如果游客想停车就必须去她们的海鲜店消费。如果不去，就威胁刮花游客的车，否则就别想停车。

总结"三亚宰客门"事件爆发期间网友们的控诉，游客遭遇的"宰客"的方式通常有以下几种。

其一，后门掉包。这些店的后门离海鲜卖场就几步路，游客买的海鲜都被他们拿到海鲜卖场换成死的，一只活龙虾两百多，死的才五十多，中间他就纯赚了一百多，就算给游客打五折，也是暴利。

其二，抬高价格。把海鲜的价格说得很高，比如把十几块钱的海鲜说成三十几块钱，然后跟游客说可以优惠打折，以此忽悠客人。

其三，多项收费。比如加工费，蒜头粉丝蒸扇贝是三块钱一个。服务员会问客人是否给蒜头粉丝蒸扇贝加粉丝，游客回答"加"，就加收三块钱的粉丝钱。又问客人是否加佐料，客人回答"加"，那么店里又加收三块钱佐料钱。

其四，账单模糊，单方抬价。游客来到海鲜店加工后，店里会帮游客统计购买的海鲜。服务员龙飞凤舞的字迹游客根本就看不懂，等到埋单的时候，服务员拿出账单说多少钱游客就必须给多少钱了。

其五，海鲜按个收费。以皮皮虾为例，皮皮虾的加工费有的海鲜店会以"个"为单位来收费。宰得游客"皮开肉绽"。

其六，以时价忽悠。部分海鲜加工店不明码标价，而是标注按时价收费。埋单的时候，多少钱只能由店家说了算。吃都吃了，客人只能乖乖掏钱付账。

四

一波未平，一波又起。

三亚"宰客门"事件尚未平息，"导游门"事件又接踵而来。

2012年，腊月二十五，济南郑先生一家三口花了8000元报名"海南三亚双飞五日旅行团"。一家人本打算年前在三亚好好玩玩，可是做梦也没有想到，他们竟碰到了一连串的窝心事。

飞机抵达三亚后，由当地导游带上了大巴后，导游要求每人追加1000元。当时车上一共有32个游客，17人交了钱，15人没交，这其中就有郑先生一家三口。大巴抵达酒店后，交了钱的游客，导游就给了房间钥匙，没交钱的导游就不给。导游说："你们再想想，不交钱我们就不给钥匙。"

当晚，15名游客在大厅里待了三四个小时。

导游强行收钱引起众怒，导致第二天游客要求集体退团，双方长时间僵持。

游览中，导游没有按照原来规划好的路线走，很多计划内的景点都没有去，而是多次强迫游客去规划外的景点。导游不断私改行程，还强迫游客去消费场所购物。导游在车上公开地对游客说："出门在外，要给朋友捎点东西，一个人（消费）不能少于50元。"

这期间，郑先生向多个部门反映问题，却迟迟得不到回应。

经过网络和媒体曝光，舆论一片哗然。

三亚旅游形象再遭打击，雪上加霜。

国家旅游局公布的2012年10件旅游案例，三亚"导游门"事件赫然名列榜首。

一时间，在微博上，各类论坛中，贴吧里，对三亚欺客宰客的控诉比比皆是，有网友持续曝出三亚水果市场的种种欺诈手段：缺斤短两、以次充好、价格虚高。不法商家利欲熏心，以各种手段坑害游客，可谓花样百出。

五

在中外游客眼中，三亚确实像磁石一般有着巨大的吸引力。

但在美丽的景色之后，让游客防不胜防的消费陷阱也已名声在外：的士不打表、酒店肆意涨价、菜价高得离谱……三亚旅游业此起彼伏的欺客宰客现象，随着众多网民的投诉，渐渐达到了一个高潮。

2012年春节期间，三亚共接待游客49万人次，对于主城区人口仅为30余万的三亚而言，这样的游客体量显然是一份甜蜜的烦恼。

"春节期间去三亚旅游的市场需求很大，但三亚的接待能力是有限的。三亚地方管理的意愿、解决的意愿、管理的决心和管理的水平，和三亚本身作为春节期间旅游热点所形成的管理难度，二者之间存在非常巨大的剪刀差，所以才会出现这么多的问题。"中国社会科学院旅游研究中心特约研究员刘思敏分析。

长期以来，三亚旅游业处于超负荷的非正常运转状态，这为各种问题的爆发埋下了隐患。与旅游产业火箭般的膨胀速度相比，政府部门的行业监管以及城市管理水平，也没有及时跟上。种种客观与主观的原因，都纵容了少数旅游经营者认为三亚不愁客源，进而把游客接待当成"一锤子买卖"。

春节刚过，三亚市连续召开市政府常务会议，对2012年春节"黄金周"期间反映出来的欺客宰客、交通拥堵等热点问题进行了专题研究。会议决定对旅游市场秩序、城市基础设施、城市交通管理、旅游服务保障等进行综合整治，特别是对违法经营、欺客宰客等行为，要拿出"铁腕"手段进行严惩。

此后的 3 个月时间，三亚对全市海鲜排档进行全面、深入、严格的整顿。按照《三亚市海鲜排档经营监督管理办法》，细化标准，量化管理指标，提高行业准入门槛。同时，充分发挥黑名单制度的震慑力，对存在欺客宰客、敲诈勒索等突出问题的海鲜排档坚决实行"一次性死亡"，依法追究了多名相关责任人的法律责任。

第五节　玩不起的三亚

三亚市假日办统计，2014 年国庆节七天三亚共接待游客 53.49 万人次，同比增长 22.82%。旅游总收入 18.68 亿元，同比增长 22.98%。

黄金周，三亚赚得盆满钵满。

但对许多游客来说，黄金周，贵如黄金。

玩不起。

2014 年十一长假期间，中央电视台财经频道《经济半小时》栏目，派出多路记者前往国内知名景点进行体验。

三亚，似乎成了理所当然的选择。

从 2012 年"宰客门"事件开始，三亚的旅游市场秩序就一直引人关注。三亚市政府曾多次表态要下大力气改善三亚旅游环境，三亚的变化越来越受到广大游客的关注。因此，栏目组遂将拥有众多久负盛名的海滨景点的三亚选定为体验地之一。

一

十月的三亚温度宜人，天晴得像一张蓝纸，几片薄薄的白云，像被阳光晒化了似的，随风缓缓浮游着。

《经济半小时》栏目组的记者带着任务抵达了事先预定好的酒店。酒店门口乌泱泱地聚集着一群人，他们骑着摩托三轮车。没有游客的时候，他们就闲散地待在车边，有的嗑着瓜子，有的抽着烟，有的吃着水果。每当客人走出酒店，他们立马一拥而上。

在一位热情的自称是老乡的摩的司机带领下，记者来到了一家水果店。看着琳琅满目的水果，记者有点兴奋，三亚果真是出奇珍异果的好地方。但是她们知道自己的任务所在，在心里告诫自己保持冷静。

"这芒果多少钱一斤？"记者拿起一个芒果问道。

水果店老板笑道："这么晚了，给你按 15 元一斤，如果你跟导游一起来就是 20 多一斤，你自己来就便宜一点。"

记者看见放在芒果上的小纸牌，上面写着 25 元一斤，"那你们怎么标这么高的价格？"记者指着小纸牌说。

水果店老板认真地解释道："这是物价局定的价，它规定我们不能超过那个价格卖。"

在店主的推荐下，记者买了约 25 斤芒果，价格是 397 元。买完芒果，记者又向刚刚那位载她们来买水果的摩的司机老乡咨询，看看附近有没有物美价廉的海鲜市场。一听说要吃海鲜，这位老乡越发热情，他不断推荐一个他口中最新鲜的海鲜市场，并且强调说那里的价格非常便宜。

老乡过度的热情，让记者有些怀疑。随后，记者以改天再去为由离开了。路过一家酒店，记者想称一下手里的芒果够不够分量，酒店的工作人员看她们是外地人，很肯定地告诉她们："您不用称了，百分之百被骗。"

难道刚刚买的 25 斤芒果真的会短斤少两吗？记者的心中开始产生怀疑，看着她们一脸的疑惑，这位工作人员拿出了酒店的秤，把芒果放在秤上，竟然足足少了 4 斤多。

而酒店的工作人员却不以为然，他告诉记者说："你算是幸运的了，属于被宰得少的。被宰很正常啊，没有一斤坑你半斤就好了。""怎么能这样猖狂呢。那个摩的司机还说要带我们去买海鲜。"记者补充道。

酒店的工作人员解释："我给你说，在三亚的市场上一般是 50% 的回扣。你若不信，我可以带你去那些可以拿回扣的地方，你们吃完结完账拍拍屁股一走，我就能拿回扣。羊毛出在羊身上。本来你这东西只值 50 元，人家拿 50 元，老板还赚不赚钱？您二位可以想想这顿餐价格会有多高，成本又是多少。"

<h1 style="text-align:center">二</h1>

抱着仔细求证、小心调查的态度，第二天，两位记者来到摩的司机介绍的一家海鲜店。按照老板的介绍，她们点了 5 个相对便宜的海鲜品种。

记者的心里还是有点打怵，问道："我们刚刚点的，总共是多少钱？"

店员一边记着菜单，一边回答道："打折下来，大概 300 来块钱吧。"

记者问："都是原价，不打折了吗？"

海鲜店店员："咱们这都是明码标价。"

记者："是啊，你刚刚不是说那是市场指导价，实际价格再说吗？"

店员回应道："没有，如果说你不要发票可以适当优惠一点点。现在这价格都是市政府定的，不是说咱自己做主的。你要卖得低了市政府说你扰乱海鲜市场，你要卖得高了他说你宰客。"

听着店员的解释，两位记者似乎信以为真，勉强签上了字。可是当她们吃完，准备结账的时候，眼前的账单着实吓了她们一跳。

"总共多少钱？"记者问道。

海鲜店店员回答道："774 元。"

记者："刚刚不是说 300 多元吗？"

海鲜店店员："您好，是 774 元。这是账单，请您结账。"

吃饭前这里的人笑脸相迎，一到结账马上就变了脸，这顿海鲜吃的实在是冤枉。无奈之下，两位记者只好付款结账。

从最开始三轮摩托车司机口中的五六十元可以吃一顿海鲜，到点菜时店员说的 300 多元，直到结账时变成了 774 元。两位记者心生疑惑：三亚的海鲜，价格还有谱吗？

三

为了进一步了解三亚的旅游现状，10 月 2 日，《经济半小时》记者在三亚报了一个两日游的团队，10 月 3 日一大早，记者就跟随导游一起，开始了两天的旅行。

第一站是位于三亚市天涯镇的全球最大的热带兰花主题公园——三亚兰花世界。到了主题公园后，旅游团的导游便不见了踪影，取而代之的是兰花世界的内部导游带领着她们进行参观。

"这个兰花在中国已经有七千多年的历史了，深受王侯将相的喜欢。因为这个兰花除有观赏价值外，还有很高的食用和药用价值。"导游热情地为大家解说。

三亚兰花世界景区按国家 5A 级旅游景区标准建造，占地面积约为 390 亩，前期开发 125 亩，以兰花文化、兰花丛林和趣味兰艺为主题。在记者参观的一路上，这位导游一直在强调兰花的价值、功效等。

"这个兰花是仙草，在《本草纲目》里面有记载，但是很少人知道这个石斛，为什么呢？因为数量非常少，长在悬崖峭壁之上，一般是供皇上食用的，野生的已经是国家二级保护中成药了。大家在外面千万不要去买胶囊，不要去买口服液，谁会拿最好的葡萄去做葡萄糖？"导游一边领着大家参观，一边推心置腹地说。

虽然已经是十月，但三亚的天气还是相对炎热，一圈下来，几乎所有的游客都已经口干舌燥，这时，导游则告诉大家，下一站是空调房，有免费的兰花茶水供大家饮用。

不一会的工夫，大家走进这个空调房。不等大家坐下，导游又开始不停地说起兰花产品的功效。

"兰花全身都是宝，花瓣可以做精油，我们在外面经常见到玫瑰精油等，这是兰花精油，因为它的花期长达 3～4 个月，所以它的效果是玫瑰精油的三四十倍。"随后，导游带着大家来到了一个类似超市的购物房，在导游的极力推荐下，记者也购买了两瓶兰花精油，总共 1204 元。

一瓶精油 602 元，它真的值那么多钱吗？

就在记者交钱的瞬间，她发现了一个秘密，一张购物清单上清晰地显示着"返佣比例"为 60%。导游拿到的回扣竟然高达 60%。也就是说，1200 多元的购物款，其中 700 多元被导游拿走了。

这就是导游为什么极力宣传兰花精油具有很好的药用价值的秘密所在。

第二天，导游要带大家去潜水，地点位于陵水县和万宁市交界处的分界洲岛，这里的潜水项目很不错，但同时也是导游拿回扣最高的地方。记者决定亲自体验一下。

到了潜水点之后，售票员开始询问记者想要选择哪一种项目。

根据价目表，两位记者选择了一款最便宜的堡礁潜水，每人每次 380 元，再加上 20 元的吸氧胶嘴，总共 400 元。

一进入潜水区，就不容游客选择了。半个小时的水下时间，中间有五六分钟教练在说服记者拍摄海底照片，留作纪念。当记者拒绝时，教练的语气明显没有先前客气了。价值 380 元的潜水，还没等记者弄清楚怎么回事，就草草结束了。

细心的记者从账单上可以看到，在这 380 元的潜水费用中，返佣金额为 270 元，返佣比例超过三分之二。

离开分界洲岛，导游直接把大家带到了三亚市首创奥特莱斯商场。

"旅游局不是不允许带游客去购物点吗？"记者问道。

导游不耐烦地解释道："这是三亚唯一一个可以打进行程单的购物点，并且这不仅仅是一个商场，而且是国家 3A 旅游景点。这个 3A 旅游景点以名品折扣店为核心，集免税店、娱乐竞彩、特色演艺、珠宝城、餐饮、休闲、娱乐等业态，分室内精品购物文化街区和室外休闲购物文化街区。"

无奈，记者只能随团队一起到了奥特莱斯门口。这时导游给每一个游客发了一张卡片之后，又神奇地消失了。领着大家的又换成了商场的内导。

"不同的水晶在身上含义不同。有的能辟邪消灾，有的能带来桃花运，有的助力事业。我们来的非常是时候，今天有一个打折的好消息，现在买非常实惠，比市面上至少优惠 20%。"内导的嘴就没有停下来过，一直不断地为大家推销。

大家跟着导游走过一个幽暗的水晶通道之后，进入了商场。里面人头攒动，空气不流通，两位记者感觉有些胸闷。

"因为这是经过旅游局批准的唯一一家正规购物点，因此很多游客非常信任这里，购买非常积极。好了，现在大家可以各自看看购买了。"导游为大家介绍道。

两位记者走向了一个看似卖天然水晶的专柜。

一位导购见状，立马热情地招呼起来："您好，您可以看看这个，这个卖得很好，绿色是代表财富的。"

"这是水晶吗？"记者问。

"是，纯天然的。"

记者挑选了一个水晶手串。

"有导游发给你们的打折卡吗？拿卡去埋单，能享受折扣哦。"导购叮嘱记者，异常热情。

这款名为绿幽灵的水晶手串，标价 1335 元，由于记者是团队价，所以有个小折扣，价格是 1228 元。

　　国家 3A 旅游景点、当地旅游局审批，在这样正规的旅游购物点里，存在导游拿回扣的现象吗？

　　付完款，记者拿到水晶手串的结账单，她看到上面清楚地写着：景区奥特莱斯，购物额 1228 元，返佣比例 45%，应收金额552 元。

四

　　2014 年 8 月，海南省旅游委宣布，海南启动新一轮的旅游市场秩序监管和整治，重点规范旅游景区和演艺点经营。景区连带承担旅游购物相关法律责任，严重违法违规的，相关景区和购物点一律停业整顿。那么为什么记者自助游、跟团游都会受到欺诈呢？

　　记者联系到一位三亚资深导游"小天"，由于他对行业内的乱象深恶痛绝，他匿名接受了央视财经《经济半小时》的采访，为大家详细披露了三亚当地的旅游黑幕。

　　小天告诉《经济半小时》记者："购物点基本上都是给回扣的，否则就没有导游带客人过来，这已经形成一个行业规矩。因为导游是不能够直接接团的，都是从旅行社那里接团。有些旅行社即使收到的不是'填坑团'，也会给导游'挖坑'，变成'填坑团'。比方说，他收到成本 600 多块钱，已经是没有坑、不亏损的团了。但是旅行社把团交给导游的时候，可能就给 400 块钱，让导游来填 200来块的'人造坑'。所以，导游基本上都会想尽办法，不择手段让客人去消费，从中获得收入。"

　　小天所说的"填坑团"，实际上多是指零负团费的旅游团。小天告诉记者："虽然《旅游法》规定，禁止旅行社操作'零负团费'、强迫购物、另行付费等旅游项目，并约束景区门票价格变动，但是他们接到的零负团费的'填坑团'仍然存在。羊毛出在羊身上，为了填坑，导游只有带游客进行消费。"

　　小天向记者透露，由于一直被投诉，上面经常出台一些规定。所以，导游拿回扣的手段和方法会不断更新换代。现在导游几乎不跟随游客，到了景区就会换成内导，导游和司机则到休息室休息。游客买了多少东西，消费了多少钱，景区都会通过微信、电话等形式告知导游，但是导游不会当场拿钱。

　　小天给记者算了一笔账，以记者潜水为例，总共 400 元的潜水费，尽管上面写着返佣金额 270 元 ，但是导游只能拿到其中的 40%，也就是 108 元，剩下的 60% 全部被旅行社拿走了。

　　从 2006 年年底吕日周痛斥"三亚政府的管理太差"，到 2007 年 3 月"愤怒的老驴"在网络上控诉《如此让人恶心的三亚》，再到 2012 年春节的"宰客门"，再到 2014 年潜水拒绝交钱拍照"受憋刑"，三亚似乎一直是舆论的焦点。

　　三亚官方的态度一贯鲜明：大力整改！对此，国内外游客都在拭目以待。

第六节　"裸奔"

三亚是中国旅游界的头号"网红"。

从一个养在深闺人未识的"渔家姑娘",到集万千游人宠爱于一身的"国际名模",三亚只用了短短的几十年。

得天独厚的热带风光,"山海河城"的巧妙组合,中国最佳的空气质量……美不胜收的三亚,一直以来被人们视为海南国际旅游岛皇冠上的璀璨明珠。

三亚的一举一动,一颦一笑都引人关注。

稍有不慎,就可能带来电闪雷鸣,甚至引发山呼海啸。

当2015年的脚步刚刚迈入全年的最后一个月,三亚又突然"网红"起来,引得岛内外大小媒体纷纷发声,此起彼伏。

一

此时的北国白雪皑皑,身处热带的三亚却依然鸟语花香,遍地皆绿,水天一色,让人满心温暖,流连忘返。

三亚处处皆海景,但唯三亚湾独占城区。因而,每天来这里观光、游泳的市民、游客、"候鸟"老人就特别多。

这次三亚"网红"的发生地就在三亚湾。

三亚湾,位于三亚风景群的核心,银色海滩伴着蔚蓝海岸伸展,与三亚城区完美相融。作为风情海湾,岸上绿树如带,构成三亚滨海旅游城市美丽动人的风景线。

傍晚时分,在三亚湾海滩边欣赏晚霞是最具情调的事情。巨圆的落日在海平面上展现,天际海鸟蹈着金灿灿的阳光迎面飞来,其情其境,呈现一种惊心动魄的美……

人们踩着沙滩上渐渐被冲刷的脚印，海浪一次又一次地打过来，浪花在脚上、身上、脸上跳跃飞舞。

一些泳者躺在起伏的海面上，陶醉地仰望着蓝天白云。这一刻，仿佛海在天上，天在海里。

12 月 4 日下午约 3 点半，一位 65 岁的黑龙江"候鸟"老人骑着自行车来到三亚湾海边游泳。下海前，他将车子锁在附近海岸栅栏旁的一座带棚的凉亭下面，车筐内装有他换下的衣物。

一个多小时后，上了岸的老人发现车子连同车内衣物全都不见了。老人说，一开始我以为是被偷了，后来跟现场的群众了解才知道是被城管收走了，我就打 12345 热线求助，但打了很多电话，交涉了很久都没有结果。

当事人陈述："后来我穿着短裤就到市政府那边准备讨说法，但沟通依然没有效果，最后因为血压和血糖都出现异常，身体不舒服，就只好自己走回家了，前后大约 4 个小时。我基本上赤身裸体走了几公里，身心都受到了伤害，回到家里越想越生气。由于个人的性格以及多年养成的职业习惯，当晚 10 点多钟我就坐在电脑跟前写帖子，名字叫《三亚城管也太欺负外地人了》，讲述了事情发生的大致经过。"

"一开始是在博客推，我在多个网站都有博客，但发了之后第二天看没有什么效果，就想到在微信上发布。因为我不知道怎么将图片和文字编辑在一起，就想到了一位在一个公众号工作的朋友，请他帮忙编辑并通过网络平台发布出去。不料想，这位朋友擅自在文前加了一段编者按，点出了我的身份。"

12 月 6 日，哈尔滨交通广播微信公众号发布标题为《一厅级干部在三亚被城管弄得没了尊严》的文章。

原来，"候鸟"老人是中央人民广播电台黑龙江记者站原站长毕国昌，副厅级。

该文称，从 4 日下午 4 点 40 分开始到晚上 8 点半，毕国昌只穿着泳裤，先后多次拨打三亚市长热线"12345"，望城管能尽快归还自己的衣物。其间等了一个多小时，也无结果。他从三亚湾身穿一条黄色短裤走到三亚市政府大院，又从三亚市政府步行回家。

文中配发的一张当事人寻衣途中的照片，让人身临彼时无助境地，引发了无数网友的同情和热议。

该文阅读量很快就突破了十万人次，并迅速发酵。国内多家主流媒体网站跟进报道，特别是搜狐、新浪等受众量巨大的门户网站相继转载，一些媒体微信公众号也刊发相关内容，事件热度直线上升。

三亚，瞬间成了舆论风暴的中心。

"厅官游泳后衣物被城管收走"这一出"街头剧"，火爆全国。

之所以称之为"街头剧"，不仅是这个事件发生在街头，更是因为一些戏剧元素在事件发展过程中被加重了，诸如厅官、裸奔、城管等吸引眼球的点。

其实，对于老百姓和城管的纠纷，大家已司空见惯。但是厅官和城管"对峙"，看客就有了一种想"哎呦"一下的心理。

二

事件很简单，争议却很复杂。

在接受上游新闻独家采访时，毕国昌认为，凉亭没有任何禁止停放自行车的说明和标志，城管队员在他本人不在场的情况下剪断车锁，行政粗暴行为野蛮，致使其仅身穿裤头，徒步去三亚市政府，最后犯病回家。他特别强调前后长达 4 个多小时，身心受到了羞辱。

毕国昌称，他有三点诉求，首先希望三亚市相关领导或城管局领导能够对其讲清事实，若有错，必须道歉；其次，对其没有归还的物品全部归还，有损坏及遗失的进行赔偿；最后，他将提起诉讼，要求相关部门对其给予精神赔偿，"哪怕只赔 1 块钱，我也愿意"。

三亚市委、市政府高度重视这一事件，时任市委书记张琦要求相关部门及时、公正、妥善处理，既要最大限度地保护好当事人的合法权益，也要切实维护好三亚这座全国唯一热带旅游滨海城市的形象，给公众一个满意的交代。

决策者最清楚：三亚是海南的一张亮丽名片，人们对海南的印象首先就是对三亚的印象。

6 日晚间，三亚市委外宣办和天涯区委宣传部相关人员表示，已经将网帖转交市领导批示，目前天涯区相关部门正在调查，结果将向社会公布。

7 日凌晨，三亚市政府先后通过人民网和新浪微博"@三亚发布"对毕国昌一事作出回应，并发布长微博公开致歉。

但毕国昌并不买账。

7 日、8 日凌晨，毕国昌连续发布《美丽的三亚，丑陋的城管——三亚城管的可怕在于不懂法乱作为》《三亚城管你的冷漠我真的不懂》文章，称"道歉不能隔空打枪"，并多次强调"他的眼镜、自行车等私人财物仍然被扣押"。

毕国昌还表示，三亚官方的道歉缺乏诚意，他准备以人格被侵犯为由起诉城管，讨回一个公道。他强调，之所以这么做，不仅仅是为了自己，在很大程度上是为了更多的"候鸟"老人和外地人。

12 月 8 日下午，三亚市天涯区副区长、城市管理局党组书记和两名涉事城管执法队员，登门向毕国昌道歉。

"此次事件暴露出我们人性化执法和文明执法不足，由此给您带来的不便，我们深表歉意。"天涯区政府负责人向毕国昌真诚表示。

毕国昌接受道歉。他当场声明，我不再说什么了，就这样吧！

次日，中国新闻网发出的新闻标题是："三亚'城管 PK 厅官'事件：毕国昌与城管握手言和。"

三

"厅官裸奔"事件本已渐趋平静，涉事城管登门道歉，受辱"厅官"笑脸相迎，一桩中国式的轰动事件，眼看有望以中国式的皆大欢喜落幕。

然而，戏剧性的一幕又出人意料地发生了。

12 日，一篇名为《最新视频铁证！扒开毕厅长的丑陋嘴脸！》的文章在网上传开，文章用 3 段监控视频力图证实毕国昌说谎，这让本已平息的"厅官大战三亚城管"一事再掀高潮。

这一监控视频的最初发布者系微信公众号"三贱客"。

剧情陡转。

舆论哗然一片，民众讨论热烈。一桩忍辱维权的事件，染上故意营造悲情、制造轰动的污点，使公众对"厅官"的诚实产生怀疑，对事件的性质也开始出现不同看法。

中央电视台也在第一时间跟进。

"您还记得退休干部大战三亚城管的事件吗？这事今天又有了新的波澜。"当晚 23 点 30 分许，中央电视台 13 频道《新闻棱镜》栏目用了 3 分 30 秒左右的时间，以《"退休干部三亚受辱"剧情又反转？》为题，对"毕国昌事件"进行回顾和其接受媒体采访时表示对事情有所隐瞒，并向媒体、公众道歉等内容进行了报道。

央视《新闻棱镜》栏目报道说，我们简单来回顾一下事件：本月的 4 号，65 岁的毕国昌在三亚湾游泳，他违规停放在岸边的自行车和衣服，在不知情的情况下被城管扣走。当晚，毕国昌撰文讨伐城管称，他仅穿着裤衩穿行于三亚闹市，在三亚市政府的院内求助，一共长达 4 个多小时，事件令其感到羞辱。3 天之后，三亚方面公开致歉，毕国昌欣然接受。就在人们认为事件已经平息之时，今天一篇文章在网络上传开，其中包含了多段监控视频。该文称毕国昌当天在自行车与衣物被城管扣走之后，并非如其自述的"虚弱地走到市政府"，而是打车前往市政府，并在此过程中回过一趟家。

央视《新闻棱镜》栏目报道说，"我们来看一下爆料者发布的视频，这段街头的画面，没有显示具体的时间，爆料文章的注释是在 12 月 4 日下午 6 点 30 分，毕国昌身着短裤和另外一名男子出现在三亚湾一个酒店的附近。其间，毕国昌曾经拦过出租车，但是没有拦下。另外一段画面，同样没有显示具体的时间，爆料文章称，是市政府大门前的监控，是当天下午的 6 点 49 分。毕国昌来到市政府门口，文章称通过对时间的估算，毕国昌应该是乘坐了交通工具，否则他无法在 14 分钟之内从外贸路走到市政府。第三幅画面，随后文章附上了毕国昌所住小区门口的监控视频截图，显示当时是 12 月 4 日晚上的 7 点 39 分。这表明毕国昌并非像此前所说的'一直在市政府等到晚上的 8 点半'，而在中间回过一趟家。最后一段监控视频时长 2 分 07 秒，据称拍摄于市政府大院。文章称，毕国昌当晚 7 点 50 分再次来到市政府，不停地恳请路人帮他拍照。这证明与毕国昌本人所说的'事发当天的照片是由友人拍摄'不符。"

央视报道称，"毕国昌承认自己在自述文章中以及接受媒体采访时对事情有所隐瞒，并向媒体、公众道歉。毕国昌说，12 月 4 日下午，他是打车去的市政府，并非走过去的。此后呢，还回了一趟家，去取相机。毕国昌说，当时他想通过舆论的方式来维权，所以在叙述的时候有所隐瞒，想'事情大一点，就能获得更多人的关注'。"

央视报道说，"这件事在今天这样的时刻出现这样一个剧情反转，让人意想不到。毕国昌对网络的爆料事实并没有否认，虽然他也补充说'这改变不了三亚城管执法粗暴的本质'。而回头想想，一个退休的干部在面对个人维权的时候也相信把事情说得严重、夸大一些，才能引起注意，这个错究竟该算在谁的头上呢？"

有媒体发文表示，一面是精心布局博眼球，另一面是转移视线，事件双方仿佛手中握着魔法棒，指挥着公众的舆论走向。许多国人的思维是，不惊人、不被舆论发酵就无人理睬，就不能受到公正对待。这种思维是极其可怕的。

该文指出，一个社会，如果事情的解决要靠撒谎，要靠闹大事情，无疑是很不正常的。健全的社会，任何事情的解决，都应该是以法律为准绳、以事实为基础，一视同仁。只有执法机关和政府部门及时公正地对待每一个人每一件事，才能打消民众的"撒谎维权""闹大维权"惯性思维，才能让社会更为和谐地运转。

四

不言而喻，事件之所以能引起这么大的关注度，原因之一是当事人身份特殊。

两方当事人，一方是城管，另一方是退休的厅官，都是当时的舆情燃点。

媒体、网民讨论的核心问题主要有两个，一个是城管执法问题，另一个是毕国昌的舆论维权。

对于三亚城管的做法，一些媒体和网民认为是暴力执法。新华网发文称，"整人式"执法削弱法治尊严，执法者有法不依，不仅毁坏城市苦心经营的形象，还将执法部门放到公众对立面，消磨法治尊严。

南海网认为，事件曝光之初，"厅级干部被欺负"，涉事主体关联"城管"，舆论就一股脑儿地偏向了毕国昌。以往事涉城管的负面舆情让公众对城管形成了"肯定是城管错"的第一条件反射，因此各地城管部门对如何扭转公众的固有认识需要认真考虑。

《检察日报》评论认为，纠纷解决需要创新机制，而新机制的生命力关键取决于是否管用。在解决纠纷，尤其是公权力和普通民众之间的纠纷，调解、复议和诉讼等后置性救济办法对纠纷双方利益的保护并不见得总是最佳方案。对本身有诸多"先天不足"的城管执法来说，纠纷的避免和创新性解决，显得更为迫切。

"裤衩维权"其实颇有点行为艺术的味道。只是因为事件一开始就被注入"厅官"的标签，而出现更多的价值纷争。毕国昌回应这不是他的本意，自己是以一个退休外地人身份在三亚维权，与身份无关。

《北京青年报》发表评论："厅官裸奔"事件没有无辜者。该文认为，在这件已经严重扭曲变形的事件中，已经没有无辜者，涉事城管和毕国昌双方，都犯下了难以被宽宥的错误。作为一位长期从事新闻工作，而且曾经担任领导职务的"厅官"，显然应该知道真实在新闻传播中的重要价值。尽管已经退休多年，但他从写出文章并委托朋友在网上发布那一刻起，就应该意识到这实际上就是一次新闻传播，而且很可能引起广泛的影响。其次，保证自己所述事实的真实性，与其以往从事职业新闻报道时，应该并无二致。视频曝光后，毕国昌向公众表示歉意，并称当时他想通过舆论的方式维权，所以在叙述时"有所隐瞒"，想"事情大一点，能获得更多人的关注"。最后，这样的想法、做法，出自一位普通的退休老汉尚可理解，但出自一位曾经的职业新闻人，则让人难以接受，并从一开始就为这则轰动事件打下第一块歪斜的地基。

五

网络舆论场纷繁复杂，不同声音代表了不同的利益相关方。此次事件呈现出明显的地域色彩，黑龙江和海南两地媒体、网民一度呈现出针锋相对的态势。

这次事件由微信端发酵，经门户网站转发后，引来主流媒体报道跟进，而之后的多次转折也因各方在微信中发文爆料，微信再次成为热点事件发源地。

三亚的冬天，是个温暖的季节，阳光灿灿，海水温馨。

对东北人来说，过冬有着神圣的地位。南方城市里，三亚的冬天最暖。面朝大海、春暖花开对东北人来说有些奢望，但三亚满足了他们，就像广东人对漫天飞雪的梦想类似。

海南优质的自然条件对东北人来说是一个拉力因素，而历史上的东北下岗潮和近些年不太令人乐观的经济形势，则是东北人南下的推力因素。20世纪90年代，海南曾有过一轮惊心动魄的房地产过山车，房地产泡沫破裂的时间恰巧和下岗潮对应，海南成了东北打工者眼中的好去处。当时的调侃是，海南有三大景观"天涯、海角、烂尾楼"，仅占全国0.6%人口的海南省承担了全国10%的商品房库存。1998年，在北方国有企业下岗潮最为严重的时候，海南随处可见五六百元一平方米的房子。也正是在这个时期，来自东北的打工者开始出现在三亚的出租车、餐饮、零售等各行各业，对于前来打拼的东北人来说，三亚无疑是个气候宜人、就业宽松的好地方。

再后来，海南开始打造"国际旅游岛"，也循序渐进地进入现代化建设和发展阶段。随着三亚日臻完善的发展，越来越多的东北人为了让老人能够享受到温暖晴朗的冬天和清新的空气，选择到海南过冬；而经济条件好一些的，也会考虑在三亚买房让老人长居于此。相比于其他省市有此心的人，东北人只是更早一步动心、更早一步行动了而已。

如今，在三亚，东北人几乎渗透到了每个行业，开餐馆、开旅馆、开出租、开公交、做导游、卖房子……几乎每一处都有东北人的影子。因为东北人多，因为东北人的独特个性以及大街小巷的东北口音，有网友把三亚戏称为"东北省三亚市"。

近年来，三亚的东北人时常用他们的火暴"脾气"在网络上掀起一波波大潮，把三亚吓得"胆战心惊"，让海南岛民心中充满了激愤。几乎每个事件所积累的负能量，总会让海南网民对"东北人"产生强烈的地域"不平"情绪。

毕国昌先生，就是在这样一种大背景下，以黑龙江一位退休厅级干部"裸奔"三亚街头的方式，又一次在海南岛民中撕裂了一道伤痕。

六

这起事件有着诸多法治细节值得反思。对于执法部门，特别要反思的是，该采取何种方式来消除公众的不信任。对于每位公民，则应意识到守法是公民的神圣义务，如果维权，也应选择更妥善的方式。

"旅游城市的管理要从根本上形成长效机制，必须坚持改革。"全国政协委员郑钢认为，只有在政府恪尽职守，在管理者依法管理、经营者守法经营、消费者文明旅游的共同努力下，才能构建一个安全、和谐、文明、健康的旅游环境，才能出现一片和平繁荣景象。

长江网发表了如下观点：社会舆论各执一词，有质疑裸奔者如是不是厅官，不是曾经的新闻记者身份，一件单纯的城管执法事件是否会演变至今天这个热度？亦有人为执法城管叫冤，按章执法，何罪之有？社会舆论不断发酵的背后，正是由于互联网的大众特性和互动效果，网民对公民权利保护、公共权力监督等问题的社会关注度大幅度提升，有序的参政议政也在不断扩大。

冰冻三尺非一日之寒，旅游治理非一日之功。面对庞大的市场蛋糕，三亚作为一个开放的城市，一个按照发达国家先进城市标准建设的旅游城市，更应从提高管理服务水平上去优化旅游市场与环境，用高品质服务打造核心竞争力，形成可持续发展的良好态势，标本兼治，让服务质量跟上市场的变化、跟上游客的脚步。

对于一个以旅游为支柱产业、为生命线的城市来说，如果连续发生类似的突发事件，无疑是对自身的"打脸"，成为笼罩在美丽产业头上的乌云。如果听之任之，任由其发展，当地旅游秩序就会出现倒退的危险，旅游形象就会毁于一旦。

三亚市委、市政府的认识更加深刻。

在一次旅游座谈会上，张琦有感而发，他说，改革开放以来，我国社会流动性显著加快，社会活力明显增强，这就要求我们必须转变社会管理理念，改进社会管理方式，提高社会管理水平。三亚旅游城市的地位不是与生俱来的，也不是一劳永逸的。我们必须居安思危，增强忧患意识，深刻汲取经验教训，更加自觉地加强管理能力建设，始终为游客所想所为。

战战兢兢，如履薄冰。

"厅官裸奔"事件警醒三亚执政者，在旅游市场监管和服务中，不能有丝毫懈怠，容不得半点马虎，更不能有任何闪失。

"天天从零开始。"海南省委常委、三亚市委书记严朝君在谈到旅游市场治理工作时强调。他说，形势在变化，游客的需求在变化，游客品位越来越高，维权意识越来越强。三亚不能完全照搬以往的做法，要研究新情况、新问题、新变化，探索新方案、新措施、新办法，以更高的标准、更严的要求、更细的工作、更优的服务，交出更满意的答卷！

第二章　中国第一支旅游警察队伍

　　三亚旅游警察支队是中国第一支成建制旅游警察队伍。这是中国旅游管理体制的重大创新。

　　以打开路，铁腕治旅，每一次出击，都金戈铁马，雷霆万钧；训练有素，果敢迅捷，每一次行动，都高效精准，一招制胜。

　　行政执法和刑事执法无缝衔接，以"有力之箭"形成依法治旅的"无箭之弓"。

　　铁汉柔情，剑胆琴心。他们，成为整治旅游市场秩序的一张"王牌"，他们，就是三亚最美的风景。

第一节　旅游警察解码

2015 年 10 月 10 日，上午 10 时。

中国旅游的历史一定会给这一刻留下浓墨重彩的一笔。

国内首支旅游警察队伍——三亚市公安局旅游警察支队在三亚市民游客中心正式挂牌成立。

当海南省委常委、时任三亚市委书记张琦为三亚市公安局旅游警察支队揭牌，一个全新的警务模式从此走上中国旅游治理的舞台。

张琦坦言，设立旅游警察队伍的初衷，就是希望针对三亚旅游市场负面事件能作出快速反应、及时处置、果断处理，全天候在岗。民警通过各种渠道，包括网上舆情、相关涉旅部门的反映、群众举报的线索以及民警在工作中发现的问题，第一时间反应，第一时间处置，为游客提供更好的安全保障和服务。

这是三亚执政者治理旅游乱象的重大创新。

一

如何进一步加强三亚旅游市场管理，规范旅游市场秩序，实现行政执法和刑事执法的无缝衔接，满足国内外广大游客对三亚这个独特旅游城市的期待？

如何解决旅游产业本身具有高投诉率特征，协调处理涉及多行业、多领域、多群体的旅游纠纷？

如何解决旅游投诉因为工商、物价、交通、食药监等多部门管理导致的互相推诿，各自为政，以最快的速度给游客一个满意的处理结果？

如何解决旅游执法过程中的不规范、不文明、选择性执法、粗暴执法等现象，以最专业的素养给涉旅纠纷一个公正的答案？

如何对旅游市场屡教不改、劣迹斑斑的"黑社""黑导""黑车""黑店""黑船"等"五黑"保持高压态势，严格执法、铁腕治旅，给游客一个文明、和谐、舒心的旅游环境？

很长一段时间，一直处在旅游乱象风口浪尖的三亚，始终在不断尝试，不断摸索，苦苦寻找拨乱反正的"良方妙药"。

2014 年 11 月，张琦在拜访国家旅游局局长李金早（现文化和旅游部党组副书记、副部长）时，首先提出了设立"旅游警察支队"的大胆设想，得到了李金早的高度肯定。

2015 年 1 月，三亚市公安局党委向海南省公安厅提出设立旅游警察支队的申请。

8 月 3 日，海南省公安厅批复同意设立三亚市旅游警察支队。

9 月 30 日，三亚市委、市政府批准设立旅游警察支队。

10 月 10 日，全国首支成建制的旅游警察支队正式挂牌成立。

作为全国首支旅游警察队伍，三亚旅游警察支队在旅游市场整治中行动迅速、查证专业化水平高、震慑力大。他们可以把旅游投诉经过取证转化为治安案件甚至刑事案件，使案件得到快速处理，实现行政执法和刑事执法的良好衔接。

铁肩担道义。

三亚市旅游警察支队专职维护三亚市旅游市场秩序和旅游治安环境。其主要职责为：负责办理社会影响重大、涉及侵害旅游活动参与者人身和财产安全的违法犯罪案件；负责查处破坏旅游市场秩序的强买强卖、销售假冒、伪劣商品等违法犯罪案件；配合旅游、工商等职能部门开展联合执法，共同维护旅游市场秩序；依法监督、检查、指导各旅游景区景点的内部安全保卫工作；接受游客的报警、求助，指导各派出所对辖区内的景区景点开展秩序维护、巡逻防范、服务游客等工作。

二

经过两年多的磨炼和锻打，三亚旅游警察已经百炼成钢，声名远播。

三亚旅游警察在迅速成长的实践中，摸索、总结出自己的"独门秘籍"：

以打开路，铁腕治旅。

坚持警察职能定位。立足打击违法犯罪，护境安民的职责使命，充分发挥警察处置行动迅速、查证专业化水平高、威慑力大等特点，严厉打击破坏旅游市场秩序的违法犯罪行为，全面强化旅游市场的监管。

张琦说，三亚是以旅游为支柱产业的发展中城市，成立旅游警察在我国还是一个新的探索，只有充分授权，放手去闯，创新工作方式，才能更好地发挥旅游警察蕴含的最大潜能。

坚持从严从重处罚。对一般行政执法案件，情节严重可能构成治安案件甚至刑事案件的，经过调查取证依法按照有关法律法规规定，顶格处理，形成震慑。

联勤联动，联合执法。

三亚旅游警察与其他旅游市场秩序行政执法监管部门密切合作，各司其职，建立快速高效的"多部门联勤联动，联合执法"工作机制。

——依托12301旅游投诉热线的游客投诉、举报平台，按照旅游投诉调度指挥中心的指令，及时启动联勤联动机制，联合旅游相关职能部门，做到快速反应，实现行政执法、治安处罚和刑事执法上的统一，提高了执法效率。

——积极落实首问责任制。无论是接到110指挥中心，还是

12301 旅游调度指挥中心指令的涉旅报警投诉，旅游警察都会在第一时间接警，有效杜绝了游客投诉无门或推诿搪塞现象。属于职责范围的高效快捷处置，属于其他旅游职能部门管辖的，及时协调相关职能部门到现场处理。

——开展联勤执法。旅游警察联合市旅游、工商、交通、海洋等相关部门开展旅游联合执法，紧密配合，分工协作，在加大旅游综合整治力度的同时又为联合执法提供更好的保障，切实做到信息线索互通，执法联动，有效避免了旅游执法中单打独斗、各自为战的不利局面，形成强大的工作合力。

——进行网格化旅游市场监管。旅游警察分成多组人员驾驶警车、警用摩托车到主要旅游景区、景点、游客消费场所等开展常态化的巡逻检查，为市民游客提供温馨、贴心服务，并震慑违法犯罪。

三亚市公安局在各区整合成立了旅游警察大队，由专职旅游警察民警带队，联合区旅游、工商、物价、交通、城管等部门，每天对辖区旅游购物点、海鲜排档、水果摊点等开展联合执法巡查。他们还不定时地开展各区大队跨区交叉检查，切实做到日常监管、市场巡查的常态化、网格化。

——加强队伍建设。坚持以"让党和政府满意，让人民群众满意，让中外游客满意，让基层民警满意"为目标，内强素质，外树形象。通过抓学习，强化理想信念、服务意识、法制意识，切实提高队伍的政治思想素质；通过抓培训，加强法律法规、旅游市场知识和业务学习；通过抓训练，提高辅警的履职水平；通过抓管理，着力建设廉洁警队，强化集体荣誉感，凝聚警心。

主动作为，贴心服务。

一是明察暗访。积极搜集涉旅案件线索，提高查找问题的主动性和精准性。针对旅游市场突出问题和市民游客投诉较多的涉旅问题，支队安排民警进行暗访搜集案件线索和证据，进行案件调查。例如，针对海鲜店欺客宰客、水果店掉包和缺斤短两欺诈游客、散发非法一日游虚假传单、黑艇黑潜水点非法招揽游客等进行暗访，在调查取证充分后，精准打击。

二是调研摸底。认真开展旅游市场的调查摸底和调研，及时搜集掌握旅游市场的各类信息和旅游秩序动态，做好研判工作，为政府开展旅游市场秩序整治做好参谋。

三是政策宣传。加强与旅游景区企业的沟通协调，积极走访旅游企业，一方面建立良好的协作关系，另一方面及时了解和掌握影响旅游市场秩序和旅游企业正常经营的违法犯罪活动线索，了解企业需求，共同为景区游客提供良好的安全保障和服务。

三

每天早 8 时，穿蓝制服、戴白头盔、骑着摩托车的三亚旅游警察准时出现在主要景区开展巡逻执勤。英姿飒爽、整齐划一的旅游警察，成为游客的"守护者"。

29 岁的蓝桃榮在旅游警察这个岗位上已经三年。这三年来，他时刻牢记自己的职责和使命，开展巡逻、服务游客、解决游客问题，成为他生活中的重要部分。

作为一名旅游警察，蓝桃榮常常要 24 小时待命，半夜被叫醒，就直奔现场。

"旅游警察这个名字听起来很酷，但事实上并非如此，不仅要跟不法分子斗争，还要解决投诉者的诸多'小事'。但无论是大事还是小事，只要游客遇到困难，我们都全力以赴解决。"蓝桃榮说，一开始，一些市民游客并不认可旅游警察这个身份，还常常给他们出难题，但是旅游警察用实际行动，赢得了市民游客的信任。

从 2015 年最初的 7 人壮大至现在的 83 人，三亚市旅游警察支队扛起治理和服务的重任，屡次快速出击、严管重罚，成为三亚重拳治理旅游市场乱象的中坚力量。从不为人知到游客口口相传的"旅游卫士"，不仅成为游客三亚游的"定心丸"，还是"四位一体"旅游市场监管模式的全国典范。

李金早说，三亚创建旅游警察支队等创新做法为全国旅游市场治理管理迈出了具有深远意义的一步。他进一步指出，三亚通过成立旅游警察支队、旅游巡回法庭、旅游调解委员会，做强旅游委，整合治旅力量，逐步拥有了"有力之箭"般的治旅合力。随着游客投诉率不断减少、满意度不断上升，最终有望实现旅游市场管理"无箭之弓"的境界，让旅游从业者不敢违法、不愿违法、不想违法。

2016年3月22日，国务院总理李克强在出席澜沧江—湄公河合作首次领导人会议和博鳌亚洲论坛2016年年会两大国际性会议前，专门抽出时间在三亚考察。

22日下午，李克强在三亚市民游客中心考察海南国际旅游岛建设及服务创新等情况。

对三亚旅游业发展情况，李克强表示肯定，并勉励：旅游业首先是服务业，不仅要完善旅游设施"硬件"，同时要全面提升服务"软件"。

李克强在通过远程视频系统与正在南山景区执勤的旅游警察互动时说："你们为游客营造良好的旅游环境，让旅客既有旅游安全感，也有旅游舒心感。"李克强说，只有营造公平优质的旅游环境，游客才能玩得安心、舒心、开心，而不是感到窝心。

2017年5月，公安部《公安工作简报》以《三亚市公安局创建旅游警务新机制》为题，全面介绍了三亚市创建旅游警察的经验做法，供全国各地学习借鉴。

2018年3月22日下午，履新不久的文化和旅游部党组书记、部长雒树刚到文化和旅游部南区调研，在全国旅游产业运行监测与应急指挥平台，雒树刚与三亚市公安局旅游警察支队支队长吴奇峰、安徽省黄山风景区管委会副主任宋生钰、重庆市大足石刻研究院院长黎方银进行了现场连线通话，他勉励一线工作人员努力工作，提升旅游监管水平，为文化和旅游健康发展做贡献。

四

其实，世界上不少国家和地区有旅游警察。他们会外语、着装醒目、在酒店和旅游景区随处可见。小到问路、物品遗失，大到被敲诈勒索，旅游警察都会马上介入解决，甚至还是当地的一道亮丽的风景线。

世界旅游组织最新公布的数据显示，2017 年全世界仅入境旅游收入就高达 8120 亿美元。旅游业已发展成为全球最大的产业之一。

旅游业在快速发展的同时，也日益显现出与周边行业高度关联的特点，其对安全与服务的要求程度越来越高。服务的完善与否制约着旅游的发展，安全的旅游环境更是旅游得以发展的最根本前提和保障。

如何提升旅游业服务水平，防范外界非安全因素对旅游业所造成的影响，保障旅游业健康、有序、持续地发展，已成为全球旅游业需面对的最重要的课题之一。

为了应对上述问题，世界上有不少国家和地区都已建立了旅游警察，如约旦、泰国、阿根廷、肯尼亚、俄罗斯、乌克兰、埃及、希腊、马来西亚、柬埔寨、秘鲁、伊朗、夏威夷等国家和地区。

建立旅游警察并不是说明当地有危险，相反，旅游警察的存在可以让游客意识到自己随时处在保护中，是对游客的友善和礼遇。

旅游警察是警察自身功能在社会行业细分化的过程中，面向旅游服务部门而产生的一种专业种类。

以旅游作为支柱产业的希腊，是欧洲国家中较早设立旅游警察这一职位的国家。为了保护游客的安全，该国早在 1975 年开始实施旅游警察制度。旅游警察的数量约占希腊常规警察的 15％左右，他们在执行常规警察的职责同时行使旅游警察的职责。

为了与其他警察进行区别，便于旅游者识别，希腊旅游警察在着装上很醒目：帽子上有一个白圈儿，腰带和手套也都是白色的，制服衬衫的前面印有 TOURIST POLICE（旅游警察）的字样。

作为一个旅游国家，泰国很早就意识到旅游秩序对外国游客的重要性，1976 年就设立了旅游警察。其主要任务是为游客提供便利，给予帮助，并处理侵害游客权益的各类案件。旅游警察都具有基本的英文会话能力，随着近年来中国游客的不断增加，会说中文的警员也越来越多。

埃及是中东地区最大的旅游目的地。为改变恐怖活动带来的不安全形象，埃及政府于 1997 年建立旅游警察，并派出 250 艘装备自动武器的快艇和橡皮筏在开罗与阿斯旺之间有历史古迹和旅游景点的河段巡逻，很快扭转了旅游业的下滑趋势。

埃及各个旅游景点、涉外火车站、酒店、餐馆、购物场所等都派有旅游警察。由于旅游业在国民经济中的重要地位，游客成为重点保护对象。各旅游区有专门的旅游警察，他们懂英文与旅游知识，向游客提供帮助。

1998 年，马来西亚在吉隆坡设立了旅游警察局，旅游警察都是经过特殊培训的服务型人员。如今近千名警察每日于指定的旅游景点执勤，使这些景点的治安明显好转。

而在马来西亚的另一个重要旅游目的地沙巴，当地的旅游警察除在旅游景区巡逻外，还会在城中的酒店巡视，每天在酒店大堂值班一段时间，现场处理游客投诉或报警事务。

作为世界上最"纸醉金迷"的城市，阿联酋迪拜的旅游警察相当引人瞩目。迪拜警队的出警车辆都是豪车，价值600多万元人民币的兰博基尼、宝马5系、奔驰、法拉利等车型，都是迪拜警方的指定用车。

此外，迪拜警方还设立了一个叫作"宗教警察"的职位，如果看到街上的当地人和游客在服装、行为举止上有不当之处，就会上前盘问，并可将之带回警察局。

作为国际旅游警察队伍里的新兵，三亚旅游警察支队自成立以来，主动打开国际视野，积极交流学习，多次向国际同行伸出"橄榄枝"。

2016年8月8日至12日，时任三亚市人民政府副市长、公安局长陈晓昆率代表团一行6人，应邀考察俄罗斯莫斯科州红山市，探讨两市建立友好城市事宜。

出访期间，三亚代表团拜访了中国驻俄大使馆、国家旅游局驻莫斯科办事处、凤凰卫视驻莫斯科记者站，与俄罗斯旅游警察座谈交流，在莫斯科红场"亮相"。代表团还实地考察莫斯科州红山市，并签订了建立友好城市关系合作意向书。

莫斯科旅游警察在旅游执勤执法、处理游客投诉、为游客提供服务和安全保障等方面的先进经验和做法，让三亚旅游警察眼界大开。

三亚旅游警察，开创了中国旅游执法国际交流合作先河。

2016年10月，三亚旅游警察应邀参加首届"中泰旅游市场监管合作协调组会议"，与泰国旅游警察同场交流，建立了互访沟通机制。

2017年3月，莫斯科市内务总部代表团应三亚市邀请，正式回访三亚。双方建立了警备信息互相通报机制，今后对涉及当地公民的违法犯罪信息进行通报和信息共享。

2017 年 6 月，三亚旅游警察与国家旅游局一同出访泰国，考察学习泰国旅游警察的治旅经验和措施，并对双方进一步合作达成了一致意向。此行开拓了三亚旅游警察的工作视野，为三亚旅游事业发展提供了更多宝贵经验和有效帮助。

五

三亚建立旅游警察队伍，并迅速取得显著成效，引起广泛关注。

全国各地，尤其是主要旅游城市，纷纷效仿，争先恐后设立旅游警察机构。

紧随三亚之后，2015 年 10 月 23 日，同样身为旅游名城的广西桂林市也宣布建立旅游警察队伍。

云南成为中国首个全面设立旅游警察的省份。2016 年 2 月 5 日，云南省第一支旅游警察队伍丽江市公安局旅游警察支队正式挂牌成立。

2017 年年初，北京市公安局成立环食药旅安保总队，设立了专门的旅游警察队伍，维护北京的旅游秩序。

4 月 22 日上午，浙江省杭州市公安局西湖风景名胜区分局在涌金广场举行了旅游警察大队成立仪式。

随着 G20 峰会后杭州西湖的知名度越来越大，游客越来越多，旅游警察成为加强景区管理的一支重要力量。

三亚旅游警察"一地开花，全国飘香"。

到 2017 年年底，全国各地已成立旅游警察队伍 205 家。

三亚市旅游警察支队案件侦查大队长王启高介绍，旅游警察支队自成立以来，坚持将侵害游客合法权益的常见、多发、高发的案件作为打击重点。截至 2018 年 1 月 15 日，共查处涉旅治安案件 460 起，行政拘留 534 人，破获刑事案件 7 宗，刑事拘留 21 人，联合旅游质监局查处"黑导"案件 24 起，联合海洋、交通部门查处"黑船" 74 艘、"黑车" 42 辆、"黑中医理疗店" 4 家。对违规违法者起到了威慑作用，为广大游客营造了有序优质的旅游"软环境"。

三亚旅游市场秩序持续好转，旅游市场乱象得到有效遏制，游客满意度不断增加，旅游美誉度大幅回升。

长风破浪，直挂云帆。

旅游警察已成为三亚一张亮丽的城市名片。

在游客心中，三亚旅游警察已经成为他们的"保护神"，更是三亚流动的风景线。

第二节　胖姐海鲜店关门

2015 年 10 月 12 日 23 时许，三亚友谊路。

因为紧邻游客如潮的三亚湾，这里的海鲜餐馆一家连着一家，大排档灯红酒绿，人头攒动，生意兴隆。来自世界各地的游客在游玩一天之后，三五成群地聚集在这里，享受着椰风海浪带来的浪漫，品味着来自大海馈赠的各种特色美食。

而在友谊路 35 号，一家名为鑫福园胖姐海鲜店的生意似乎特别火爆，虽然已近深夜，但不时还有出租车绕过其他门店，将游客直接拉到店门口，更有热情的拉客女不停地从周边拉来正在观望、犹豫的食客。

一切似乎都很正常。

"不许动！"

"抱头，蹲下！"

数十名突然而至的旅游警察、特警打破了鑫福园胖姐海鲜店的祥和，还在猜拳行令、侃侃而谈的客人逐渐从惊愕中醒悟过来：这不是在拍电影，真出事了。

既在预料之外，也在情理之中。

鑫福园胖姐海鲜店真的出事了。

一

事情还得从安徽游客史先生说起。

2015 年 10 月 1 日，黄金周第一天。从安徽淮南市来三亚游玩的史先生和朋友们显然心情不错，三亚旖旎的海景风光让来自内陆的他们大饱眼福。晚上 9 点多，史先生和朋友们觉得也该享享口福了，于是决定去吃宵夜。

由于对三亚并不十分熟悉，有人提议去名声在外的三亚第一海鲜市场，但他的提议很快被出租车司机否决了，司机说，太晚了，第一市场早已没有海鲜可吃了。

出租车司机看来是个热心人，他很自然地向史先生推荐起鑫福园胖姐海鲜店，价廉物美，手艺地道，有个千把块钱就可以把你们几个撑死。说一千道一万，就一个字：值！

看着表情诚恳、热情大方的出租车司机，史先生自然没有拒绝的理由了：快走吧，大哥。

就这样，史先生被出租车轻车熟路地拉到了胖姐海鲜店。

服务员果然热情，甚至超出了出租车司机的描述，加之店里就餐的人熙来攘往，热热闹闹，大家先前的戒备心理一下子就放松下来了。

好不容易来一趟三亚，海鲜当然是主打。芒果螺 2.7 斤、九孔鲍 1.52 斤、珍珠蟹 4.5 斤、象鼻蚌 2.4 斤、青衣鱼 7.4 斤、黄金贝 3.1 斤、基围虾 1.5 斤，6 个人点了 7 个海鲜。

酒嘛，当然也要有，但不用太好，史先生要了两瓶白酒，一共 40 块钱。

用餐过程的愉快不用说，谈人生，谈理想，谈三亚人民的热情好客，谈家长里短，人生百味。

美好的时光总是很短暂。不知不觉夜深了，天下没有不散的筵席，该回酒店了。

问题出在埋单的环节：3180 元。

史先生一惊，他不是花不起这个钱，而是这个价格已经大大地超出了他的预期。

凭经验，他觉得这顿饭一千多块钱就够了，最多也就两千来块钱，想不到，居然突破了三千！

史先生和朋友们开始查验菜单，并对价格提出了质疑。

刚进门时女老板的满脸笑容不见了，取而代之的是一副刁蛮的嘴脸。

店门口三三两两的闲散青年围了过来，臂膀上的纹身在灯光下显得格外醒目、猖狂。

结果可想而知，史先生一分不差地结了账，他和几个朋友才得以离开。

二

一夜思前想后，史先生越来越觉得蹊跷。

这里面有鬼。

不能当这个冤大头。

不能让更多的人被宰。

第二天上午 10 时许，史先生拨通了三亚市 12301 旅游热线投诉电话，陈述了自己在胖姐海鲜店就餐的前后经过，希望相关部门调查处理，给自己一个满意的答复。

三亚市 12301 旅游调度指挥中心迅速联合物价、工商、质监等部门展开调查。

还在试运行阶段的三亚市旅游警察支队适逢其时，可以一显身手了。

他们充分发挥了人民警察的专业特长，开始对胖姐海鲜店进行了秘密调查取证，胖姐海鲜店的老板做梦也不会想到，在那些吆五喝六的食客中间，掩藏着一双双警惕的眼睛，在那些大大咧咧埋单的人群中，有人正在搜集他们犯罪的铁证。

2015 年 10 月 11 日，三亚市旅游警察支队正式揭牌的第二天，即以对非国家工作人员行贿罪对胖姐海鲜店立案侦查。

人民警察，雷厉风行。

不能再让这些害群之马任意宰客、败坏美丽三亚的声名了。

10月12日23时许，旅游警察支队联合特警支队对胖姐海鲜店展开突击行动，当场将嫌疑人和海鲜店相关人员15人带回凤凰派出所审查。

15人中，该店老板2人，前台收银1人，发放回扣的财务人员2人，拿回扣的司机2人，跟单服务员8人。

旅游警察支队当场扣押记录发放回扣的账本2本、游客乘坐车牌号记录本2本以及游客消费清单、点菜单等，现场收缴用于给司机发放回扣的现金20315元。

胖姐海鲜店老板及涉案人员供述，该店自开张经营海鲜排档生意以来，为诱使司机拉客到该店"消费"，给揽客吃海鲜的司机以客人消费金额的40％发放回扣。

旅游旺季该店每天给司机的回扣高达2万元，旅游淡季每天给司机的回扣也有1万多元。据此推算，史先生的三千多元餐费中，有一千多元落入了那个"热情大方"的司机的口袋。

在暴利的驱使下，胖姐海鲜店门庭若市。一批批被好客的司机拉来的游客，在不明就里的情况下成为任由宰割的羔羊。

10月13日下午，三亚市旅游警察支队通报称，"胖姐海鲜店"共有3个股东，分别是：李某香（女，汉族，40岁，黑龙江人，占40％股份，已抓获）；芦某（女，汉族，45岁，黑龙江人，占20％股份，已抓获）；张某（女，黑龙江人，占40％股份，在逃）。

面对大量证据和游客的举报，在审讯中，涉案人员对向招揽游客的司机给回扣的犯罪事实供认不讳。

仅仅自9月15日至10月12日不到一个月的时间，该海鲜店的营业收入共计208万元，给司机回扣高达81万多元。

这是一个令普通百姓瞠目结舌的数字。

另外，该店为吸引更多游客消费，竟将普通常见的海螺标注为

"美国红螺"、"黄金贝"、"白金贝"进行销售，以此抬高价格，牟取暴利。

根据《中华人民共和国刑事诉讼法》第八十六条规定，"胖姐海鲜店"已涉嫌对非国家工作人员行贿。三亚市旅游警察支队依法对犯罪嫌疑人芦某等5人刑事拘留。

消息一出，全国震动。三亚旅游警察首战告捷，威名远播。

令人意味深长的是，胖姐海鲜店因商业贿赂犯罪被查处后，三亚的各海鲜店价格大幅度下降。人们发现，原来给司机和拉客妹的高额回扣没有了，海鲜价格回归到它的本来价位。

三

鑫福园胖姐海鲜店关门了，但它带给人们的思考远没有结束。

这家海鲜店成立于2012年1月。在网络上，早就出现了关于"胖姐海鲜店"的大量投诉，差评如潮，宰客长达三年多，为何在如此长的时间里不被查处呢？

细心的南海网、三亚新闻网记者梳理发现，在社区论坛、美食点评网站，关于在胖姐海鲜店用餐被宰的评论数不胜数。在大众点评网上，胖姐海鲜店评分仅为2分（5分制）。53条评论中，50条给了1星（最低级别）。

网友"大烧麦小笼包"：

刚刚被坑了来评价的！出租车司机直接给拉到这家店门口，东北胖子开的，连自己东北老乡都坑！第一市场3元一个鲍鱼，十个也就30元，这家店要一百多！一盘鸡腿螺要2斤多，又是一百多，坑死！蟹要好几百一斤，都没敢点！斤两绝对有问题，还没上秤就把鱼摔死！让你不得不买！

网友"gaojun5156"：

再也不会去了，真是坑，大家千万别信出租车司机说的，都是托儿。两个人吃了 1400 元。秤也有问题，我就郁闷一只螃蟹怎么 4 斤多。一选哪只螃蟹，他们就一刀刺死，不能退。

网友"Z＿368"：

巨坑，随便一吃 2000 多元。18 块钱一斤的虾子引诱你上当，只要你点了，就等着被坑吧，走不了了……

网络评论从 2014 年 3 月开始出现，一直到 2015 年 10 月。游客们血的教训似乎并没有让前来就餐的人群减少，也似乎未影响到这间海鲜店的生意。

根据网友评论梳理可以发现，这些用餐被宰的游客大多数由出租车司机、摩的司机、公交司机引荐而来。

还有部分网友评论，这家店外坐着许多身材魁梧的大汉，令人生畏。

一名自称该海鲜店前员工的网友爆料称："老板是东北的，雇用一群东北人，每天让他们站在门口吆喝。不宰客怎么生存啊，那些拉客的、点单的回扣从哪里来啊？"

四

10 月 13 日下午，在三亚旅游警察支队对胖姐海鲜店展开突击行动第二天，三亚市工商局对鑫福园胖姐海鲜店进行查封。

调查结果表明，胖姐海鲜店在账外暗中给予出租车司机回扣的行为，违反《中华人民共和国反不正当竞争法》第八条第一款规定。胖姐海鲜店在经营活动中，不以真实名称销售海鲜、虚假宣传等行为，违反《侵害消费者权益行为处罚办法》第六条第（一）项规定。

三亚市工商局对三亚鑫福园胖姐海鲜餐馆作出如下行政处罚：罚款人民币 20 万元，上缴国库；吊销营业执照。

此事给三亚市道路运输行业形象造成了严重的负面影响。三亚市交通局依据《三亚市出租汽车驾驶员服务质量信誉考核评分标准及违章代码》，给予被查实拿取高额回扣的高某等 3 名驾驶员记 20 分，列入行业黑名单，五年内不得在三亚市道路运输行业从业的处理。

五

这是三亚旅游警察正式挂牌成立之后的第一次亮剑。

此次旅游警察快速查处"胖姐海鲜店"，大快人心。

在三亚旅游旺季即将到来之际，旅游警察深挖此案，其用意和影响不言而喻。此案之后，三亚海鲜排档非法揽客宰客的现象在一定程度上得到抑制。

对于安徽游客史先生来说，胖姐海鲜店关门，黑心老板被抓当然是大快人心之事，想到黑心店主前后嘴脸的巨变，史先生的气就不打一处来。

恶有恶报。史先生这样想也是理所当然。

但史先生做梦也没有想到，恶有恶报之后，就是善有善报了。

因为他的一个举报电话，三亚清除了长期欺客宰客的黑心商家，净化了旅游市场，还给游客一个更干净、更放心的旅游环境。

2015 年 10 月底，史先生接到三亚旅游委的电话，愣了好大一会儿，不明白是骗子还是真事儿。

对方说他的举报属实，要他去三亚领取 5 万元的举报奖励，不过需要缴纳个人所得税。

这和目前流行的一种诈骗手段高度契合。

在史先生将信将疑之际，对方已经把事情的来龙去脉解释得清清楚楚。

原来，2014 年 12 月 26 日，为保障旅游者、旅游经营者及旅游从业人员的合法权益，鼓励社会公众依法举报旅游市场违法违规经营行为，加强旅游市场监督管理，健全三亚旅游市场综合整治工作协调机制，三亚市人民政府出台了《三亚市旅游市场违法违规经营行为举报奖励办法》，该办法已经从 2015 年 1 月 1 日起生效。

依据该办法第十四条第一款第（二）项"被举报投诉人依法受到吊销证照行政处罚的，给予举报人 5 万元奖励"。因为胖姐海鲜店已经被三亚市工商局依法吊销证照，举报人史先生因此获得 5 万元奖励。

他为自己当时没有忍气吞声、息事宁人感到幸运和骄傲。

他由衷地为三亚旅游警察的雷霆行动、为三亚工商局的严苛处罚竖起了大拇指。

"重金买投诉"，三亚不护短，不遮丑，有胸怀，有担当。

从 2016 年 1 月 1 日至 2018 年 5 月以来，三亚市共受理旅游市场违法违规举报 26 起，查实 18 起，罚没款共计 1485371.6 元，发放奖金共计 367000 元。

2018 年 5 月，"升级版"的《三亚市旅游市场违法经营行为举报奖励办法》正式开始实施。

与三年半前出台的奖励办法相比，此次新出台的举报奖励办法的举报方式更加灵活多样，除电话举报外，还增加了微信公众号和短信举报；举报覆盖范围也更广。尤其是针对不同性质案件的奖励标准均有所提高，最高奖励标准由 15 万元提高至 20 万元，进一步激励市民游客参与旅游市场违法经营行为举报的积极性，规范旅游市场秩序。

三亚市副市长许振凌坦言，作为治标兼顾治本的旅游市场监管方式，实施新的举报奖励办法是三亚在加强城市管理和突出问题治理上的坚决举措，表明了三亚根治旅游市场乱象，全面改善旅游环境，确保旅游业顺利提质增效的坚定决心。

收到三亚旅游委发放的 5 万元举报奖励，史先生心生感慨：三亚一游，不虚此行啊！

六

暴利之下，必有"勇夫"。

三亚对那些昧着良心赚黑钱的"勇夫"始终保持高压态势，露头一个打一个。

2016年2月，三亚12301旅游服务热线通过舆情监控发现，三亚渔民人家海鲜美食广场多次被游客投诉，存在欺客宰客现象，但一直没有确凿的证据。

有困难，找警察。于是，12301旅游服务热线指挥中心立即将情况反馈给三亚市旅游警察支队。

如何让"嫌疑"变为"铁证"？旅游警察支队及时对投诉工单进行梳理，为防止打草惊蛇，决定还是发挥旅游警察的专长，对存有诈骗嫌疑的"渔民人家"海鲜店进行前期调查。

要想获取海鲜店的诈骗证据，并不容易。很长一段时间以来，媒体上频频爆出有不良商家因为宰客栽了跟头，使得其他存有违法违规的商户更加小心翼翼，作案手段更加隐蔽，有的海鲜店甚至雇有专门人员，负责望风，暗中窥视食客的一举一动，一旦觉得异常，就会马上中止宰客行为，让你抓不到任何把柄。

旅游警察对三亚渔民人家海鲜美食广场的调查取证，持续半个月之久。

这是猎人与狐狸的较量。

而再狡猾的狐狸，迟早也会露出尾巴。

旅游警察发现了一个奇怪的现象，每晚8时至10时，都有一些空载出租车停放在渔民人家海鲜美食广场店门前，出租车司机下车后，并没有就餐，而是直接到海鲜店收银台，拿起一个信封就离开了。

　　2016年2月5日凌晨，旅游警察支队对渔民人家海鲜店进行突击检查，当场将给回扣的经理洪某、收银员及过来拿回扣的出租车司机抓获。

　　人赃俱获，铁证如山。

　　审讯获悉，渔民人家海鲜店为牟取更多的非法利润，以游客消费总额30%～40%的比例，在账外暗中给予拉客出租车司机高额回扣。

　　2月6日下午，三亚召开旅游市场秩序治理情况新闻发布会称，三亚渔民人家海鲜美食广场从事海鲜餐饮经营活动中，在账外暗中给付出租车、私家车司机回扣的行为，违反了《中华人民共和国反不正当竞争法》第八条之规定。鉴于其扰乱了公平竞争的市场经济秩序，造成不良社会影响，严重损害了三亚良好旅游形象，符合国家工商总局《关于工商行政管理机关正确行使行政处罚自由裁量权的指导意见》从重处罚的情形。依据《反不正当竞争法》第二十二条之规定和行使行政处罚自由裁量权的指导意见，给予当事人行政处罚，罚款人民币20万元，上缴国库。

七

　　三亚市高度重视网上舆情监控与处置。

　　尤其涉及游客利益的舆情反应，都在第一时间作出反应。

　　2016年8月16日，微博网民"请叫我俊秀夫人"发帖称，其在三亚旅行中遭遇胖夫人渔港海鲜店消费欺诈。

　　三亚市委、市政府高度重视此舆情，指示相关部门尽快查处。

　　旅游警察、工商、旅游、交通、质监、海洋、物价等部门立即组成专案组进行调查。

　　调查得知，8月15日，司机赵某某受三亚平海旅游汽车有限公司调派，驾车前往海棠湾逸林希尔顿酒店接送两名游客至机场，途中游客表示要到三亚肥婆海鲜店用餐，驾驶员赵某某未将游客送至目的地，反将游客送至胖夫人渔港海鲜店就餐。

两名游客在胖夫人渔港海鲜店点了芒果螺、虾蛄、和乐蟹、黄金贝、干锅土豆等菜品，共消费 904 元。

经物价部门核实，三亚胖夫人渔港海鲜店虾蛄的销售价超出政府当日海鲜品调控价 14 元/斤，多收了游客 16.8 元。

工商部门发现，三亚胖夫人渔港海鲜店在经营过程中还存在以下违规行为：

海鲜品名标注不规范；店内电子显示屏中的价格公示栏内容更新不及时，导致当天价格超过政府调控价；每日不按规定如实上传当天的消费菜单数据。

鉴于三亚胖夫人渔港海鲜店的违法违规行为，三亚市物价部门依照《价格法》第四十二条、《关于商品和服务实行明码标价的规定》第二十一条，给予其罚款 5000 元的处罚。

鉴于该店违反了《三亚市海鲜排档经营监督管理办法》之有关规定，三亚市工商部门责令该海鲜店停业整顿。

鉴于该司机未将游客送至目的地，而将游客带往胖夫人海鲜店消费，导致乘客消费过高的情况属实，市交通局责令三亚平海旅游汽车有限公司加强企业内部管理及驾驶员培训，不断提升服务质量，同时按照《海南经济特区道路旅游客运管理若干规定》相关规定，给予三亚平海旅游汽车有限公司罚款 5000 元的处罚，司机赵某某被辞退。

只多收了 16.8 元，却被罚款 5000 元，还要停业整顿，对于胖夫人渔港海鲜店来说，真可谓"赔了夫人又折兵"，早知今日，悔不该当初啊。

但在三亚旅游监管者眼中，这 16.8 元绝不是一个小数字，它关联着游客的满意度，关联着三亚旅游管理水平，关联着三亚铁腕治旅的决心。

三亚决不允许"一颗老鼠屎，带坏一锅粥"。

八

长期以来，对海鲜市场的管理一直是三亚旅游市场管理的重中之重。

"看海景，吃海鲜"，这是许多中外游客到三亚旅游的主要目的。

"靠山吃山、靠海吃海"，一些不良商家看到了海鲜市场有利可图，违法行为屡禁不止。

有商贩直言，海鲜本来就是"水货"，里面大有文章可做。

而对许多游客来说，对海鲜产品并不是很了解，不同的品种，不同的产地，价格往往天壤之别。

就拿贝类来说，打开百度百科，搜索"贝类海鲜"：是指海洋生物贝类中，能够为人类食用且味道鲜美的贝类，现存种类1.1万种左右。就是专业研究人员，也难以将其完全识别认清。

即使海鲜市场常见的贝类，也有数十种。海虹、芒果贝、鲍、毛蚶、带子、蚝、文蛤、蛏子、牡蛎、贻贝……琳琅满目的贝类，已经让食客目不暇接，辨识不清了。

还有数不清的鱼类呢，虾类呢？

如果你不是美食家，一般的游客也就只能听从商家的介绍了。

为避免商家忽悠游客，政府监管义不容辞。

作为全国唯一的热带旅游滨海城市，三亚的海鲜美食是吸引中外游客的一大重要因素。

而时不时暴露出来的"天价海鲜"事件，严重地影响了三亚的旅游城市形象，由此产生的铺天盖地的负面舆论，常常让以打造国际化精品旅游城市为目标的三亚蒙羞。

多年来，三亚一直高度重视对海鲜市场的监管，紧绷着的弦从来就没有放松。

早在 2011 年，三亚市政府就颁布实施了《三亚市海鲜排档监督管理办法》。2015 年 5 月，经过反复修订，三亚市政府重新印发了《三亚市海鲜排档经营监督管理办法》。新版《办法》内容完善，条理清晰，亮点多多。

对经营场地的设施、环境、使用电子点菜系统、价格电子显示屏和 POS 机收银系统"三大系统"、安装安保监控视频、明码标价等，《办法》都做了明确而详细的规定。

《办法》亮点之一，就是规定经营者必须按物价部门要求，对所销售海鲜进行明码标价，规范填写标价签，注明品名、产地、价格、计量单位、物价员等，做到"一物一标签、一图案、一标价"。

《办法》亮点之二，将因严重违法违规行为被吊销营业执照的海鲜排档的股东及负责人列入"黑名单"，三年内不得担任同行业及其他经营单位的法定代表人。对缺斤少两、计量违法及未严格遵守餐饮服务食品安全操作规范等行为，将由市工商行政管理局，通过企业信用信息公示系统向社会公示。

《办法》亮点之三，对非法改装、拼装、无牌无证的三轮车等非法上路并拉客到海鲜排档消费索取回扣的行为依法予以查处；对海鲜排档强买强卖、欺客宰客、商业贿赂等违法行为视情节，依法追究其相关法律责任；对阻碍有关职能部门执行公务的行为，依照有关法律规定进行处理。

一条条可操作、可检查的具体规定，不仅给海鲜经营者戴上了"紧箍咒"，还让游客知道如何更好地维护自己的合法权益。

三亚市工商局副局长林道旭说，对海鲜市场的管理，三亚实行"行业自律＋政府监管"两手抓的工作思路，成效显著，如今纠纷投诉案件呈现"断崖式"下降，2017 年，三亚共检查海鲜排档

4521 家次，暗访海鲜排档 160 家次，查处海鲜排档案件 7 宗，吊销营业执照 2 家，查封取缔无证照经营海鲜排档 3 家，拘留、处罚海鲜拉客人员 100 多名。

九

三亚市海鲜排档协会秘书长汪裴介绍说，目前三亚市有 290 家海鲜排档（店）、7 大海鲜广场，可同时容纳 5 万人用餐，管理有序、环境舒适且面向大众敞开怀抱。饕餮海鲜大餐以及公平合理的价格，不仅抓住了广大游客的胃，也抓住了他们的心。

每一位游客，无疑都想尝一尝三亚的海鲜，但网上铺天盖地的宰客传闻，又让他们心有余悸。为此，防宰专家特地给游客支了几招：

——如何选购就餐地点？

谨防黑车拉客，不要相信司机给你推荐或是直接带你去的海鲜店，这样的海鲜店价格往往都比一般的海鲜店贵很多，因为司机会拿回扣。

找一家正规店面，证件齐全。在网上预订也要看清楚相关信息，参考网友的点评，到店之后还是要留心是否亮证经营，营业执照、税务登记证、卫生许可证必须三证齐全。

——如何比价？

到店之后，别急着点菜，先看看店家是否明码标价。

海鲜价格受市场影响每天都会有小幅度的上下波动，所以，可以登录"三亚市物价局"网页－"价格监测"－"三亚市海鲜排档海鲜品调控价格"，查看当日海鲜最高限价。若发现价格超过限价，要拍照取证，及时举报。

——怎样才能保证足斤足两？

不少游客怕店家缺斤少两，其实也不用过于担心，三亚市政府给每家海鲜排档都发放了"放心秤",但难免会有一些不良商家做手脚。如何识别店家是否足斤够两？只需买一瓶 500ml 的矿泉水放在秤上称一下就知道了，500ml 的水约等于 1 斤，就是这么简单！

——如遇宰客现象怎么处理？

遇到被宰时，不要害怕，三亚市政府是你坚强的后盾，要勇于向不良商家说"不"！

三亚市的海鲜排档都张贴有"马上就办"的宣传海报，游客被宰可立即拨打上面的服务热线：12345，有事找政府；12301，旅游没烦恼，好记又方便。

如果投诉怕"打草惊蛇"，游客可以扫海报上面的二维码关注微信公众号，将情况发到微信公众平台。接到投诉后工作人员会立即通知相关部门到现场处理。

——遇到被宰，要拍照、录像或录音取证。取哪些证？

遇到未明码标价或标价不清晰或标价超过上限的；发现秤有问题的；发现点菜单有问题的。

遇到被宰，与店家协商无果且行为恶劣的，切记勿起冲突，保护自身安全，录像或录音取证后拨打投诉热线，或者找旅游警察，相关部门会来处理。

特别提示，在三亚，举报欺客宰客的不良商家，一经查实，可是有奖励的，最高可奖 20 万元，那你全家来三亚旅游的费用可就等于全免单了。

第三节 黑潜水之乱

18 岁，花样年华。

刚刚参加完高考，广东姑娘小文满怀期待。

小文觉得应该给已经结束的高中生活留下一份美好的记忆。何况三年苦读，终于有了一段空闲时光，真的应该好好放松一下。

小文把自己的想法和两个最要好的伙伴说了，三人一拍即合，决定去旅游，共度一段美妙的青春时光。

三亚！美丽三亚，浪漫天涯。这极具诱惑的宣传语总是让人怦然心动。小文和同学几乎没有犹豫，一致选择了三亚作为这次旅游的目的地。

2016 年 6 月，带着美好的憧憬，怀着甜美的期待，小文和她的小伙伴们从广东出发，张开翅膀，飞向了天涯海角。

这是一次说走就走的旅行。

一

18 岁，展现在眼前的世界就是那么美好。本来就已经给这个世界披上了一层美妙的纱幔，来到心仪已久的三亚，三个小姑娘的笑容当然会更加尽情地绽放。

沙滩、海浪、椰子树，三个姑娘在蓝天白云下尽情奔跑、嬉戏，三亚那些有名的景点几乎都留下了小文和同伴的足迹。

不知不觉，归期已近。

意犹未尽。

来三亚之前，她们已经做足了功课，三亚海域是世界公认的潜水胜地，水下能见度为 8～16 米，有些地方达到了 25 米。

背上氧气瓶，穿上潜水服，戴上潜水镜，套上蛙鞋，在海底世界漫游，与鱼虾共舞。

成群的热带鱼，五彩斑斓，环绕周身游弋，触手可及，美丽的珊瑚，在阳光的折射下，发散出绚烂的光辉，五光十色，如诗如梦。

那就是一个童话世界，诱惑着三个年轻的女孩。

6月20日，在大东海区域的三亚至尊假期国际旅行社，她们咨询了海潜的有关情况，热情的旅行社工作人员向她们进行了详细介绍。

价格低：每人团费只有150元。

位置好：潜水在风景如画、素有国家海岸之称的海棠湾。

公司正规：潜水公司名为"旗舰三亚"，是有着各类证照的规范化企业。

组织有特色：这次潜水活动代号"冒险岛"，将提供让人难忘的特色服务，让你终身难忘。

当然，海底世界如何奇妙是少不了要大加渲染一番的。

三个姑娘几乎毫不犹豫地报了名。

"冒险岛"，好刺激，三个姑娘兴奋不已。

她们做梦也没有想到，自己真的开始了一次冒险之旅。

二

6月21日，天还蒙蒙亮，一辆破旧的面包车接走了小文和同伴，接着又绕来绕去，接上另外一些报了名的游客，才向目的地开去。

似乎过了很久很久，面包车终于停在了一个人烟稀少的海滩边。小文下车一看，除了一个小饭店，四周十分空旷，正在迟疑之间，又有小面包车把游客运送过来，60多人熙熙攘攘地站在沙滩边，气氛渐渐热闹起来。

既来之，则安之。小文和大多数游客一样，怀着好奇的心理，开始了潜水准备。

每人先交 60 元，潜水必备硅胶咬嘴。教练说。

"不是说所有的潜水费用 150 元吗？""网上说这种硅胶咬嘴只要几块钱啊？"有的游客开始质疑。

"到三亚来玩这么高端的项目，三块两块的还还价？""几十块钱能买来开心啊？"回应的是教练调侃的声音。

是啊，折腾了一大圈，跑到这荒郊野外来，几十块钱，认了吧。

于是，本着息事宁人的心态，大家都交了钱，在教练的引导下，三三两两地下到海里。

为小文当潜水教练的马教练看起来十分热心，他细心地为小文讲解水下动作要领。下潜时速度不能太快，要保持呼吸均匀，一旦感觉不舒服要马上做手势示意教练，及时上浮。

马教练似乎很专业。

哇，鱼！哇，海螺！

从没见过的海底世界让小文惊叹不已。

马教练看见小文玩得很开心，不失时机地推荐起水下拍照，让鱼儿陪你游泳的瞬间永远定格，回家拿给同学朋友们欣赏，倍儿有面子。

不贵，也就 200 块。

本以为 150 元的游玩，已经花了 210 元了，再加上 200 元就大大地超出了预算，何况这些天的游玩，已经花费不菲，小文便一口回绝了。

"好心"没有得到回报，马教练脸色有点挂不住，但也许是"职业道德"的驱使，他依然一次次地向小文游说，水下照相，机会难得！

小文想了想，干脆把话说死：这次来身上没有带那么多钱！

如果评"变脸"大师，马教练一定可以入围。当小文彻底拒绝水下照相的那一瞬间，马教练的脸就变了。

愤怒让马教练的脸扭曲变形。

这还不够，愤怒让刚刚还热情、耐心、专业的马教练露出了本来面目，污言秽语从他嘴里不经过滤便喷薄而出。

到底如何辱骂的，小文实在不愿再提及，这个 18 岁的女孩羞于启齿。

伴随着马教练的羞辱和高声谩骂，还有他身旁另外 4 名教练的嘲笑和附和。

五个膀大腰圆的男人戏弄几个纤弱、瘦小的小姑娘，为所欲为，毫无廉耻。

从没见过这种架势的小文和同伴不敢有半句回应。马教练见此，越发肆无忌惮，得寸进尺，多次用手摸、捏小文的胸部。

有过潜水经历的人应该知道，在指导下潜或上浮的过程中，教练一般都会和游客产生正常的身体接触，如拉手、托住头部等。但多次触碰胸部，尤其是男教练对女游客，这显然就是耍流氓。

可以想见，在封闭的水底，面对人高马大的马教练的一次次侵害，毫无招架之功的小文经受了怎样的羞辱。

她已经完全没有心情来欣赏美妙的海底世界。

她和同伴们只想第一时间逃离"冒险岛"。

三

愈想忘记，却愈难忘记。

逃离了"冒险岛"，小文的脑子里不时浮现马教练的丑陋嘴脸，污浊的叫骂，罪恶的大手犹在眼前。

三亚的浪漫之旅就毁在这个流氓的手中。

花季少女小文由此产生巨大心理阴影。

绝不能让恶人继续作恶。6月21日晚8点25分，羞愤难当的小文将遭遇发布在微博上。

始终密切关注舆情监控的三亚市委宣传部获悉后，高度重视，第一时间转至三亚市旅游委。

仅仅1个小时后，三亚市旅游委工作人员就同小文取得了联系，诚恳表示，三亚对非法侵害游客权益的行为将坚决予以打击。

此时的小文已经乘坐环岛高铁到了海口，为了取得第一手证据，快速除掉害群之马，三亚旅游委工作人员耐心劝说，动之以情，晓之以理，希望小文返回三亚，协助执法部门取证。

小文深明大义，她要讨回自己的尊严，避免更多的游客受到欺侮，她决定更改第二天从海口飞回广东的行程，返回三亚进行维权。

6月22日中午，三亚市旅游警察、旅游委的同志在高铁站接到小文后，立刻前往大东海三亚至尊假期国际旅行社进行取证。随后便一路北上，赶往事发地查找涉事潜水教练。

但是，三亚旅游警察随后发现，事发地为陵水县土福湾，而并非旅行社所称的三亚海棠湾，不属于三亚地域，并非三亚管辖。

三亚、陵水两地旅游执法部门没有任何推诿，迅速展开了联合执法行动。

22日下午3点10分，在陵水英州派出所民警的陪同下，三亚旅游委、旅游警察工作人员一同赶往事发海滩进行调查，但现场并未发现涉事人员。

大约1个小时后，陵水县赤岭边防派出所在赤岭码头发现并控制了一名黑潜水领队和四名教练员，现场扣留潜水救生衣38件，潜水鞋7双，氧气瓶4个，BC装备3件套等非法潜水装备和用具。

但对小文实施猥亵的教练并不在其中。民警将其中 4 人带至英州派出所进行调查，通过讯问，最终锁定实施猥亵的嫌疑人马某身份。

与此同时，另一路旅游警察联合三亚交通部门在大东海荷泰酒店查扣了 1 辆从当事人小文遭遇"黑潜水点"返回的"黑车"。

针对调查中发现的黑潜水点暴露出的一系列问题，旅游执法部门迅速作出处理：

三亚至尊假期国际旅行社安排游客到未取得合法资质的陵水土福湾"冒险岛"参加旅游活动，该行为已构成组织旅游活动未向合格的供应商订购产品和服务的事实，并且造成恶劣的社会影响，海南省旅游委依据《中华人民共和国旅游法》第九十七条第二项之规定，吊销了旅行社的业务经营许可证，对直接责任人罚款 2 万元。

三亚市交通局依据《中华人民共和国道路运输条例》第六十四条的规定，对未取得道路运输经营许可，擅自从事道路运输经营当事人王某作出罚款 5 万元的行政处罚。

陵水市对从事非法潜水和海上娱乐项目的 1 名领队和 4 名教练进行立案调查，对涉事的葛洲坝·福湾进行罚款，并对该企业负责人进行约谈告诫，同时，取缔葛洲坝·福湾黑潜点，对扣留的非法海上娱乐工具进行公开销毁。

三亚、陵水警方和旅游执法部门的快速反应，让小文受伤的心灵得到了抚慰。但小文始终无法释怀，因为对她进行辱骂、袭胸的罪魁祸首马某自知罪责难逃，在警方行动前就已闻风而逃。

法网恢恢，疏而不漏。

2016 年 9 月 7 日上午，在三亚警方的协助下，陵水警方终于在三亚将袭胸嫌疑人马某抓获。

经查，马某为网上追逃人员。

在旅游警察面前，马某再也没有了在潜水点的嚣张跋扈，他对自己在黑潜水点犯下的恶行供认不讳。

2016 年 11 月 28 日，三亚市旅游委注销了三亚至尊假期国际旅行社的 11 家经营网点。除恶务尽，铲除后患。

四

蓝天白云，水清沙白。三亚是旅游爱好者潜水的天堂。这里远离雾霾，海水清澈澄碧，绵长的海岸线，柔软细腻的沙滩，保存完好的海底珊蝴礁，营造了潜水爱好者的极乐天地。

三亚也被国际潜水专家一致认为是南太平洋最适宜潜水的旅游胜地之一。

潜水运动是在高压环境下进行的体育活动，它不同于普通的游泳，而是一种技能锻炼。潜水的好处不仅在于水中的奇异世界给人的精神带来的巨大享受，而且它能够让人们心胸宽阔，精神豁达，神清气爽。

潜入碧蓝的大海，邀请五颜六色的热带鱼当向导，畅游珊瑚礁筑成的海底宫殿……这一直是游客在三亚理想中的潜水度假生活。

然而，自从起步发展以来，三亚潜水业与通往理想国却一直若即若离。

1988 年，海南省首家潜水企业——海南省中旅（三亚）潜水公司在大东海开始营业。那时，国内游客还不太了解潜水旅游业，也就是体验式潜水活动，三亚的潜水游客多以境外游客为主。

1994 年前后，来自中国香港和台湾的企业家看好三亚，成立了新的潜水公司。他们不仅购入先进的潜水设备，大大提升了潜水的安全性能，还为三亚引入了全新的潜水理念。

由于门槛低，潜水企业如雨后春笋般涌现。三亚潜水业的年接待游客量也从二三千人猛增至当时的数十万人。

然而，面对高额利润和低成本运营，三亚潜水业开始自乱阵脚,陷入第一次混战。到了 2000 年,三亚从事潜水业务的企业一度达到 30 家,一些没有海域使用权的"黑潜水"开始猖獗起来。恶性竞争由此而生,企业竞相削价,回佣越来越高,正规企业难以为继。

在各界的强烈呼吁下,由三亚市政府牵头主持,三亚潜水业开始进行规范整合。2000 年,大东海 10 多家正规潜水企业入股组成大东海公司,对抗市场恶性竞争,以市场手段调和各种矛盾。这一次潜水业的"自我救赎"从客观上遏制了混乱的市场局面,三亚潜水业开始迎来再次兴起的曙光。

2003 年,世界潜水联合会在三亚举行年会,80 多个国家的代表集中考察了三亚的潜水资源与发展现状,认为三亚已成为世界上最大的体验式潜水基地。

与会代表一致认为,中国潜水业的发展要看海南,而海南的潜水在三亚。

此后,国际知名潜水培训机构争相抢滩三亚,与旅游企业共同开发潜水旅游资源,三亚潜水业迎来了蓬勃发展的新时期。

可好景不长,经历了 6 年多的发展后,正规经营的潜水企业在与旅行社的合作中又让"潜规则"钻了空子。为了争夺客源,潜水企业不仅争相削价竞争,而且无论游客是否参加潜水活动,潜水企业甚至都要给旅行社"人头费"。

为了给海南省潜水业寻找良性发展的出路,海南省旅游委联合省海洋、文体、工商、物价等部门,对三亚潜水业进行了重点调研,列举了监督监管职能不清、行业自律不严等弊病。而种种弊病滋生出的行业"潜规则"被认为是潜水业的最大内忧。

有潜水企业负责人表示,在近似于监管真空的状态下,行业"潜规则"不仅不服"潜",而且已经公开化。要想让潜水业走向正规,有关部门和企业必须坚决地向"潜规则"说"不"。

2009 年 11 月，《三亚市潜水旅游行业规范管理暂行办法》出台，在此基础上，2014 年 2 月，三亚市政府正式颁布《三亚市潜水行业管理办法》，界定了各部门的监管权限，明确三亚市文化广电出版体育局负责统筹全市潜水行业管理工作，建立三亚市潜水行业管理联席会议制度，对潜水企业的经营行为作出规范和约束。

该办法规定，在未经批准的海域从事潜水经营活动，或者没有合法证照在潜水区域从事潜水经营活动，属于非法经营潜水活动。

正规潜水企业不仅要有海域使用权证，还要具备经营资质，并严格遵守体验式潜水操作规范。而黑潜水则像是游击队，一部面包车、三五个潜水教练、几个氧气瓶、几件潜水服便足够维持经营。

黑潜水经营者流动于三亚各大海湾，经营成本极低。游客在正规潜水企业体验一次普通潜水，花费在 300 元左右，而在黑潜点只需几十元到一百多元，有的甚至还包含烧烤等餐饮费用。

黑潜水的危害还不止这些。很多游客反映，在黑潜点体验潜水令人"胆战心惊"，安全保护措施极度缺乏，更不用说必要的潜水培训。

黑潜点公然在珊瑚礁保护区安营扎寨，也给珍贵的珊瑚礁资源带来了灭顶之灾。

由于黑潜点多采取"游击战"，海上执法调查取证难。而黑潜水经营者一旦被抓现行，通常的惩罚也只有没收氧气瓶等器具，违法成本并不大。

三亚旅游警察成立之后，游客反映强烈的潜水乱象，成为其重点整治的对象之一。

五

受利益的驱动，一段时间以来，三亚潜水乱象已经到了无以复加的地步。

2014 年 12 月 1 日，网友"猛男推"在天涯社区发帖，描述了自己在三亚潜水的遭遇。虽然其真实性没有最终认定，但其中暴露出的问题，还是值得大家深思：

我是抱着满满的美好憧憬奔赴三亚，去享受那里的美景和人文。但是几天的经历让我对三亚大失所望！三亚的景色确实让人陶醉！但是极少数唯利是图的不法经营者玷污了三亚的美！

最让我无法忍受的是乘坐某号称豪华游轮去东岛潜水的经历。

这艘船的牛姓教练开始吹得天花乱坠，一度让人兴奋不已，迫不及待地想马上潜入海底，一览海中的动感画卷！可是，当你怀着激动的心情，套上潜水必需的一套笨重的装备潜入水下后，你马上就会后悔，感觉上当了。因为他们选择的水域水质很浑浊，能见度很低。不说伸手不见五指吧，但也好不到哪里去。

牛大教练所吹嘘的五彩珊瑚和各种鱼类，哪怕是近在咫尺，你也只能看到大概的轮廓，不可能尽收眼底。而且他们只是为了拍照和摄影，最大限度地多赚钱，不是让消费者最大限度地去和海底世界亲密接触。

只要你拍，就必须买。不买就骂人，限制你的人身自由。除非掏钱！500 元！一分不能少！拍照摄影的游客都说上当了！

回到宾馆在电脑看拍摄效果后，我大失所望！照片全是水面上拍的，视频模糊不清！我打带队导游电话，导游说客服会联系我。刚开始态度还不错，后来我表明要退钱后，就开始人身攻击，甚至是人身威胁！

奉劝去三亚旅游的游客要谨慎消费，防止落入少数不法经营者的圈套！也奉劝那些不法经营者，收起你那贪婪的手！还三亚一个健康文明的环境！

"猛男推"的控诉让人不禁想起了一度在全国引起关注的"受憋刑"。

2013年2月，央视记者在对三亚旅游市场暗访时发现，深受人们喜爱的潜水项目不仅成了宰客的手段，甚至掩藏着更大的危险。

按照常规，正常潜水人体需要一个根据水深逐渐排压的过程，缓慢下沉，但如果游客拒绝水下拍照，潜水教练得不到高达50％的回扣暴利，有的潜水教练便会将游客直接带入深水"受憋"，迫使游客因为难以承受水中压力而大大压缩潜水的时间。

有媒体评论说，"受憋刑"作为旅游业非理性产物，杀伐人性的残忍特征显著，对善良大力反向控制，兽性毕备。休闲娱乐的正常潜水游赏，成为恐怖历险，已非简单的花钱找不痛快，其行为令人发指。

六

"猛男推"发帖描述的遭遇绝非个案，三亚旅游执法部门高度关注潜水行业的种种乱象，始终保持高压态势，一旦发现，坚决打击。

2015年3月13日，"天涯社区"网三亚版块有一名为"投诉三亚远洋"的网民发帖称在三亚旅游潜水时被强迫消费。

网民称，潜水时潜水教练员推销拍摄视频的业务，客人不同意，潜水教练就在水下用手拖住氧气瓶口来回浮沉，造成客人在水里产生恐惧，只能同意拍摄潜水视频，额外补交400元。

三亚市工商局联合三亚市公安局，对该案件展开调查。

经查，涉事者叫张某某，于2014年10月4日与三亚某旅游开发公司签订租赁游艇合同，合同约定租赁游艇按次收费，每次收费4200元，押金5万元。

2014年10月18日，涉事者在未经工商机关核准登记颁发营业执照，也未取得经营许可的情况下，租赁了游艇擅自开展海上观光、海钓、潜水经营项目。

在经营过程中，涉事者通过中介发放路边广告招揽游客，根据游客参加的项目不同，收费价格为 280 元至 598 元不等，对提供客源的中介人，当事人按人头支付 50 元至 100 元不等的回扣。涉事者通过上述行为获取经营额约 60 万元，支付人给中介的人头费约 15 万元。

2014 年 12 月 30 日，涉事者聘用的潜水教练李某某为提高回扣收入，在指导投诉人潜水练习时，向投诉人推荐拍摄视频项目，遭到拒绝后，采取粗暴的手段迫使投诉人同意拍摄视频项目，额外收取视频拍摄费 400 元，从而获取了 100 元业务提成。

当事人的上述行为，已构成无照经营及强迫消费事实。

三亚市公安局依据《治安管理处罚法》第四十六条规定，对潜水教练李某某行政拘留十日，并处 500 元罚款处罚。

张某某的行为涉嫌非法经营，三亚市公安局将该案立为刑事案件侦查，2015 年 4 月 5 日，犯罪嫌疑人张某某被市公安局抓获，同日被刑事拘留。

三亚市工商局依据《海南省实施〈中华人民共和国消费者权益保护法〉办法》第三十三条的规定，对涉事者张某某作出如下行政处罚：罚款 10000 元，上缴国库。

七

三亚市旅游警察支队副大队长张勇介绍说，针对涉海旅游项目乱象频发，黑潜水、黑艇屡禁不止的状况，三亚市旅游警察自成立以来，抽调精兵强将，用铁腕手段，严厉打击，绝不手软。

2017 年 2 月 4 日，三亚旅游警察支队通过跟踪暗访大东海、亚龙湾海域黑潜水点非法揽客潜水情况，发现位于亚龙湾海域的青梅河口处存在黑潜水点非法揽客潜水行为。

经调查核实，亚龙湾青梅河口海域属于三亚珊瑚礁国家级自然保护区，该海域存在从事非法潜水活动的人员，严重破坏珊瑚礁保护区生态环境。

发现线索后，三亚旅游警察立即组织警力前往现场进行部署并实施抓捕，现场抓获了6名潜水教练，查获一大批潜水设备，同时通过深挖抓获1名幕后老板。现场查获的7名违法行为人均如实供述受利益驱使，多次组织游客在珊瑚礁保护区从事非法潜水活动，扰乱市场秩序的违法事实。

三亚旅游警察根据《中华人民共和国治安管理处罚法》相关规定，对7名违法行为人分别处行政拘留十日。

2017年2月初，三亚旅游警察经过前期暗访和巡查，发现有人在三亚角海域半山半岛帆船港附近的珊瑚礁国家级自然保护区内从事非法潜水活动。在掌握非法涉海旅游项目违法线索后，警方立即进行周密部署开展打击行动。

2017年2月21日14时，旅游警察支队民警突袭三亚角海域，当场查获了长期在该海域从事非法潜水活动的违法嫌疑人吴某飞、董某荣、张某朱、黄某、陈某义5名违法行为人，并依法扣押一批潜水设备。

经审查，吴某飞等5人如实陈述了长期受利益驱使，多次组织游客在珊瑚礁保护区从事非法潜水活动扰乱单位秩序的违法事实，旅游警察依法对吴某飞等4人处行政拘留10日处罚，对陈某义处行政拘留7日处罚。

经对该案深挖调查取证，2月22日中午12时许，旅游警察支队将该黑潜水点公司——三亚麒麟水上运输有限公司的现场经理朱某宇与公司成员陈某、冯某德一并传唤回支队进行审查，3人均如实陈述了多次组织游客在珊瑚礁保护区内进行非法潜水活动的违法事实，旅游警察依法对朱某宇等3人行政拘留10日。

"几乎每一次打击黑潜水都要经过一番斗智斗勇的较量，有时甚至是惊心动魄。"一直战斗在一线的张勇感叹说。

地球表面有 75％的面积被海水覆盖，生活在钢筋混凝土包围中的人类对神秘的海底世界充满了向往和憧憬，几千年来一直渴望揭开它神秘的面纱。

三亚这片蔚蓝色的大海，是世界各地潜水爱好者和成千上万游客的梦想天堂，容不得任何人玷污。

三亚旅游警察，还有旅游战线的执法者，就是这潜水天堂的忠实护卫者。

第四节　租车骗子认栽

2017年9月15日，三亚市城郊人民法院。

法庭公开开庭审理被告人黎某通涉嫌合同诈骗罪。

面对旅游警察等旅游执法部门提供的大量证据，面对公诉人的连番追问，黎某通不得不一五一十地交待了自己的罪行。

仅仅五天之后，9月20日，三亚市城郊人民法院正式作出"（2017）琼0271刑初827号"刑事判决书，判决书称：被告人黎某通无视国家法律，以非法占有为目的，利用虚构的虚拟公司的租车合同，多次骗取他人财物共计人民币32000元，其行为构成合同诈骗罪，判处黎某通有期徒刑九个月，并处罚金人民币5000元。

租车骗子黎某通成三亚市涉旅判刑第一人。

一

2017年4月11日，三亚市游客投诉热线12301接到来自成都的马先生投诉，反映其讨要在三亚旅游期间租赁车辆所交押金遭拒，且租车公司负责人关机消失。

本着认真处理每一宗游客投诉的理念，三亚市旅游委梳理了所有近期租车公司拒退租车押金的投诉，发现一家名为"信恒"的汽车租赁公司和一名叫黎某通的男子多次出现在此类投诉对象名单上。

经工商部门核查，名为"信恒"的租车公司并不存在。初步认定这是一起租车人利用虚假合同诈骗游客押金的合同诈骗案件。

三亚市委书记严朝君获悉此事后，高度重视，亲自批示，要求尽快查清案情，给游客一个满意的交代。

为避免打草惊蛇，4月12日，三亚市旅游整治办公室秘密召集旅游警察、旅游委、工商等部门召开部署会，决定成立以三亚市工商经济检查执法局局长黎凡为组长的联合调查组。

调查组兵分三路，第一小组前往北京、河北、山东取证，第二小组前往甘肃、陕西、四川取证，第三小组对嫌疑人黎某通的动向进行24小时监控，随时准备收网。

4月13日，两个省外调查小组立即乘机分别前往陕西和北京，马不停蹄赶赴游客所在城市搜集"铁证"。

一张精心布置的大网已经撒开，而此时的当事人黎某通仍待在三亚海棠湾的家里，有时到三亚各路段招揽租车业务，并未察觉到异常。

4月15日，三亚市旅游警察在三亚金鸡岭路一宾馆内抓获犯罪嫌疑人黎某通。

5月27日三亚市人民检察院下达批准逮捕决定书。

5月28日公安部门对嫌疑人黎某通正式执行逮捕。

三亚对扰乱旅游市场的害群之马决不放纵。

二

回忆起到外地调查取证的经历，第一调查组的旅游警察周高嵘和杨超记忆深刻。

从三亚飞往北京的飞机原定晚上7点起飞，因为天气原因晚点了4个多小时。到达预订的酒店时，已经是第二天凌晨4点多了，他们只草草地打了一会盹，早上8点多钟，就开始联系受骗的游客取证了。

"早一天获取铁证，就可以早一天把骗子抓获，就可以避免更多的人被骗。"周高嵘说。

不过，调查取证的过程并不顺利。

"你们怎么证明自己不是骗子？"

在山东济南，接到旅游警察电话的游客赵女士心存疑虑，"你们真的是三亚来的吗？就为了几千元押金跑这么远？"

起初不敢露面的赵女士与丈夫一商量，觉得不能轻信陌生电话，决定先由丈夫约三亚旅游警察在当地派出所见面。

当时已经是晚上6点多了，本来调查人员可以在宾馆放松地吃个自助餐，但为了不失约，只得匆匆朝派出所赶。直到当地派出所民警从公安查询系统确认了杨警官和周警官的身份后，半信半疑的赵女士丈夫才松了口气。

准备做笔录时，却发现派出所没有电脑和打印机，两位三亚警官只得返回酒店去取，派出所在一个僻静的巷子里，打车又不是很方便，于是两位警官只得拎着打印机和电脑步行几十分钟。

晚上10点多钟，刚下班的赵女士赶了过来。考虑到她是与租车骗子签合同的当事人，旅游警察顾不上劳累，决定再给赵女士做一份笔录。

"没想到你们三亚这么重视游客权益，你们旅游警察太细致、太认真了。感谢你们。"

做完笔录，已经是半夜1点多了，赵女士和丈夫十分感动，执意要开车送两位警官回宾馆，被婉言谢绝。

经调查，赵女士全家在三亚旅游时，是通过易到用车与司机黎某通取得联系的，第一次乘车，黎某通将赵女士送到目的地后，给了她一张名片，称需要租车可以联系他。几天后，赵女士有租车需求，就电话联系了黎某通，从他手里租赁一辆丰田卡罗拉小轿车，租金每天200元。双方签订了租车合同，黎某通收取了5000元违章押金。

车辆归还后，黎某通承诺一个月内退还押金，但赵女士多次追讨押金，黎某通都以各种理由推托不肯退还。

感觉上当受骗的赵女士拨打 12301 热线投诉后，黎某通一再承诺会尽快退款，但他开出的依然是一张"空头支票"。

三

4 月 13 日，第二调查小组乘飞机抵达西安，调查人员顾不上休息，就立即与涉案游客姬女士联系，搜集取证第一手材料。

姬女士和她老公来到三亚旅游时，通过手机滴滴打车软件叫了一辆滴滴专车，把他们从机场送到海棠湾万丽酒店。在车上姬女士和老公商量租辆车在三亚游玩，滴滴司机黎某通主动搭话，自称他是汽车租赁公司的，并且身上带有租车合同，可以当场就把车租给姬女士。

"一天 150 元，我和老公商量之后，就租下了这辆车。"姬女士回忆，黎某通租给他们的小轿车是一辆银色丰田车。抵达万丽酒店后，姬女士和对方签订了汽车租赁合同，租期 6 天，并交了 3000元的违章押金。

姬女士按期归还了车辆，黎某通告诉姬女士，车辆没有违章的话一个月后就归还租车押金，姬女士就放心地回了西安。到了期限，姬女士就开始联系黎某通追要租车押金，对方要走了姬女士的银行账号，声称马上转钱。

可才过了几个小时，姬女士给黎某通发微信时，发现已被对方拉黑，再拨打黎某通电话，他就再也不接听。

眼看收回押金无望，姬女士就拨打 110 报警和 12301 投诉，黎某通随后来电承诺尽快归还押金，但却迟迟没有行动，后来干脆关机玩起了"失踪"。

"3000 块钱虽不是什么大数目，但这种做法太恶劣了，让我们对三亚的印象大打折扣。"姬女士对三亚旅游警察说。

来自成都的游客马先生说起被骗的过程十分气愤，他表示自己完全是被黎某通"憨厚"的外表欺骗。

2017年2月8日，马先生通过58同城网看到三亚信恒汽车租赁有限公司的汽车租赁信息，就按照广告上的电话拨了过去，接电话的人正是自称三亚信恒汽车租赁有限公司业务员的黎某通。

经过商谈，马先生向黎某通租用了一辆白色起亚小轿车，租金为每天150元。到了2月9日的约定时间，马先生给黎某通拨打电话时，黎某通回答说路上塞车，可能没法按照约定的时间交车，他还主动提出租车费用从每天150元降为120元。

"我当时觉得黎某通态度比较诚恳，也很憨厚实在，谁知道人不可貌相啊。"马先生说，黎某通把车送到后，双方签订了租车合同，马先生缴纳3000元违章押金。

2月13日，马先生如约将车归还给黎某通，黎某通声称如果车辆没有违章一个月后退还违章押金。

到了3月13日，马先生与黎某通取得联系，询问退还押金事宜。黎某通声称公司财务已经着手在弄，三个工作日钱能到账。

"黎某通说得有鼻子有眼，就像真的一样。"

但三天过去了，十三天也过去了，押金依然杳无音讯。

此后，马先生多次联系黎某通，对方一拖再拖。3月28日，马先生给黎某通打了电话，但总也打不通，"我尝试通过微信联系黎某通，却发现他已经把我删除了，然后我再也联系不上他了。"

黎某通故伎重演，一躲了之。

4月11日，忍无可忍的马先生选择向三亚旅游投诉热线电话12301进行投诉。

四

就在两路联合调查组奔赴外省取证的同时，第三调查小组也布下了天罗地网。

旅游警察已经紧紧盯住嫌疑人黎某通的动向，提防他随时逃出海南。当联合调查组在北京和西安分别取得第一组确凿证据后，三亚旅游警察支队支队长吴奇峰立即部署收网行动，果断将犯罪嫌疑人黎某通抓捕归案。

4月15日7时许，毫无防备的黎某通在三亚金鸡岭路一宾馆内落网。

黎某通交待，从2016年1月起，他未经工商机关登记注册，私刻公章，擅自以三亚半岛汽车租赁有限公司、三亚泰德汽车租赁有限公司、三亚信恒汽车租赁有限公司的名义，通过在"58同城网"发布租车信息及游说的方式，非法开展经营汽车租赁业务。

黎某通自以上述公司的名义开展经营活动至今，被游客投诉的案件有8宗，涉及金额2.79万元，这些钱大部分被他用来赌博和挥霍。

黎某通冒用公司名义从事经营活动，骗取游客的信任，在经营过程中伪造合同，骗取游客的租车押金，然后以种种借口，拒不归还。他的诈骗行为性质恶劣，涉及面较广，对三亚城市形象造成极大的负面影响。

黎某通的想法很简单，也很幼稚，游客离开了三亚，距我千里之外，能奈我何？

25岁的黎某通冒用或虚构有限责任公司开展经营活动的行为，违反了《中华人民共和国公司登记管理条例》第三条第二款的规定。依据《中华人民共和国公司登记管理条例》第七十四条的规定，三亚市工商局责令当事人立即停止违法行为，并罚款9万元，上缴国库。

8月31日，三亚市城郊人民检察院向三亚市城郊人民法院提起公诉，法院随后公开开庭审理了此案。

横跨6省市，行程近万里，三亚市联合调查组不惜人力、物力、财力，组织精兵强将，就是要给每个利益受到损害的游客一个交待，就是要保护三亚的每一片蓝天不受污染，就是要警告那些心存侥幸的旅游欺诈者：三亚，绝不会任由你坑蒙拐骗，胡作非为。

《三亚日报》记者赵庆山作为联合调查组一员，随第二小组赴北京、河北、山东调查取证，一路奔波，曲折坎坷，让他感慨良多。他撰写的《横跨六省市跋涉万里寻铁证 只为还游客一份公正》的报道，5月8日在《三亚日报》刊出后，引起省内外读者的极大关注，纷纷为三亚重拳治旅的态度点赞。同时，又有三名外地游客看到报道后与三亚旅游服务热线 12301 取得联系，投诉称曾遭遇黎某通的租车欺诈。经初步核实，三名受害人分别来自北京、西安、黑龙江，涉案金额 8000 元。

五

为了查清真相，何惧跋涉千里万里。

抽丝剥茧，历尽艰辛，为了还给游客一个干净的旅游环境。

三亚旅游警察，总在最关键时刻出现。

2015 年 10 月 31 日、11 月 1 日晚，中央电视台《东方时空》栏目对"北京三亚双飞五日游"中三亚的旅游市场问题进行了连续曝光。

9月 15 日，中国消费者协会安排志愿者任某，通过"去哪儿网"报名悠途旅游服务有限公司提供的海南五天四晚游，通过网上银行支付费用 3294 元，旅游时间为 9 月 23 日至 27 日，地接社为海南海世界旅行社有限公司。

悠途旅游委托海世界旅行社的传真确认显示，任某的游览行程包括天涯海角游览区、西岛、南山佛教文化苑、亚龙湾热带天堂森林公园、椰田古寨、南药植物园、首创奥特莱斯、日月湾南海渔村游览区、呀诺达雨林文化旅游区，全程并未约定娱乐项目和购物项目。

海世界安排任某与来自重庆、郑州、哈尔滨等地四家旅行社的游客，共计 12 人组成散拼旅游团，由导游刘某负责接待。

根据体验者任某叙述，导游并没有按照预定的行程单旅游，而是擅自增减旅游景区、购物点。

央视对此事连续报道后，全国关注。

三亚市委、市政府及海南省旅游委均高度重视，多方派出调查组核实问题线索，调查取证。

三亚市政府立即召开新闻发布会，成立以市委常委、市政府常务副市长为组长的联合专项调查组。

联合专案组由旅游警察牵头，由市旅游委、工商局、消协等部门组成。

刚刚组建不久的旅游警察重任在肩。

省委常委、时任三亚市委书记张琦多次过问、亲自督办案件调查进展情况。

11 月 1 日，在国家旅游局和省工商局（消协）的支持下，联合调查组连夜赶赴北京，与游客正面沟通，深入了解案件经过，核实关键信息，调取视频、录音、照片以及文字等相关证据材料。

11 月 3 日，为进一步核实组团社的相关信息，调查组连夜赶往张家界。

通过调取组团社有关合同、对账单等材料，证实湖南湘中旅国际旅行社有限公司是一家大型旅行社，具有国家颁发的旅游许可证，证照齐全，"悠途旅游"只是其在网上的一个品牌。去哪儿网形成的电子合同和湘中旅与海南海世界旅行社签订的合同一致，未发现湖南湘中旅和悠途旅游服务公司存在违法违规嫌疑。

与此同时，三亚旅游警察支队另一组侦查员也于 2 日晚赶赴海口，联合海南省旅游质监局，对地接旅行社及导游进行同步问讯取证，核实问题线索。并将该旅行社的涉案导游带回三亚调查。

导游刘某交待，在接待团队过程中，未经游客同意他擅自将行程中安排的南山文化苑变更成大小洞天景区。

有 6 名游客原行程中没有亚龙湾热带天堂森林公园，刘某说他必须带团进入公园，每人补交 175 元，没有此项目的游客必须在外等待。

刘某极力推荐自费项目美丽之冠 280 元的歌舞表演，游客不从，他讥讽游客："你要怕花钱就不要出来了，你从内蒙古到海南这边玩，花 280 元还心疼，就真的不要出来了。"

他还威胁游客不买票观看他就不管了。无奈之下，包括体验者任某在内的 6 名游客购买了美丽之冠的自费项目门票。

更为恶劣的是，刘某还以距离酒店太远无法多次往返为由，让未参与自费项目的游客在美丽之冠广场长时间等待。

刘某还擅自增加了亚龙湾森林公园云顶山咖啡馆、兴隆咖啡文化园、三亚溢美老爸茶等购物点。

11 月 11 日，三亚市政府召开新闻发布会，通报"北京三亚五日游"案件查处情况。

三亚溢美老爸茶文化演艺博览馆因推介产品存在虚假宣传行为，违反了《中华人民共和国消费者权益保护法》第五十六条之规定，且经营场所不符合《三亚市旅游购物点经营规范》的要求，三亚工商局对其作出停业整顿一个月的行政处罚。

涉案的三亚云顶山咖啡馆和三亚雨林天堂茶轩存在商业贿赂行为，三亚工商局对其作出分别罚款 10 万元的行政处罚，并责令他们进行整改，加强日常监督管理。

海世界旅行社和导游刘某非因不可抗力改变旅游合同安排的行程，欺骗旅游者购物及参加需要另行付费的游览项目，违反了《旅行社条例》第三十三条之规定。该违法行为经央视《东方时空》报道后，造成了恶劣的社会影响，且自 2013 年以来，该社多次违规被处罚，属情节严重的情形。海南省旅游质监局依法对海世界旅行社吊销业务经营许可证，对涉案导游吊销导游证。

导游刘某在带团过程中擅自增加自费项目，并通过语言威胁和反复纠缠等方式，迫使 6 名游客每人额外支付 280 元观看美丽之冠拉斯维加斯歌舞秀，行为恶劣，已构成强迫交易。

三亚市公安局旅游警察支队根据《中华人民共和国治安管理处罚法》第四十六条之规定，以强迫交易罪对刘某处以行政拘留 3 日的处罚。

三亚市旅游警察支队副支队长卢裕东表示，旅游警察就是三亚治理旅游乱象的"特种兵"。只要游客需要，只要是为了打击旅游行业违法乱纪行为，我们一定雷霆出击，不辱使命。

第五节　铁汉柔情

波涛汹涌，暗礁丛生。

旅游警察余碧浪、王波同时奋不顾身冲进海里，扑向一名轻生的年轻女子。

2017年8月15日，下午15时12分，一名城管队员领着两名女子跑到三亚旅游警察支队天涯区大队值班点报警，称在三亚湾路海域有一名女子轻生跳海。

旅游警察余碧浪、王波立即跟随他们赶到现场，发现该女子的身体部位已全淹在海里，只有额头露在海面上。

不顾涛高浪急，两位警官奋不顾身冲进海里展开施救，迅速将该女子拽上岸边。

经了解，跳海轻生女子名叫赵某，25岁，郑州人，系大东海旁边的某酒店员工。由于远离家乡和亲人，感觉生活压力大，遂萌生了轻生的念头。

经过耐心细致的开导，轻生女子回到了酒店，开始了新的生活。

三亚旅游警察，在打击旅游乱象时，铁骨铮铮，决不手软。在百姓需要帮助时，他们总是第一时间出现，细致入微，全心全意，尽显铁汉柔情。

一

2016年国庆黄金周，三亚的旅游警察全员出动，放弃休息，在三亚各景区巡逻执法，整治规范旅游市场，现场为游客服务。

10月3日上午，中央电视台财经频道《第一时间》栏目播出题为"海南三亚：旅游警察 有他们在你放心游"的报道，为三亚旅游警察点赞。

对于央视的报道，江苏游客吴先生体会最深。

10月5日，吴先生乘坐旅行社安排的面包车前往大东海银泰酒店，途中不慎将背包遗落在车上。

包里有一台相机，还有车、房的钥匙，虽然价值并不大，但对于失主来说，也是一笔不小的损失，而且平添了许多麻烦。

发现背包丢失，吴先生马上联系面包车司机姜某，但司机慌称并未看见该游客的背包，并误导其背包有可能被另一批贵阳的游客"拿"走。

按照司机的"指引"，吴先生多次联系贵阳游客，结果可想而知。

寻包无门，心有不甘。次日，抱着"试一试"的心理，吴先生来到三亚市民游客中心，向旅游警察寻求援助。

了解了相关情况后，旅游警察张勇、张翔迅速展开调查。

根据监控录像，排除了贵州游客拿包的可能。而据吴先生说，他的背包就放在司机姜某的副驾驶位上，旅游警察将目标锁定在姜某身上。

经取证调查和耐心的思想工作，10月7日，司机姜某最终不得不承认，自己因一时贪念，将吴先生遗失的背包私藏。

姜某因缺失诚信、侵占他人财物，被其公司开除。

背包失而复得，吴先生发自内心地赞叹说："三亚旅游警察太给力。三亚，我们一定会再见！"

二

"孩子，爸爸终于找到你了，可把我急坏了……"

在三亚湾旅游警察支队天涯大队办公点，来自新疆的游客翁先生一进门就冲上前去，将走失的女儿紧紧拥入怀中。

这是发生在 2016 年 1 月 28 日晚的一幕。

大年初一，三亚湾"椰梦长廊"游人如织，数以万计的中外游客在这里享受阳光、海浪、沙滩。

"警察同志，我的孩子走丢了，能不能帮忙找一下？"当日下午 4 点半，游客翁先生在路人的指引下，急匆匆地来到三亚湾管理服务中心，向旅游警察支队天涯大队的执勤人员求助。

他的声音急迫，甚至已经带着哭腔。

大约半小时前，翁先生一家在三亚湾海坡村南门拍照时，在海滩旁玩耍的 11 岁女儿走失了。

翁先生发现女儿不见了，立即和家人一起沿三亚湾向海月广场一路找来，由于游人太多，要找到走失的孩子十分困难。

无奈之下，他们向旅游警察求助。

当班的王警官详细了解走失女孩的体貌特征后，一边向指挥中心报告并发动其他同事协助，一边和同事吴警官驾驶警用沙滩车前往事发地点，展开"地毯式"寻找。

时间一分一秒地过去了，天色渐渐暗了下来，可走失女孩依旧没有找到。但两位旅游警察依旧没有放弃，打开车灯，睁大眼睛，竭力寻找。

当晚 7 时 10 分许，借着车灯，王警官发现在三亚湾胜意酒店前，海滩上有个身穿粉红上衣的小女孩正在哭泣。他随即上前询问，该女孩与翁先生提供的走失女儿的有关信息极其相似。

在和女孩沟通后，王警官将她带回了位于海月广场的三亚旅游警察支队天涯大队办公点，并通知翁先生前来认领。

"谢谢，真的感谢你们旅游警察。"当晚 7 点半，翁先生一边抱起走失的女儿，一边泣不成声地向两位旅游警察致谢。

卢裕东副支队长说，景区人流量比较大，小孩、老人等走失情况时有发生，如果不及时找到，甚至可能会发生意想不到的危险。旅游警察每天都要处理比较多的求助，还有很多不属于他们职责范围内的求助，但旅游警察不得拒绝，必须第一时间受理，第一时间到场，妥善处理。

出景区怎么坐车，景区哪里可以吃饭，景区几点关门，这些琐碎的问题要求旅游警察必须成为景区"活地图"，了解每条旅游线路，每个厕所位置、每辆公交站点，每幢建筑物是旅游警察的基本功，因为他们随时准备给游客当"免费导游"。

"虽然要一遍又一遍回答类似的问题，但看到游客的笑脸，我们也就不感到枯燥乏味了。"支队业务指导大队长张继兴由衷地说。

三

"旅游警察太厉害了！"

2016年11月6日，已经离开三亚的游客王女士委托表弟胡先生给三亚旅游警察支队送去一面锦旗，感谢他们在不到7小时就帮忙找回一对价值8万元的钻戒。

胡先生赞叹说，"本想着这对钻石戒指可能再也找不回来了，想不到在这么短的时间里就找到了，三亚旅游警察了不起！"

11月5日上午8时许，三亚凤凰国际机场，已经登上离港航班的王女士发现自己的一对钻石戒指不见了。她急忙打电话给送行的表弟胡先生："这对钻石戒指价值8万元，对我来说还有特别的纪念意义，但是机场人来人往，恐怕找不回来了。"

"听说三亚旅游警察很厉害，我找他们试一试。"胡先生劝慰表姐，并通过12301旅游报警服务热线求助，找旅游警察帮助。

很快，旅游警察支队值班民警刘恩宏便接到了"12301"的指令，并第一时间联系上胡先生了解情况。

原来，王女士只是隐约记得她在下车前摘下这对钻戒擦护手霜，正好当时车停靠候机楼旁。她只顾着赶飞机，慌忙中下了车，直到登机后才发现钻石戒指丢了。

那么大的机场，人来人往，那么多车辆，五颜六色，要在这人口流动量大的机场里找到一对小小的钻石戒指，无疑是大海捞针。

警方决定先从王女士下车位置入手。很快，通过调取监控发现，王女士离开后，有一对候车的青年男女有弯腰捡东西的动作，并乘滴滴专车离开。

"根据视频上的车牌号码，我们找到了这辆滴滴专车的司机，但他没有权限提供这对青年男女的联系方式，必须通过滴滴打车公司总部才行，如果走相关程序，至少需要一周时间。"

为了尽快找到戒指，旅游警察与有关单位反复沟通，很快确定这对青年男女住在某大酒店。他们第一时间赶了过去，但两人外出了。

大约 4 小时后，这对青年男女回到酒店，看到守候多时的旅游警察时，非常惊讶。

"本以为这只是一对漂亮的普通戒指，也值不了几个钱，从地上捡回去准备送给侄女玩，没想到还发生了这么多的故事。"他们爽快地取出钻石戒指，在旅游警察的见证下，还给了胡先生。

从接到报案到钻戒物归原主，旅游警察用了不到 7 小时时间解决了游客的难题，令王女士十分感激，她对三亚旅游警察敬业高效的行动赞叹不已。

五

"在三亚有困难一定要找旅游警察，他们值得信赖。"

一条条点赞微博为三亚旅游警察增添亮色。

2017 年 3 月下旬，游客何先生、代女士夫妇在家人的陪伴下到三亚亚龙湾举办婚礼，入住亚龙湾瑞吉度假酒店。

3月26日中午，在办理退房手续后，他们雇用一辆奔驰面包车拉行李转到三亚市红树林度假酒店。正值中午，何先生及家人从瑞吉度假酒店出来后，准备先到火车头海鲜广场吃中午饭。他们携带的8个行李箱放在奔驰车上，由司机任师傅负责看管。

巧的是，司机任师傅刚好接到一个到三亚免税店接另外一批客人的任务。征得何先生同意后，他找来考斯特面包车司机计师傅帮忙，将何先生及家人接到红树林度假酒店。

计师傅开车到火车头海鲜广场后，在何先生及家人不在场的情况下，任师傅擅自将何先生的行李从奔驰车上搬到计师傅的考斯特面包车上。

何先生及家人用餐完后就直接坐上计师傅的面包车来到红树林度假酒店。

到酒店后清点行李箱时发现，原来的8个行李箱只剩下7个，丢失了1个。丢失的1个可不是普通的行李箱，里面装有价值30万元左右的金银首饰等贵重物品。

何先生和家人四处寻找无果，询问计师傅，他一脸茫然。

大喜之日，蒙上了一层阴霾。

关键时刻，他们想到了旅游警察。

3月27日中午，何先生向三亚旅游警察支队报案。

支队领导高度重视，立即组织民警开展调查取证工作。民警通过询问相关当事人，详细了解了事发经过，并对涉事车辆的运行轨迹进行彻底调查。最后，他们通过视频，确定在换车过程中，丢失的行李箱滑落到路边低洼的小斜坡下。

根据这一结论，民警立即对现场周边开展密集的走访工作。通过走访，终于了解到是火车头海鲜广场一名保安捡到这个行李箱，通过做思想工作，该保安员主动把行李箱归还给了何先生。

经何先生仔细清点，箱里近30万元的金银首饰等贵重物品完好无缺。

这真是一出现代版的"完璧归赵"。

旅游警察快速的反应、专业的素养、热情的服务赢得了何先生和家人的高度赞扬。

在找回丢失的贵重物品后，何先生紧紧握住民警的手，连声称赞："三亚旅游警察，好样的！"

六

惩治违法者无处可逃，帮助旅游者快乐出行。

三亚旅游警察需要根据不同的境况变换自己的角色。

2016年2月8日是大年初一，上午10点多，旅游警察赵志永、肖剑磅骑着警用摩托车在南山景区内巡逻，当快巡逻到海上观音时发现紧急情况。

"我刚把摩托车启动，一名游客就匆匆忙忙跑来求助。"赵志永回忆，跑来求助的游客是中年女子，她满脸焦急地打听医务室在哪里。原来她的小孩在礼佛处被烫伤，一名正在礼佛的游客不小心把香头戳到孩子脖子上，孩子痛得当场哭了。

正说着，小孩被奶奶抱了过来，后面还跟着焦急的爷爷，赵志永说，被烫伤的小男孩10岁左右，脖子下方明显有三个黑点，小孩疼得大声哭喊。

"本来想用警用摩托带他们去，可摩托车只能坐两个人。"赵志永说，附近刚好没有景区的游览车，这可怎么办？

赵志永立即跑到附近去寻找车辆，跑出一段距离，就看到一辆南山宾馆接送客人的电瓶车，二话不说，赵志永上前将车拦下，并告诉司机有人受伤需紧急送去医务室，电瓶车司机很配合，赶紧把受伤男孩抱上车。

看到孩子哭喊不停，赵志永和同事骑上摩托车在前面开路，引领电瓶车快速到达医务室。

由于还有巡逻任务，将游客送到后，赵志永和同事又匆匆赶去下一个巡逻点。

临别前，小男孩的家人一直不停道谢，小男孩的奶奶还让孩子说谢谢，小男孩带着哭腔，礼貌地说了声："谢谢警察叔叔。"

帮助迷路孩子找到家人，为外国游客提供帮助并婉拒酬谢，营救山上被困游客，救助景区受伤游客……

三亚旅游警察成立两年多来，为游客排忧解难做好事的例子不胜枚举，一个个暖心的举动，将他们"柔"的一面展现在全国游客面前。

尤其在节日期间，为确保三亚旅游景区治安稳定，旅游市场秩序健康、有序，旅游警察支队都会组织警力驾驶警车、警用摩托车在南山、天涯海角、鹿回头、大东海、千古情、亚龙湾、蜈支洲岛、海底世界和免税店等主要旅游景区进行网格化巡逻执勤，同时组织警力驾驶巡逻快艇在三亚湾、亚龙湾等海域巡视，为游客提供报警、咨询和求助等系列服务。

三亚旅游警察的警服和队徽与众不同，融入了三亚的蓝天白云椰子树等元素，象征着旅游警察永远守护着三亚这片热带乐土。

七

在三亚旅游有危难，就找旅游警察。

三亚旅游警察的形象已经深入人心。

2017 年 6 月 8 日 11 时许，湖南长沙的张女士给三亚旅游热线打来电话求助。

原来，5 月 26 日，其和家人入住三亚市亚龙湾石溪墅建国酒店别墅房，5 月 27 日 11 时在酒店大堂办理退房手续时，其 5 岁大的儿子手拿一部 iPad 在酒店大堂玩耍。全家离开酒店后，儿子将

iPad 遗落在酒店大堂。

张女士当天回到长沙后，立即联系酒店，并提供其和家人体貌特征等情况，请求酒店通过监控帮忙查找。但是酒店方却多次告知其没有发现遗落的 iPad，并称通过监控查找，也没有发现任何手拿 iPad 的小孩子。

万般无奈之下，张女士决定求助旅游警察。

值班民警接报后，立即驱车赶赴亚龙湾石溪墅建国酒店。民警调出事发当天酒店视频监控，一段一段视频反复查看。终于发现张女士 5 岁大的儿子的确将一部 iPad 放在大堂吧台上，张女士一行匆忙离开酒店时忘了拿 iPad。

不一会儿，吧台服务员胡某走过来，将该 iPad 收起放入吧台里。

民警找来胡某核实，没想到胡某百般狡辩，声称其根本没有拿客人 iPad。

出警人员一方面晓之利弊，另一方面找来酒店保安部经理、大堂副理、吧台主管，反复做其思想工作，并出示监控录像的确凿证据。最终，胡某终于承认捡走了 iPad。

原来，当天胡某把 iPad 悄悄收了起来，没有向酒店任何人汇报，因多日无人前来认领，胡某就萌生了占为己有的念头，将 iPad 拿回家，交给表弟使用。

在旅游警察的不懈努力下，已经丢失了近十天的 iPad 又回到了主人的身边。

收到从三亚用特快专递寄来的平板电脑，张女士十分开心，专门打电话向旅游警察表示感谢，她说，自己也是抱着试试看的态度，没想到，"旅游警察真给力"。

"快速反应，贴心服务"。在三亚市民游客中心的旅游警察接访区，墙上的八个大字体现了三亚旅游警察的服务理念。

要贴心，就必须走到游客中间。

在旅游旺季，旅游警察格外忙碌。天涯海角、南山寺、鹿回头、千古情、大东海、亚龙湾、西岛等主要景区，全天候都能看见他们的身影。

三亚旅游警察，一直就在游客身边。

在旅游执法过程中，旅游警察分成多个小组，驾驶警车、警用摩托车到主要旅游景区、景点和游客消费场所等开展常态化、网格化巡逻检查，主动为市民游客提供温馨、贴心服务，震慑违法犯罪。

指路、帮忙拍照、寻找失散的老人或孩子，这些看起来再普通不过的小事，三亚旅游警察却乐此不疲，因为他们知道，就是这些点点滴滴的小事，让游客多了一份安心，也多了一份舒心。

三亚旅游警察支队综合保障大队大队长樊辉介绍说，支队现有两辆巡逻警车，22辆警用摩托车，其中有20辆价格为35万元的本田，还配备1艘价值60多万元的巡逻快艇。可以说，三亚为了打造旅游警察的"王牌"部队形象，不惜重金。

三亚旅游警察，没有辜负人民群众的重托。

每当佩戴旅游警察臂章，身穿特制的旅游警察制服的旅游警察出现在游客身边时，他们的飒爽英姿常常引来中外游客赞许的目光。不仅有许多游客上前咨询旅游问题，还有游客主动提出要合影留念，作为三亚之行永久的记忆。

蓝天白云下，每当身着骑行服，脚蹬骑行靴，头戴骑行头盔的旅游警察骑警从游客身边闪过，总会让人惊叹：三亚旅游警察，一道亮丽的流动风景线。

2013年4月10日上午，中共中央总书记、国家主席习近平来到三亚凤凰岛国际邮轮港视察时指出，海南要加快形成以旅游业为龙头、现代服务业为主导的服务业产业体系，把中央支持海南发展旅游业的政策用足用好。发展高水平旅游业，要抓硬件，更要抓软件，特别要提高服务质量、推进精细化管理，以优质服务赢得旅客的笑脸和称赞，赢得持久的人气和效益。

　　游客评价说，三亚旅游警察的贴心服务，就是三亚最好的"软件"。

第三章 旅游市场监管的"三亚模式"

猛药去疴，重典治乱。

握指成拳，是为了对旅游乱象更有力更精准地打击。

三亚市民游客中心，旅游治理"大本营"。

"12345"，"12301"，两条 24 小时开通的热线，就像两只一直在倾听的耳朵，昭示着管理者就在游客身边。

三亚旅游警察、旅游巡回法庭、旅游调解委员会和旅游行政主管部门，构筑成"四位一体"的旅游管理模式，全国首创。

"124 旅游监管体系"确保游客利益。

铁肩担道义。三亚 35 个涉旅部门同心同德，众志成城，谱写旅游市场从"乱"到"治"的崭新篇章。

第一节　九龙治水与握指成拳

三亚市民游客中心，三亚治旅"集团军"的指挥部，协同作战的"大本营"。

2018年2月13日，节日的气氛越来越浓。

对于三亚来说，每年春节，无异于一次"大考"。

当日下午，新近履新的三亚市委副书记、市长阿东来到市民游客中心，调研旅游监管的管理机制和运行情况。

每到一处，阿东都要驻足观看，仔细询问，听取介绍。

阿东充分肯定了市民游客中心所形成的"四位一体"综合治旅模式。他要求各部门要通过严格执法、明察暗访等措施强化旅游市场监管，确保旅游市场平稳有序，在春节"大考"中交出满意的答卷。

新任市长亲临"督战"，极大地提振了全体将士备战春节"黄金周"的信心。

一

2015年年初，三亚市以启动"12345"、"12301"服务热线的升级为契机，在三亚免税店旧址的基础上，依照"厉行节俭、适度改造、实用美观"的原则，建立了三亚市民游客中心，并于2015年9月30日正式启动运行。

从受理咨询投诉、执法监督，到案件审理调解的"一站式"旅游监管链式服务有了操作平台。

以旅游警察、旅游巡回法庭、旅游纠纷人民调解委员会和各行政执法部门"四位一体"的旅游市场监管体系日益完备。

三亚，正探索一条科学治旅新路径。

走进三亚市民游客中心，接待处上方的巨大屏幕循环播放着宣传片，三亚丰富的旅游资源不停地展现在游客的眼前，让人有一种马上去体验欣赏的冲动。

在大屏幕的下方，一座艺术雕塑引人注意，雕塑中，一个健壮的男人正奋力拉弓射箭，但弓上却并没有箭。这是由我国青年艺术家郑路和一位丹麦艺术家共同制作而成的"张弓无箭"系列雕塑之一，高 3.5 米，采用不锈钢材质，人物部分通体由小篆版汉字镂空焊接而成。放置在游客中心的这座雕塑，被赋予了全新的含义。

《孙子兵法》曰"不战而屈人之兵"，就是说不用交战就能使对方屈服。秉持"治理管理与发展同等重要"的理念，三亚市委、市政府构建了"四位一体"的旅游市场长效监管机制，握指成拳，凝神聚力，形成了维护三亚旅游市场的"有力之箭"，让旅游经营者及从业者"不敢违法、不能违法，进而达到发自内心的不想违法"，从而将旅游市场治理管理提升到"无箭之弓"的新境界。

三亚市民游客中心总面积约 5000 平方米，分上下两个楼层。第一层为三亚旅游警察接访区和三亚旅游展示大厅，包括城市规划展示、各区旅游发展展示、三亚特色旅游资源展示、三亚文化展示、大三亚旅游圈旅游推广展示、数说三亚、旅游咨询定制服务、新闻发布等功能区。

三亚市民游客中心属于市级公共服务机构，由三亚市旅游发展委员会统筹运营管理。管理工作体系由调度指挥中心、市民游客热线呼叫中心、旅游展厅运营中心和综合保障管理中心等组成。

三亚市民游客中心第二层为办公区。三亚旅游调度指挥中心、"12301"旅游服务热线和"12345"政府服务热线及旅游调解委员会、旅游巡回法庭及整治办（三亚市旅游市场和环境综合整治工作领导小组办公室）协调组和综合执法办（三亚市旅游综合执法监管办公室）的办公区域。

三亚市旅游质量监督管理局局长杜自传对这样的模式感受颇深："以前是'九龙治水'，现在所有涉旅职能机构联合办公，启动联勤联动机制，实现行政执法、治安处罚和刑事追诉无障碍衔接，握指成拳。"

2017年4月1日，三亚市长办公会议审议并通过《关于成立三亚市旅游综合执法监管办公室的方案》，决定成立三亚市旅游综合执法监管办公室，作为三亚市旅游市场和环境综合整治领导小组的一个常设执法办案机构开展工作。

三亚市旅游委主任樊木总结道，建立旅游综合执法办，目的是充分发挥部门执法主体作用，依法落实监管责任，建立权责明确、执法有力、行为规范、保障有效的旅游市场综合监管机制，增强联合执法办案效率，推进跨部门、跨行业、跨地区综合行政执法，实现违法线索互联、监管标准互通、处理结果互认，齐抓共管的工作格局，实现从各部门分散监管向多部门综合监管转变，切实提升综合监管效率和治理效果，确保旅游市场秩序健康持续发展。

2017年10月1日，三亚旅游综合执法办正式进驻市民游客中心，工作人员由三亚市旅游委、市公安局（市旅游警察支队）、市交通局、市质监局、市工商局、市发改委（物价局）、市海洋局、市文体局、市国税局、市食药局十大涉旅单位组成。

十路大军，集结成群，势不可挡。

旅游业综合性强，涉及多部门监管，而来三亚的游客来自世界各地，旅游时间十分宝贵，遇到问题需要第一时间处理，如果各部门推诿扯皮，就难以迅速解决问题，直接影响三亚旅游城市形象。

正因为如此，三亚通过深化旅游行政体制改革，建立多部门共同参与、联动协调、检查督办、统一行动的旅游综合执法监管机制，切实提升旅游市场综合监管和治理成效。

三亚市还创新建立了市"四套班子"成员参与的"天涯工作群"等各类工作微信群 288 个。凭借微信工作群这个"指尖调度指挥平台",各职能部门遇涉旅问题快速反应、互相监督,处理问题"马上就办",应急小组半小时内即可赶赴现场。

"我们对旅游乱象的打击行为,不是单打独斗,通常是多个部门在一起联合执法。"时任三亚市旅游质量监督管理局局长张理勋举例说,比如在打击"黑导"行动中,不是正规导游,伪造导游证带团,由旅游委来打击;使用私家车运载游客,涉及非法营运,由交通局来处理;带游客到没有工商注册的购物点购物,违反了工商法,就由工商局进行处罚;如果涉及刑事犯罪,那就必须交给公安局旅游警察支队来处理。

二

如何保证三亚旅游治理工作依法合规?

如何推进三亚旅游治理工作从治标走向治本,实现常态化、制度化、规范化?

如何让三亚众多涉旅部门既能各自充分发挥职能特长,又能有效统筹,凝心聚力,形成密不透风的监管"一张网"?

建章立制,有章可循。

2015 年以来,三亚市相继制定了《三亚市民游客中心督查督办制度》《三亚市民游客热线首问负责制度》《三亚市旅游市场暗访工作机制》《三亚市民游客中心信息发布机制》《三亚旅游市场联动协同监管机制》《三亚市旅游市场检查机制》《三亚市旅游警察工作制度》《三亚市旅游质量监督约谈机制》《旅游巡回法庭工作制度》《旅游市场管理局工作制度》《旅游质量监督管理工作制度》11 个长效机制,覆盖全行业全领域,从源头上为旅游市场治理提供了制度保障。

这一系列制度的出台，让三亚旅游市场治理更加科学、理性。

2016 年 1 月 10 日，三亚市人民政府颁布《三亚旅游市场联动协同监管机制》，要求创新旅游市场监管，加强旅游市场治理合力，提高多部门联勤联动、联合执法效率。

——统一平台。利用互联网和大数据，以三亚市民游客中心为核心，建立一个统一的覆盖全市的旅游监管服务平台。以三亚市民游客中心为核心，旅游、公安、工商行政管理、物价、交通运输等旅游市场和环境综合整治领导小组各成员单位为联动协同单位。

——信息共享。市旅游主管部门牵头，建立全市旅游经营信息库，对旅游经营者和从业人员的信息全面备案，建立旅游经营服务信用档案，完善旅游经营诚信机制，进一步规范旅游市场秩序。

——智能监管。整合完善各部门现有信息化监管系统，强化海鲜排档、旅游餐饮、旅游购物、景区景点、旅游住宿等信息监管，强化旅游团队电子行程单监管，建立三亚旅游诚信网，融日常监管与服务为一体，提高旅游联动治理效能。

——联勤联动。各部门、各单位接到三亚市民游客中心发出的指令，要协同配合，联勤联动，依法严查，充分发挥属地区政府的就近监管作用和行业管理部门的专业优势，形成整体治理合力。

——快速反应。属地区政府设专人与各职能部门快速对接，牵头组建应急处理小组。对需要出现场的投诉或举报，应急处理小组要在半小时内完成集结赶赴现场，能当场解决的当场解决，不能当场解决的要在法定时限内限时办结。

——督查督办。三亚市民游客中心对推诿、敷衍、塞责或有意拖延查处案件等行为报市整治办。由市整治办区分情况交市委督查室和市政府督查议案室进行通报。

集结在三亚市民游客中心的大平台上，三亚 35 个涉旅部门尤其是 10 多个重点涉旅部门统一作战，联勤联动，握指成拳，拧成了"一股绳"。

三亚旅游涉及的业态丰富，形式多样，如何针对一些旅游乱象频发的"重灾区"加强监管？如何给长期困扰三亚旅游市场的"黑导""黑车""黑店""黑社""黑船"五黑现象定规立矩？

三亚市一口气制定出台了13个常态化管理办法：《三亚市旅游市场综合整治工作机构常态化工作机制》《三亚市旅游市场违法违规经营行为举报奖励办法》《三亚市一日游管理暂行办法》《三亚市旅游购物点经营规范》《三亚市海鲜排档经营规范》《三亚市水果店经营规范》《三亚市水路旅游运输管理办法》《三亚市航空客运销售代理市场经营监督管理办法》《三亚市游艇安全管理暂行办法》《三亚市水果市场经营监督管理办法》《三亚市海鲜排档经营监督管理办法》《三亚市潜水行业管理办法》《三亚市水上旅游管理办法》。有的放矢，细致入微，让不同业态的旅游从业者知道哪些可为，哪些不可为，循规蹈矩，不越雷池，有效地遏制了旅游乱象。

三

让游客在人生地不熟的环境中，迅速找到执法者，就必须畅通投诉举报渠道。

为紧密联系和服务广大市民游客，解决市民游客的诉求，提升城市建设管理水平，三亚市政府于2010年和2013年分别开通建设了12345政府服务热线和12301旅游服务热线，并于2015年8月并线运行。

以12345热线和12301热线平台建设为抓手，三亚实行"集中受理、分类处置、各方联动、限时办结、回访答复"的工作机制。

三亚将网上舆情监控纳入12345、12301平台，与舆情监控部门市委宣传部及媒体等建立工作联络机制，设立网上舆情监控专席，搜集、整理来自网络、媒体反映的问题，严格按照热线管理规定处理、回应，随时回应和解决网络及其他媒体反映的问题，有效遏制负面影响。

热线平台现已形成集热线电话、网络、微信、微博、短信、彩信、传真等功能为一体，24小时为市民、游客提供求助、咨询、投诉、建议等一站式服务的重要平台。

三亚坚持问题导向，马上就办。全天候运行的"12345"、"12301"热线，及时受理、转办、督办相关投诉举报。第一时间通知有关部门赶赴现场，第一时间向游客反馈处置情况，绝不让负面舆情发酵。公安、工商、物价、交通、海洋、税务、食药监、安监等部门相互配合，强化联合执法。特别是对旅游购物、海鲜排档、水果店、涉海旅游项目和一日游，重点监控，不懈怠、不麻痹、不留死角。

三亚市一级热线呼叫中心设立话务座席40个，设立行政审批专席4个，四区分中心各设1个座席，配备话务工作人员135人。

2017年1月，热线管理办公室与市数字化城管监控中心合署办公，负责指导、管理、督办和协调全市热线成员单位工作。

热线成员单位包括政府各职能部门、垂直双管单位、司法机关、四区、农垦系统、驻三亚国有企（事）业单位等152家，涵盖全市各机关及主要行业单位。

"用声音传递真诚，用微笑表达热情，用专业解答疑惑，用服务提升价值。"12301热线工作区门口的宣传板上的这句话，已经成为每位接线员的座右铭。

12301热线和12345热线电话的铃声，最多响到第三声，一定有话务员接起。

表达清晰，精神饱满，回答精准，"每个接线员上岗前要经过35次业务培训，派单成功率超过98％呢。"话务值班长张琼花表示。

作为一个国际化旅游精品城市，为了更好地方便外国游客游览三亚，解决外国游客游览时发生的问题，根据客源国情况，三亚在旅游热线服务平台专门设立了日语、韩语、俄语、英语等多种外语席位。

而对于"有求必应"的话务接线员来说，有时也会遇到让人哭笑不得的事情。话务班班长苏亚妹回忆道，一天夜里值班，接到一个醉汉20多通电话，"这不是市长热线吗？你把电话给市长！"醉汉讲话粗鲁，态度恶劣，这让苏亚妹觉得有些无奈和委屈，她希望投诉者能多些认识和理解，用好热线。

"我们的热线，不仅管接听，更管解决。"杜自传说，12301热线接到游客电话后，根据游客所反映的内容形成工单，针对内容指定牵头单位，第一时间电话联系牵头单位工作人员，使其先与客人对接，随即将工单派发给牵头单位受理。

此后，话务员会电话联系客人，询问是否有职能部门与其对接。职能部门处理完毕后，要将结果反馈到"12301"，热线再反馈给客人。

职能部门之间，绝不允许推诿扯皮。"我们有制度，只要是派单认定的处理单位没错，推诿扯皮的做法都会在全市通报批评。"杜自传说。

2015年起，三亚就陆续制定了"服务热线监督管理及考核实施细则""首问负责制度"等20多项管理制度。2016年，有8家单位在热线的月度通报中获得了4次以上表扬，而有4家单位被通报批评2次以上。

四

2016年6月16日，微博网友"@热腾腾的化肥"发帖称，三亚16路公交车上的收费员不断地将游客骗到天涯海角第二站，然后用电瓶车将其骗到村里消费。

三亚市"12301"旅游调度指挥中心高度重视此舆情。

三亚旅游市场联动协同监管机制再显神威。

第一时间，三亚市"12301"旅游调度指挥中心调度交通、旅游、旅游警察、工商、天涯区等相关部门迅速联动，形成快速反应处理机制，展开深入调查。

经查发现，此事仍是由屡禁不止的"海上游天涯"黑景点运作所致，黑景点售票处不仅更换了地点，还采用了新手段，依靠16路公交车司乘人员诱导拉客。

16路公交车售票员在途中不断向游客推荐天涯海角，称该景区有两个门可供选择，其中一个门票价为每人90元，但只能在岸上走走，仅能看见景区的小部分风景，若乘船则需再加收100多元。而另一个门票价只需要每人120元，就可以在海上游遍天涯海角等7大景点。

经过售票员的一番诱导，不少游客对这"大实惠"不禁心动。司机在距天涯邮政公交站50米的非站点处停车，业务员前来接应下车游客并用电瓶车将其载至"海上游天涯"黑景点的售票处购票。

所谓的购票处仅是一个简易棚，票面上没有标注公司名称、景点地址等信息。载客的游船都是一些破旧的"三无"船舶，存在严重的安全隐患。

经过明察暗访、调看相关视频、走访受骗游客、讯问当事人等一系列周密取证，联合调查组掌握了第一手证据。

6月19日下午，时任三亚市政府副市长、公安局局长陈晓昆在市民游客中心主持召开会议，部署强化对非法"海上游天涯"整治工作，要求交通、旅游、旅游警察、海事、海洋、天涯区等多部门成立专项整治小组，以此为契机，一举端掉"海上游天涯"整条非法利益链，净化三亚市旅游市场环境。

经调查核实，市交通局认定 16 路公交车驾驶员林某、乘务员张某存在诱导乘客消费的违法事实，责成 16 路公交车所属企业对两人予以开除，同时列入行业黑名单，五年内不得在三亚市从事道路客运行业工作；给予该车处以停班一个月的行政处罚；给予怡兰公司处以行业内通报批评，罚款 3 万元的行政处罚。

三亚市旅游警察支队将涉案驾驶员林某以及非法从事"海上游天涯"活动的业务员麦某友抓获，并根据《中华人民共和国治安管理处罚法》的相关规定，对二人处行政拘留 10 日，并处罚款500 元。

为杜绝后患，天涯区牵头组织相关部门对涉事区域船只进行清点、编号造册，一经发现"三无"船只立即查处。同时，涉事社区联合属地派出所、边防派出所等部门在 16 路公交车马岭段及海滩等地，24 小时不间断巡逻，严厉打击各类冒充渔船从事海上游等违法行为。

五

2017 年 9 月 12 日，网民"密码很匹配"在天涯社区发帖称，其一行人通过"爱订不订"网站报名参加三亚豪华游艇出海一日游，每人收费 39.8 元。游玩后发现该活动涉嫌存在虚假宣传、不合理收费、强迫消费等问题。

获悉舆情后，三亚市旅游委工作人员第一时间与当事人取得联系，了解情况，并告知周女士会及时向其反馈处理结果。

针对该舆情，三亚市旅游委立即组织召开联合执法协调会。很快，由三亚市交通部门牵头，旅游、旅游警察、工商、发改、文体、海洋等相关部门联合组成的专项整治行动小组开展调查。

调查得知，三亚星华旅游开发有限公司与三亚旭阳户外潜水俱乐部有限公司签订合作协议，租赁三亚旅游开发有限公司游船"星华 4 号"用于开展"海上一日游"活动。

专项整治行动小组现场对该公司的负责人进行约谈，并要求提供执法检查资料。

三亚市工商局依法传唤三亚旭阳户外潜水俱乐部法定代表人、三亚星华旅游开发公司负责人和消费者到工商局做案件询问笔录。

三亚市发改委经过现场调查取证证实，三亚星华旅游开发公司开展的豪华游艇一日游产品服务项目收费未明码标价，属于不规范行为，涉嫌违反相关的价格法律法规。

三亚市交通局现场检查涉事企业三亚星华旅游开发公司有经营资质，但该公司广告宣传经营航线和经营海域与实际存在不符。广告宣传的海域为三亚湾外海东岛海域，但实际经营为大东海海域，涉嫌擅自变更旅游行程目的地。

专项整治行动小组联合出击，又在各自职权范围内开展调查，联勤联动，优势互补，专业、高效、精准。

三亚市工商局认定，三亚星华旅游开发有限公司发布虚假广告、欺骗消费者行为，违反了《中国人民共和国广告法》第五十五条之规定，责令当事人立即停止违法违规行为，并对其作出罚款50 万元的行政处罚。

三亚市发改委针对该公司开展的豪华游艇一日游产品服务项目收费未明码标价行为，对其作出罚款 5000 元的行政处罚。

三亚市交通局对该公司涉事"星华 4 号"船舶作出责令停航整顿的行政处罚决定。

猛药治旅、重典治乱，三亚举全市之力，多方发力，对旅游违法行为敢于亮剑，获得游客和社会各界点赞。

专家指出，三亚市民游客中心的运行，有助于科学整合各类资源，最大限度地方便市民、游客咨询、投诉、举报和反映各类问题；有助于合理调度各种力量，建立多部门联勤联动机制，及时、快速解决市民游客诉求，提高办事效率；有助于清理整顿非法"一日游"，规范旅游市场，树立行业典范，优化旅游环境；有助于提高联合执法力度，实现行政执法与刑事执法的无缝对接，有效治理各类旅游市场问题，维护市民游客合法权益；有助于形成与媒体的良性互动，充分借助媒体的宣传和监督作用，提升城市形象。

2016年2月1日，国家旅游局、公安部、国家工商总局在三亚市联合召开了全国旅游市场秩序整治工作现场交流会。

三亚创建市民游客中心、创新旅游监管模式等新举措获得广泛认可，原国家旅游局局长、现国家文化和旅游部副部长李金早指出："三亚旅游的治理管理为全国树立了一面旗帜。"

第二节　旅游巡回法庭：让公正与游客随行

住店游客洗澡时不慎摔伤，酒店有无责任？景区观光车撞伤游客，责任如何认定？网购的婚纱摄影服务，实际效果与宣传效果大相径庭，购方能否要求退款？游客乘坐快艇时受伤，赔偿项目及数额如何确定？

旅游过程中，这些看起来极为普通的小事故，如果处理不当，游客的合法权益很有可能受损，旅游的幸福感就会大打折扣。

然而，这些小事故往往具有突发性、偶然性，双方情绪对抗、矛盾易激化，有些纠纷当事人较多，且当事人来自国内外不同地域，影响范围较广，处理起来难度很大。

随着建设国际化滨海旅游城市的脚步不断加快，三亚市的旅游业蓬勃发展，城市魅力与日俱增，接待游客数量稳步上升。旅游过程中，旅游服务合同纠纷、人身损害、财产损害等侵权纠纷时有发生。

创建旅游巡回法庭，快捷、高效解决旅游纠纷，让公正与游客随行，三亚再次走在全国前列。

一

2002 年 4 月，三亚市城郊人民法院在充分调研基础上，争取三亚市委、市政府和上级法院的支持，依托天涯、崖城、藤桥 3 个人民法庭设立了天涯海角、南山和亚龙湾三大国家级旅游景区旅游巡回法庭。

一条横幅，一条长凳，一条长桌，景区哪里有树荫就在哪里办案。

因陋就简，因地制宜。

在办案中优先适用简易程序，以调解处理为主要手段，及时快捷地保护旅游消费者及旅游企业的合法权益，逐渐发展成为三亚旅游巡回法庭的一项工作制度，一个始终坚守的光荣传统

三亚旅游巡回法庭被游客亲切地称为"景区移动法庭"，成为全国司法领域一大创新。

2010年7月，三亚市城郊人民法院适应海南国际旅游岛建设上升为国家战略的新形势要求，在省高院和三亚市委的支持下，成立了具有独立机构编制的旅游审判庭，并在2012年3月正式挂牌成立。

三亚旅游审判庭进一步增加了办案力量，健全工作机制，明确受案范围，配备专门的审判力量，受理案件以"旅"字号编号，形成了"一心、两线、八点"的审判运行模式。

"一心"即以旅游审判庭为指挥中心，借助旅游诉讼服务中心工作平台，统筹协调和统一调度办案力量，负责与相关单位联动调处旅游矛盾纠纷。

"两线"即以专门定制配备的两台巡回审判车，不定期、不定时地沿着大东海、三亚湾两条旅游线路巡回办案，实现动态化的受案模式。

"八点"即设置市民游客中心、南山景区、天涯海角景区、大东海景区、亚龙湾森林公园景区、蜈支洲岛景区和东西两线旅游巡回车等八个巡回办案点，实行"定时、定点、定人"的审理模式，做到旅游矛盾纠纷案件快立、快裁、快调、快结、快执，及时有效化解旅游矛盾纠纷。

最大程度方便游客，一切为了游客的利益，三亚旅游巡回法庭坚持做到"两免""三定""四就"。

"两免"即对旅游纠纷案件实行免费受理（免收诉讼费和申请

执行费）。

"三定"即定期（"旅游黄金周"、旅游旺季期间及游客量增大的时候）、定点（将旅游巡回法庭搬进南山佛教文化苑、天涯海角、亚龙湾等游客较多的著名景点）、定人（以崖城、天涯、吉阳、海棠湾四个法庭的审判业务骨干为主）。

"四就"即就地立案、就地审理、就地调节、就地执行。

为游客的服务永无止境。

三亚旅游巡回法庭坚持有案办案，无案宣传，接受咨询。凡接受游客来访、咨询、投诉均详细记录在册，能够当场解决的当场解决，无法当场解决的问题，向当事人作解释，并把问题及时向主管领导汇报，在 24 小时内向当事人答复。

在每一个"旅游黄金周"及游客量增大的时候，游客们常常能看见三亚旅游巡回法庭的巡回审判车，随时解决游客在旅游中产生的各类纠纷，解答游客遇到的旅游法律问题，让每一个到三亚的旅游者多了一份安心、一份快乐。

二

耐心释法，细心调处，动之以情、晓之以理。

三亚旅游巡回法庭在处理旅游纠纷时，认真、用心，注重调解艺术。巡回法庭的法官说，寻求法院介入解决问题的旅游矛盾纠纷，往往是几个部门无法化解，且矛盾较为激烈的案件，法院作为最后一道关卡，法官需要具有很高的调解艺术和调处复杂矛盾的智慧。

2013 年 11 月 15 日上午 9 点，三亚旅游巡回法庭接到电话，反映三亚市海棠湾希尔顿酒店有一位住店客人溺水死亡，因赔偿事宜协商不下，家属在酒店闹事，影响酒店正常的经营，请求法院出面调解。

接到旅游局的电话后，时任庭长黄泽贤和黄春英副庭长立刻赶到现场，召集双方当事人开协调会，刚开始，家属态度比较强硬，认为酒店方没有救生员值班，要求酒店赔偿150万元，酒店方则认为己方无过错，不应该承担赔偿责任。

在听取了当事人的陈述后，旅游庭二位法官亲自去看现场，发现死者死亡的地点是在一个按摩池，水深不足70厘米，而死者是一个身高170厘米的老人，按照常理，不可能会溺水，应该是身体自身有某种疾病，而且死者在事发时没有家属陪同。

了解了这些情况后，二位法官先做死者家属的工作，告知其事故的发生，死者自身也有过错，应该适当减轻酒店的赔偿责任，且其要求的赔偿数额过高，应当适当减少。

做完死者家属的工作后，又反过来做酒店的工作，告知其在泳池的管理上也存在漏洞，虽然管理上的过失不是导致死者死亡的直接原因，但也存在过错，应承担次要责任。

在法官耐心细致的调解下，酒店方也表示可以适当进行赔偿，但是因为其是全球连锁酒店，总部在美国，具体方案还要向美国的总部请示。

家属方则一再坚持自己只应承担次要责任，还是要求对方赔偿120万元。

调解工作陷入僵局。

第二天上午，旅游庭的法官放弃周六的休息时间，再次从市区驱车到酒店，继续做双方当事人的工作，酒店方也把中国处理这种案件的具体做法以及有可能赔偿的数额告知了美国总部。

经过长达四个小时的调解工作，双方终于作出让步，达成了调解协议：酒店承担家属在三亚的住宿费、食宿费及往返机票费用，另行赔偿家属25万元。

至此，一件令酒店头疼、家属揪心的案件就此化解。

　　法院调处的旅游纠纷大多是游客在旅游过程中出现意外情况，在赔偿方面双方无法达成一致的案件，这类案件由于当事人及其家属情绪往往会比较激动，在寻求法院帮助解决时，不可能一开始双方就能心平气和地坐下来解决问题。

　　作为法官，在民事工作中想要成功地引导劝说他人，就必须懂得角色心理换位，通过换位思考去理解人、关心人，使当事人感受到法官的可亲、可敬、可信，进而乐意听取法官的意见，减少对立或对抗情绪，调动当事人的正面情感因素。

　　一个案件的调解，往往需要耗费大量的司法资源，需要法官具有严谨的工作作风，良好的心理素质，精深的法学功底，睿智的洞察能力和智慧，调解手段是法官所必备的素质。

　　在调解旅游纠纷案件中，三亚旅游巡回法庭的法官能注重受伤害的家属一方的情绪态度，注重安抚和引导，同时能站在双方当事人的立场上予以思考问题，最后站在法官的角度给出合理的意见。这一过程充分体现出法官的语言艺术、行为风范、知识智慧和心理素质，用言行和做法引导双方解决问题。

三

　　三亚市城郊人民法院冯洁副院长介绍说，从成立之初，巡回法庭就始终坚持便民利民原则，力求司法为民举措到位。

　　秉承"公平正义""急民之所急"的司法理念，2010年，三亚旅游巡回法庭创建了"旅游审判110"新模式。

　　设置标牌电话。他们在三亚市南山、天涯海角、亚龙湾等景区的巡回办案点醒目位置设立标识、标牌，公布旅游诉讼服务中心电话，实行24小时全天候轮值。依托三亚旅游委信息平台，将旅游诉讼服务中心电话号码印在《三亚旅游消费指南》和三亚市旅游地图上。通过各旅游服务驿站及各酒店、景区免费向游客赠送，方便游客有纠纷时能及时拨通"旅游审判110"。

实行巡回办案。借助两辆旅游巡回审判专用车辆，他们以多功能的"车载法庭"办案，真正实现哪里有旅游投诉和纠纷，巡回法庭就第一时间到哪里进行调处，及时快捷化解矛盾。

加强沟通协作。他们与旅游、工商、交警、物价等相关部门紧密配合，联合构建大调解格局，实现了全覆盖、全天候、多元化调处旅游矛盾纠纷的目的。

完善工作机制。他们从各酒店、各旅行社选出一至两名负责处理旅游矛盾纠纷的联络员，代表其所在酒店、旅行社参与旅游矛盾纠纷的调处、协调沟通。

2013年国庆节当天，指挥中心接到三亚工商局电话，反映旅客与酒店发生一起人身伤害赔偿纠纷调处无果，请求尽快派法官处理。

当时辖区人民法庭的法官均已上蜈支洲岛开展旅游巡回审判活动，指挥中心立即通过电话就近指派巡回法庭的其他法官前往处理。法官李东波赶到现场时已是傍晚六点多，顾不上吃饭，就及时了解情况，组织调解。

原来，游客李某在三亚海棠湾区某温泉酒店泡温泉时，被温泉池里的玻璃割伤脚，遂要求酒店赔偿。酒店只同意免温泉门票，不同意赔偿，协商无果。店方态度强硬，李某则情绪激动，双方互不相让。

调解工作一度难以继续。

李东波法官耐心释法，细心调处，动之以情、晓之以理，最终促使酒店同意赔偿2000元。李某的诉求得到了满足，双方握手言和。

这起纠纷发生在《旅游法》实施当天，恰好被中央电视台记者跟踪拍摄。2013年10月4日，中央电视台在《朝闻天下》栏目对事件纠纷发生和调处过程进行了报道，当月 9 日《新闻联播》节目也对此进行了报道，引起社会广泛点赞。三亚旅游巡回法庭司法便民、司法为民的良好形象也更加深入人心。

2016 年 2 月 11 日中午，游客盖某拨通旅游巡回法庭电话，反映其丈夫在三亚市解放一路某连锁酒店住宿时，不慎摔倒，导致三根肋骨骨折，可能构成十级伤残，要求酒店赔偿其 8 万元，酒店不同意，希望法院为其主持公道。

接到投诉电话后，黄春英庭长立即与酒店方取得联系，听取双方当事人的意见。

根据双方当事人的陈述，原来，盖某的丈夫孙某来自山东青岛，从事批发零售行业，当晚在酒店洗澡时由于拖鞋打滑，加上酒店的下水道排水不顺畅，洗手间积水，导致摔倒。

酒店方承认自己有过错，但认为孙某提的赔偿数额过高，希望法院能从中协调。

了解到双方都有调解意向后，法官着重从事故责任、赔偿数额方面着手做双方的工作。

经过法官的耐心讲解、释法，双方对赔偿数额都有了进一步的了解，孙某所提的赔偿数额有所让步，酒店方也表示可以增加赔偿数额。

经过法官的多次调解，双方于 2 月 12 日达成了赔偿协议，酒店同意向孙某赔偿 4.2 万元（含 2.2 万元医疗费），并同时免除孙某 2 月 7 日至 2 月 11 日在酒店住宿时产生的住宿费用。

至此，该起旅游纠纷在旅游审判庭法官的主持下得到圆满解决。双方当事人对旅游审判庭法官高效、快捷处理旅游纠纷的方式表示赞许和感谢。

四

2016 年 8 月 31 日 19 时，三亚旅游审判庭接到市旅游质量监督管理局打来电话，说有一起游客纠纷，双方协商不下，要求巡回法庭出面调解。

次日，黄春英庭长准时到达市民游客中心巡回点，与旅游委、旅游警察、旅游调解委员会联合调解。

原来，2016 年 8 月 17 日，浙江的游客金某一家 9 人入住亚龙湾天域酒店。19 日上午，金先生一家想去天涯海角玩，通过酒店的行李生租了一辆别克商务车。19 日 10 时，在三亚市吉阳大道亚龙湾火车站十字路口，金先生开车与许某某驾驶的琼 B09451 号工程作业车相撞，造成两车车辆受损及 6 人受伤的严重道路交通事故。

金先生一家认为其与酒店形成了住宿服务合同关系，天域酒店为其租用的车辆是非法营运车辆"黑车"，未尽到安全保障义务，应承担违约责任，要求酒店赔偿 101 万元。

酒店方认为其并未提供租车服务，酒店行李生是出于好意为其叫车，不应该对该起事故承担赔偿责任，认为游客应找肇事司机索赔。

双方争执不下，游客投诉到 12301，并在 2016 年 8 月 31 日给时任三亚市委书记张琦写了一封信，希望引起领导重视，寻求帮助。

张琦于同日作出指示：四位一体，有旅游警察、旅游法庭、旅游调解委员会及行政执法部门在，请他们放心，自有公道！

接到张琦指示后，黄春英庭长立即向三亚市中级人民法院领导汇报，李庆院长指示一定要切实维护游客的利益。

旅游法庭的干警们积极搜查资料，以最饱满的热情对待该起投诉，内心抱着一定要解决该纠纷的态度，做了多方面的准备工作。

考虑到该案错综复杂，黄春英法官认识到，当务之急是要先把交通事故的责任确定下来，才能分清各方责任。

在调解现场，黄法官希望旅游警察督促事故科尽快作出责任认定，这样才有利于快速解决纠纷。同时告知游客家属和酒店要尽快联系到作业车司机。

9月2日晚，游客金某给黄春英法官打来电话，说事故责任已经认定，两车负同等责任，要求法庭再次主持调解。

9月4日下午，市民游客中心会议室。

黄春英法官亲自主持调解。

"我们要求赔偿80万元。"游客话音刚落，车方当事人便表示不调了，要求走司法程序。

见此情形，黄庭长就把两车方当事人请到另外一间办公室，跟他们单独沟通。她说，受害方单方面提出的请求，你们可以不接受，也可以提出自己的主张。两位当事人一听，语气缓和了不少，表示他们两方最多能赔10万元，多了承担不起。

黄庭长又同金某家人单独协商，指出他们所提的数额确实过高，比如他们主张的残疾赔偿金、精神损害抚慰金，目前都没有证据能够支持，而且主张的误工费、护理费计算时间过长，费用太高。如果走诉讼途径，不一定能够得到支持，不利于调解，希望他们能适当降低数额。

经过黄法官的耐心释法，金某一家表示可以降到47万元。

黄法官及时抓住这一时机，觉得双方有调解的可能性，就马上主持了第二轮谈判。她问车方当事人能否各承担10万元，其他的费用让游客找保险公司索赔，能赔多少是多少。最后，两车方表示可以各赔8万元。

看到车方当事人态度有改变后，黄庭长又反过来做游客家属的工作。她劝金某一家考虑到交通事故的发生都是过失，不是故意，事故的发生对三个家庭都是不幸，两司机家庭比较困难，大家应互谅互让。

正当游客家属考虑接受方案的时候，肇事一方琼 B09451 号车方死活不肯让游客找保险公司索赔，理由是事故发生后他并没有报保险，又说他的车辆等于没有保险，法官当场打电话，查询保单是否真实。经证实，保单是真实的。

可就在这时，琼 B09451 号车司机许某某突然不辞而别，离开了调解现场。

调解工作陷入僵局。就在大家都要放弃的时候，黄庭长又再次找事故科的警察，希望他们把琼 B09451 号车方找回来。半个小时后，许某某回来了，并向法官道歉，表示其态度不好，不是针对法官，而是另有隐情。

原来琼 B09451 号车车辆在事故发生时保险尚未生效，就差两小时，他害怕受到惩罚，就逃离现场。

法官明确指出，有困难可以跟法官说，也可以诚恳地向游客说明，取得游客谅解，大家可以好好协商，不能采取这种逃避的态度。最终，许某某给游客道了歉。

就这样，经过一波三折的调解，最终，游客表示可以体谅两车方的难处，可以做些让步。

在黄法官的不懈努力下，该案终于在当晚 7 时 40 分达成调解协议。两车方同意赔偿给游客 16 万元，不包含之前垫付的 2 万元，同时，天域酒店同意免除金某一家在酒店产生的住宿费、食宿费 2.8 万元，并让其再免费续住五天。

三亚市城郊人民法院（2016）琼 0271 民初 6546 号调解书，确认了此次调解的法律效力。

一起棘手的民事纠纷案件，在旅游巡回法庭的努力调解下，获得圆满解决。

<h1 style="text-align:center">五</h1>

自开展旅游巡回审判以来，截至 2017 年 12 月，旅游巡回法庭共处理旅游咨询、调处非诉纠纷和审理诉讼案件 12359 件，其中调处非诉纠纷和诉讼案件 3288 件，审限内结案率达 100%。

三亚市城郊人民法院适应海南国际旅游岛建设新形势，不断创新旅游巡回审判审理模式，及时高效化解旅游纠纷，切实维护了广大游客的合法权益，得到社会各界的广泛好评。

其成功经验曾得到最高人民法院领导的充分肯定。2015 年 3 月 27 日，最高人民法院院长周强在三亚考察法院工作时，对三亚市城郊人民法院设立旅游审判庭，在景区设点巡回办案，及时高效处理旅游纠纷的做法给予充分肯定。

旅游巡回法庭的成功经验也得到同行的认可，包括云南省丽江法院、四川省峨眉山法院、海口市中级人民法院及澳大利亚新南威尔士州地区法院的代表纷纷来旅游巡回法庭参观学习。2016 年 11 月 2 日，三亚市城郊人民法院旅游巡回法庭作为全国法院唯一受邀单位参加了第十五届全国旅游城市旅游质监互动协作会议，有力地宣传了三亚旅游巡回法庭的成功经验。

2013 年以来，三亚市城郊人民法院旅游审判庭先后荣获三亚市中级人民法院先进集体、全省法院指导人民调解工作先进集体，荣立集体三等功、集体二等功、集体一等功、全国巾帼建功先进集体各 1 次。旅游审判庭原庭长黄春英自 2005 年 1 月加入旅游巡回审判工作以来，从书记员、助审员、审判员、副庭长、庭长，一步一个脚印成长起来。2017 年 1 月黄春英庭长被授予"全国优秀法官""海南优秀法治人物代表"。旅游巡回法庭的成长过程也是法官成长的过程。

2016 年，最高人民法院和国家旅游局下发《关于进一步发挥审判职能作用促进旅游业健康发展的通知》，要求"人民法院要不断夯实基层基础，有针对性地加强旅游景区等游客相对集中区域派出法庭建设和巡回审判工作。已经设立旅游派出法庭的地方，要切实增强审判力量，继续做好相关案件审理和纠纷化解工作；客流量持续较大、旅游纠纷发生较频繁的地区、旅游景区，可以在派驻人员有编制、建设用地能落实、建设资金有保障的情况下，按照相关规定要求，增设相应的派出法庭；暂时不具备增设派出法庭条件，但人民群众具有一定司法需求的，要加强巡回审判工作力度，根据实际需要在旅游景区设立巡回审判点，推广车载法庭等巡回审判模式"。

三亚旅游巡回法庭工作有了"尚方宝剑"。

截至 2018 年 1 月 20 日，全国各地已设立旅游巡回法庭 496 家，旅游巡回法庭已经成为全国各地整治旅游乱象、化解旅游纠纷的重要力量。三亚旅游巡回法庭作为全国首家旅游巡回法庭，已成为全国旅游巡回法庭一张亮丽的法治名片。

第三节　旅游调解：调出美丽三亚和谐底色

"我跟你说一句话啊，我小儿子是省台记者，大儿子是省某某厅的。我告诉你，我一给你搞起来，就给你搞没地方做（没工作）。"

"我×你妈的，跟我俩扯犊子呢。"

2016 年 3 月 2 日，一段"东北游客大骂三亚导游"的视频引起全国关注，三亚旅游一时间再次成为焦点。

视频显示，大巴车厢内，一名身着蓝色短袖的中老年男子和一名身着黑白条纹裙的中年女子，与一名男导游争吵。

虽然该导游表现得相当克制，但短袖男子依然不依不饶，操着东北口音不停地高声叫骂。

谁是谁非？真相如何？三亚又出啥事了？

吃瓜群众议论纷纷。

三亚市旅游纠纷人民调解委员会迅速介入调查，展开调解。

一

2012 年 8 月，伴随海南国际旅游岛建设步伐不断加快，三亚旅游业也进入了发展的"快车道"。

为应对解决好新时期新形势下旅游市场层出不穷的旅游纠纷，促进旅游业良性发展，维护社会秩序稳定，依据三亚市综治办、市旅游委、市司法局联合颁发的《关于建立三亚市旅游纠纷人民调解机制的工作方案》的文件精神，经三亚市委市政府审批，三亚市旅游纠纷人民调解委员会正式成立。

三亚旅调委是全国第一批成立的旅游调解机构。

作为专职从事旅游纠纷调解工作的专业性人民调解组织，三亚旅调委不隶属于任何行政机构，是独立于纠纷双方的第三方调解机构，其主要职责是维护旅游纠纷双方合法权益，构建和谐旅游环境。

三亚旅调委的主要职责就是及时发现、依法调解、妥善处理和疏导矛盾纠纷、减少诉讼、防止矛盾激化、避免民转刑案件发生。

话题转回文章开篇。游客缘何大骂导游？

根据12301旅游调度指挥中心指派，三亚旅调委工作人员第一时间赶赴现场，分别向该旅行团游客、导游、司机了解情况，积极进行现场调解处理，防止事态进一步扩大。

经调查，网传视频涉及的旅行团是海南心旅途国际旅行社有限公司接待的海口进出5天4晚全国散拼团，在三亚停留时间为2天。该团共有游客29人，分别来自北京、深圳、厦门、贵阳、北海、天津、呼和浩特和哈尔滨。

经向该团游客了解，3月1日，导游吴某已事先告知游客，旅游车上的座位不是固定的，并通知了第二天早上6点半吃早餐，7点15分发车。

3月2日早上7点15分，大家在旅游车上入座后，导游吴某清点人数，唯独不见来自黑龙江省哈尔滨市的游客康先生、戚女士夫妇，于是立即到酒店餐厅等处寻找。

十几分钟后，康先生夫妇赶到大巴车，看到之前坐过的座位坐着两位70多岁的北京游客，迁怒于导游，开始对导游吴某进行辱骂，并满嘴脏话，甚至把包丢向旅游大巴车的挡风玻璃。

三亚旅调委工作人员仔细观看了时长3分06秒的视频，虽然康姓游客情绪一直比较激动，脏话不断，但吴姓导游始终比较克制。

"你不要倚老卖老啊！"视频中，导游回应。

随后短袖男子朝车后走去并大骂："今天我就倚老卖老了，×你妈的，我整死你。我告诉你，钱有的是，你打听打听，老子是干啥的。"

"我们要讲礼仪、讲礼貌，不要讲这些东西。"导游回应。

但短袖男子再次对导游进行了辱骂。

中年游客夫妇为何如此暴怒？

在三亚旅调委和有关部门调查时，康先生夫妇表示有两点不满之处：一是早餐还没吃饱，导游就催促他们上车，认为是专门针对他们的，原因是他们没有参加自费景点。二是认为导游有意调换了座位，也是因为没有参加自费景点而针对他们两人。

经查实，该团 29 人中有 25 人自愿参加了自费项目，并已按照规定签订了补充协议。未参加自费项目的，并不只是康先生夫妇两人，还有其他 2 名游客。

据该团游客反映，除网传视频外，当天该游客夫妇对导游吴某还进行了多次辱骂，并且打了导游一巴掌，同时扬言导游带团三天就骂导游三天。而导游吴某在整个过程中没有辱骂一句，一直在为游客服务。

该团其他游客纷纷表示，对导游吴某及司机、整个行程安排很满意。

调查到这里，是非曲直已经一目了然。

三亚旅调委的同志非常严肃地告知康先生夫妇，文明旅游是每一位游客都应尽的职责。辱骂他人，在三亚是绝不允许的。如果性质恶劣，甚至会构成刑事犯罪。网传视频已经严重影响到三亚旅游业形象，造成了极坏的社会影响。

游客是三亚的"上帝"，但"上帝"在三亚也必须守规矩。

经过耐心开导、教育，康先生夫妇终于承认了自己的错误。3月 2 日当晚，他们来到导游吴某入住的客房，真诚道歉。导游吴某欣然接受，双方握手言和。

3月3日，《海南日报》以《三亚"游客辱骂导游"事件获调解 涉事游客向导游道歉》为题，对事件结果进行了跟踪报道。

三亚旅调委对导游吴某的忍让行为给予了充分肯定，同时向游客及旅游从业人员呼吁：游客在旅游过程中发生的合理诉求，需要旅游者和旅游从业双方通过合理渠道依法解决。文明和谐的旅游环境，需要旅游者和旅游从业者共同维护、携手共建。文明出游、相互尊重，旅游就会更舒心、更温馨。

事情到这里却并没有结束。

2016年6月13日，国家旅游局公布了2016年端午小长假期间旅游投诉和典型案件查处情况。根据《国家旅游局关于旅游不文明行为记录管理暂行办法》，三亚游客康先生夫妇因大巴车座位被他人占用而辱骂并殴打导游的行为，被旅游不文明行为记录评审委员会审定为旅游不文明行为，两人因此被列入旅游不文明行为记录，信息保存期限三年。

"黑名单"，给不文明旅游者敲响了警钟。

二

长期以来，三亚市旅调委接受市旅游委、市司法局的指导，充分发挥自身主观能动性，主动与市政府热线"12345"、市旅游咨询投诉热线"12301"进行互动，突出"融合"，形成了人民调解与行政调解、司法调解统一的大调解体系。

2015年9月，天津李先生的儿子李某通过天津当地旅行社报名到三亚婚前旅游，9月28日19时30分，不幸在旅行社安排入住的度假公寓泳池溺水，当即被送往医院抢救，10月2日，医院下达病危通知书。

李先生一家手足无措，情急之下，便拨打"12301"旅游服务热线投诉，希望政府部门协调各涉事企业，按照责任区分进行赔偿。

"12301"旅游调度指挥中心根据李先生投诉，要求相关部门迅速介入，三亚市旅游委、市文体局、旅游巡回法庭、旅游调解委员会等相关部门随即赶至医院，各部门按照各自职责，分头展开安抚游客和协调工作。

2日下午，溺水游客李某经抢救无效身亡，调解转入更加艰难的赔偿阶段。

10月2日至5日，连续几天，在"12301"市旅游调度指挥中心协调下，三亚市旅游委邀请三亚市旅调委、三亚旅游巡回法庭共同调解。

三亚旅调委全员上阵。

旅调委三位调解员和两位律师，认真调查，仔细梳理权责关系，经过3天2晚耐心细致的工作，情、理、法并重，最终说服涉事各方心悦诚服，达成一致。

涉事酒店经营方、酒店物业、旅行社三方同意向死者家属赔偿60万元。

当即签订调解协议书，向游客家属方面作出赔付，当日履行。

游客父母感动得热泪盈眶，对负责调处纠纷的工作人员深深地鞠了一躬，表示感谢说："想不到在这么短的时间里，把一件我们看来很难办很复杂的事，处理得这么到位。"

10月8日上午10时，李先生克服丧子之痛，专程赶至三亚市民游客中心，送上写有"勤政干部讲实效，体恤民意品格高"的锦旗。

行政、司法、人民调解三位一体的立体式调解体系，在这起旅游纠纷调处中，发挥了积极作用。

三

2017 年 10 月 5 日，天津游客潘女士与好友一行 4 人，通过湾旅公司订购了 2017 年 10 月 5 日至 6 日"西沙群岛两天一晚"的旅游行程（含水上飞机来回接送），缴纳报名费 14 万元。

2017 年 10 月 5 日，潘女士一行如约登机开始旅行，当晚入住西沙群岛周边的"南海之梦"邮轮。

这是一次愉快的旅行，潘女士与好友们被人迹罕至的西沙群岛的美景所陶醉。

但大海的面孔说变就变。

天气预报说，西沙群岛附近有可能有 5 级大风及雷雨天气。

负责水上飞机接送的美亚旅游航空有限公司为确保游客的人身安全，提前结束航行返程。

浪漫的西沙群岛之旅就这样仓促收场，花费不菲的潘女士颇感不满。

已经支付了高额游玩费用，可谓"一寸光阴一寸金"，却不能享受相应的服务，被迫缩短近 5 小时行程，实在心有不甘。

于是，她们向美亚航空公司提出退款。

美亚航空公司却认为这是"天灾人祸"，自己也无法左右，拒绝退款。

双方僵持不下，矛盾一触即发。

接到调解任务，三亚旅调委进行了细致调查。

在气象学如此发达的今天，美亚航空公司应该有渠道知道最近几日的天气状况，而不应该临时应对，改变航程。

"一分钱一分货"，按照市场公平原则，游客潘女士一行没有享受到预想的服务，应考虑实际情况给予相应的补偿或退还相应的费用。

三亚旅调委工作人员态度鲜明，有理有据。

经协调，双方最终自愿达成调解协议：美亚航空公司就此事向游客潘女士一行道歉，并退还相应的费用3万元，另外再支付潘女士一行为处理此事造成的损失、改变航班的费用及食宿费等3000元，共计3.3万元。

人民调解与行政、司法以及旅游警察旅游投诉处理部门合力，依法调解，让远道而来的游客得以迅速解决困扰他们的难题。

四

三亚旅调委是行业的非营利性群众组织，依照《中国人民共和国调解法》开展工作，负责受理、调解旅游活动过程中，旅游者与旅游经营者或旅游辅助服务者之间因旅游合同、旅游服务引发的矛盾纠纷。

三亚旅调委业务上受三亚市旅游委和市司法局指导，委员会主任由市旅游委党组成员、市旅游质量监督管理局局长杜自传兼任，专职调解员由旅调委向社会聘任具有较强专业知识和调解能力、热心调解工作的旅游从业人员、法律专业人员担任。

也就是说，有了金刚钻，才敢揽瓷器活。

作为调解员必须具备极高的专业素养、娴熟的调解技巧。

2012年8月12日，三亚国光豪生度假酒店多名游客发生疑似食物中毒事件。

三亚旅调委刚刚筹建，毅然接受了这项艰巨任务，也是考验。在市委、市政府领导下，旅调委和多部门协调合作，稳定现场局势，耐心做游客及家属工作，成功协调141名患者治疗和经济补偿等相关工作（含俄罗斯籍5人，日本籍2人），为游客争取理赔金额约500万元。

此次旅游纠纷的妥善处理，为旅调委强化队伍建设、建立各项规章制度、健全大调解工作网格、打造大调解工作平台打下良好基础。

三亚旅调委，一战成名。

2014年2月19日，香港丽星邮轮"双子星号"发生部分游客滞留三亚凤凰岛国际邮轮港事件。

原定到越南旅游的中外游客，因为签证等问题，涉事旅行社没有做好前期对接工作，无法按既定行程观光旅游，800多名游客集体抗议，拒绝下邮轮，要求给说法。

眼看一场国际性旅游纠纷愈演愈烈。

三亚旅调委等职能部门迅速赶赴现场，登上邮轮，近距离聆听游客诉求。但由于人员众多，大家情绪激动，现场一片混乱。

时任三亚旅调委主任、旅游质量监督管理局局长张理勋当机立断，指挥将游客分为三批分别调解，一批是理解配合的游客，一批是哭哭啼啼的游客，一批是粗野谩骂的游客，对症下药，仔细了解游客诉求，尽量满足游客合理要求。

但现场部分游客始终难以控制自己的情绪，当时有的游客高声叫骂，有的拍桌子，有的踢凳子，甚至有游客朝张理勋等调解人员身上吐口水，还有的拽衣服，揪头发。

打不还手，骂不还口。三亚旅调委的工作人员坚持站着与游客对话，耐心解释，倾听每一位游客的意见。

这一站，就是8个多小时。

口干舌燥，嗓子哑了，他们依然面带微笑，和风细雨地与游客沟通。

真诚感动了游客。

直到半夜12点，最后一份调解协议签订，4家涉事旅行社，赔偿游客80多万元。

三亚旅调委在时间和环境极为特殊的环境下，与相关部门通力协作，成功调解了 826 名滞留游客的补偿问题。

2017 年 6 月 7 日，浙江游客郑女士在天涯海角景区游玩海上观光项目时，因船只颠簸造成腰椎压缩性骨折，事发后景区立即派人陪同客人前往医院就诊，当时已支付 5000 元医药费，第二天再次支付一万元。

医院诊断结果为郑女士腰椎压缩性骨折、腰椎退行性骨性关节炎，但腰椎退行性骨性关节炎与客人游玩途中因船只颠簸受伤无关。

6 月 8 日，郑女士告知景区自己到 425 医院做手术，已花费 8 万多元医疗费，与景区协调赔偿事宜未果，故申请人民调解。

这样的调解，首先需要调解员掌握一定的医疗知识，界定哪些属于景区造成的，哪些属于自身原因。

同时，调解员还要熟悉游客所在地护理费、误工费、营养费等基本标准，以便合理计算受伤给游客带来的经济损失。

调解必须有理有据，双方才能心悦诚服。

最终，经三亚旅调委专业化调解，景区补偿给郑女士误工费、营养费以及后续手术费，共计 3.5 万元。

"虽然在三亚出了点意外，但三亚市旅调委的同志处理问题的细心认真劲，让我很宽慰。"郑女士说。

五

打铁必须自身硬。

2014 年以来，按照三亚市司法局《加强人民调解委员会规范化建设实施方案》要求，三亚市旅调委全面开展了规范化建设，从组织、人员、场所、制度落实、标识、徽章、程序、文书等方面，实现"五落实、六统一"。调解员着工作制服、佩戴徽章、持证上岗。

在三亚，人民调解与行政调解、信访工作衔接互动机制将更加规范，人民调解组织与行政调解、司法调解内部资源整合机制将更加严谨周密。

旅游调解，其实并非易事。

由于部分纠纷关涉的证据存在即时性、事后难以取证等特点，且因行程时间紧迫，游客经验不足等原因，大量游客投诉案件，比如服务态度恶劣、强制购物等问题，投诉人如果无法提供有效证据，事后难以取证。基于基本信息的不完善，无法核实事实情况，因此难以进行有效调解。

在现实工作中，部分企业及个人不接受、不配合调解工作，如游客通过不正规旅游网站、街边小传单等渠道报名，参加旅游活动，期间发生旅游纠纷，因难以提供涉事企业或人员的有效信息，仅凭游客提供的电话号码与该涉事企业及个人联系沟通，难于有效开展调解工作。

千难万难，难不倒一颗颗为游客排忧解难的赤诚之心。

三亚旅调委成立以来，共参与调处涉旅纠纷案件364件。2016年后，融入"四位一体"旅游市场长效处置机制，在调解案件成功率由2015年92.53％上升到2016年96.72％。

习近平总书记曾要求："逐步建立健全信访和督查工作责任制，完善矛盾纠纷排查调处机制，充分发挥人民调解、行政调解和司法调解的综合作用，做到依法、及时、妥善处理各类人民内部矛盾。"

习近平总书记的教诲，为三亚旅调委的工作指明了方向。

2017年，三亚旅调委共调处55起旅游纠纷，成功调解53起，调处成功率96.36％，涉及人员249人，为游客争取到的理赔金额约48.6万元。

美丽三亚文明旅游的和谐底色里，也浸润着三亚旅调委的汗水和智慧。

第四节 乱象重典

2017 年 9 月 29 日，三亚小眼镜海鲜鱼港老板田某生正在清点钞票，做着发财的美梦。突然，多名旅游警察从天而降，将其和销售海鲜的刘某及其他三名人员控制，并带回支队调查。

经查，小眼镜海鲜鱼港利用调整电子秤公斤和市斤换算率，增加海鲜重量以达到欺诈消费者、赚取高额利润的目的。

该店还按消费金额三成的比例给出租车司机回扣，引诱出租车司机拉客。

"小眼镜"暗藏大问题。

三亚旅游警察支队根据中华人民共和国治安管理处罚法相关规定，分别对田某生、刘某处以行政拘留十五日，并处 1000 元罚款，收缴作案工具电子计价秤一台，追缴违法所得财物 523 元。

由于该饭店涉嫌商业贿赂，三亚市工商局对该饭店吊销营业执照，并处 20 万元罚款，"小眼镜"被执行一次性死亡。

一

"我的肺要气炸了！刚从三亚飞回来，成箱买回来的水果打开一看是这个，要知道我买的是芒果和释迦呀，居！然！全！是！木！瓜！"

2014 年 12 月 14 日 19 时 37 分，歌手王芳在自己的微博"歌手王芳"上发布博文，最后一句是一字加一个惊叹号，义愤之情溢于言表。

歌手王芳，当时是沈阳音乐学院青年声乐教师，她 2012 年参加江西卫视选秀节目"中国红歌会"后逐渐被大众所了解，最终取

得 2012 中国红歌会全国亚军的好成绩，并参加中央电视台举办的
"我要上春晚"特别节目——直通春晚。2014 年，王芳踏上中央电
视台春节联欢晚会舞台，演唱了一首《英雄赞歌》，被观众喜爱。

由于王芳有一定的知名度，她发的微博迅速发酵，有近 100 万
人围观。事态随时有进一步扩大的可能。

2014 年 12 月 14 日深夜，海南省委常委、时任三亚市委书记
张琦获悉王芳的遭遇后，高度重视，第一时间指示市委宣传部、市
政府新闻办、市工商局等部门及时与王芳取得联系，表达三亚维护
消费者合法权益的决心，并要求相关部门密切配合，依法严惩违法
违规经营行为。

"您好，我市对于您反映的三亚买成箱水果，打开后芒果、释
迦变木瓜一事高度重视，我们将组织相关部门展开调查，情况查实
后，我们将依法对违规商户严肃处理，同时按规定赔偿，为了利于
核查，麻烦您将当时的详细情况告知我们，谢谢您提出的监督与批
评。" 15 日上午 8 时 34 分，三亚市政府新闻办与王芳私信沟通。

随后，三亚市工商局工作人员也迅速与王芳取得联系，邀请其
配合调查，查处违规商家。

当天下午 2 时 4 分，看到三亚市的相关留言后，王芳随即发布
微博回应，点赞三亚铁腕治旅的态度。她在微博中写道："今天上
课没上微博，打开一看，感动得要死。我没有找任何相关部门，仅
仅只在微博上调侃了一下，但是真的很让我意外，@三亚市政府新
闻办@新浪海南@梦游海之南以及三亚市工商局找到我，很认真地
让我告诉他们情况。这才是我们要的政府和部门，我很感动，谢谢
你们，好海南！"

下午 6 时 51 分，王芳再次发表微博赞赏三亚的处事态度，她
写道："海南应该是认真的。没有哪个地方傻到愿意让自己成为一
个很糟糕的旅游景点，赞一个。"

6 时 59 分，王芳感动之余，开始回忆与三亚的缘分，称"我几乎每年去一次三亚，这次感觉比较真切。话说，我的歌曲《天边边的小渔村》还是专门为海南三亚创作的呢"。

王芳与三亚相关部门的互动引发网友高度关注，网友"爱 Kitty 的妞儿"认为，"必须点赞，三亚的态度和决心让人感觉很温暖，美好的三亚，需要市民和游客一起构建，整治旅游市场，也应常抓不懈"。

12 月 15 日，就在有关部门与歌手王芳密切联系、了解情况时，三亚市工商局、公安局、交通局等部门执法人员已经前往涉事经营场所进行查处。经调查发现，凤凰镇铭浩特产商行四名股东黄某、李某、胡某、胡某某长期采取以价廉的水果名称冒充价格高的水果，欺骗顾客购买，从中获取高额利润，并存在无照经营及实施商业贿赂行为，当事人擅自使用由海某某登记注册，名称为"三亚凤凰铭浩特产商行"的营业执照在三亚市凤凰镇回辉村口处从事经营活动。

二

经过调查，歌手王芳水果被掉包事件的来龙去脉渐渐清晰，真相开始浮出水面。

2014 年 12 月 13 日 17 时许，三亚公共交通集团有限公司出租车司机吴某拉载受害人王芳，从三亚市国光酒店到凤凰镇铭浩特产商行购买水果，双方约定，王芳购买水果后，再由吴某负责送回酒店。

王芳到该商行后，向违法嫌疑人黄某某询问澳芒的价格情况，出生在东北的王芳对芒果并不了解，只是听了朋友的介绍，才到水果店购买澳芒的。惯于察言观色的黄某某一看就知道，来了个"外行"，发财的好机会到了。于是指着木瓜向王芳推荐说："这个更好"，他故意隐瞒了木瓜的真实名称，让王芳误以为所指的木瓜就是澳芒的其中一个品种，双方谈好一斤澳芒（实际是木瓜）20元人民币，接着黄某某又向王芳推荐"释迦"，并谈好一斤释迦（实际是番石榴）15元人民币。

谈好价格后，王芳购买了20个"澳芒"和20个"释迦"，并支付了1180元。王芳将其中一个水果箱通过快递寄给了南昌的朋友，另外两箱由吴某开出租车送回了国光酒店。

很快，吴某返回铭浩特产商行，轻车熟路、非常默契地拿走了590元现金，回扣比例是王芳消费金额的50%。

当天晚上，"偷梁换柱"得手的黄某某就向该店其他股东李某、胡某某、胡某三人讲述了诈骗情况，四人满心欢喜，按照"老规矩"对诈骗的钱款进行了瓜分。

14日晚上，王芳回到沈阳家中后，发现箱子里面的水果是木瓜和番石榴，根本不是什么澳芒和释迦，才知道被水果店给欺骗了。

想想在光天化日之下，自己眼睁睁地被别人给骗了，王芳气愤至极，在自己的微博"歌手王芳"上发文表达了自己受骗后的愤怒。

歌手王芳水果被掉包事件，引起国内媒体和网民的广泛关注，对三亚的城市形象造成极大损害。

三亚市有关部门在彻底查清事实真相后，迅速作出处理：

三亚市公安局根据《中华人民共和国治安管理处罚法》第四十九条之规定，对黄某某处十五日行政拘留，对李某、胡某、胡某某分别处十日行政拘留。

三亚市交通局依据《海南省出租汽车服务质量信誉考核实施细则》，对驾驶员吴某记20分、列入黑名单，不得在三亚从事道路运输工作；依据《出租汽车企业服务质量信誉考核办法》及《三亚市出租汽车企业经营管理承诺书》给予三亚市公共交通集团有限公司记 10 分，罚款 30000 元；对三亚公共交通集团有限公司总经理周某某进行诚勉谈话，扣除绩效工资 1000 元，并责令其作出书面检查；对分管副总经理张某某给予通报批评，扣除绩效工资 2000 元；责令三亚公共交通集团有限公司对其下属子公司三亚盛捷运输管理有限公司总经理陈某某的失职行为给予严肃处理；责令三亚公共交通集团有限公司向当事人"歌手王芳"及社会公众公开道歉。

三亚市工商局根据《无照经营查处取缔办法》的规定，对当事人无照经营行为予以取缔；根据《中华人民共和国反不正当竞争法》的规定，责令当事人立即停止违法行为，并给予行政罚款 20 万元，上缴国库。

顶格处理，绝不姑息。三亚对欺客宰客"零容忍"的做法得到社会各界的高度评价。当事人王芳也积极回应。

2014 年 12 月 22 日上午，"歌手王芳"发微博称，"三亚这次是下了大力气，这么整治，想不变好都难。"王芳在微博称，"我没有投诉，因为回来以后我很忙有很多事。是在发微博以后，三亚的有关部门主动找到我解决这件事情的，这既是好事，也令人担忧。政府部门主动作为很好，可是又有多少老百姓挨宰了以后不敢说的呢！这次商家因为涉嫌诈骗，政府有关部门处理很高效，他们的诚意我们是看得见的。"

由此，王芳与三亚也结下了不解之缘。

2017 年 1 月 21 日晚，在 2016 最美三亚人颁奖典礼上，歌手王芳应邀来到现场，为三亚市民游客中心颁发"最美三亚人特别奖"，并为"最美三亚人"获得者献唱《祝你平安》送祝福。

晚会现场，王芳在与中央电视台著名主持人敬一丹交谈时说，自从"水果掉包"事件后，现在三亚的旅游市场有了很大的转变，可以放心购物、放心旅行、享受旅游度假的乐趣。如果给三亚的旅游环境打分的话，王芳表示，满分 100 分，她打 99 分的高分，剩下的 1 分是提升的空间和努力的动力，相信三亚能继续为游客打造更加完美的旅游环境，达到 100 分满分。

王芳从满怀怨恨吐槽三亚，变成了热爱三亚、宣传三亚的一员。

三

商家吃了游客 4 两秤，价值 20 元人民币，这样的行为在许多人看来似乎微不足道，但在三亚旅游监管者看来，就像眼中揉进了沙子。

只要涉及游客的利益，就绝无小事可言。

2017 年 1 月 29 日，大年初二，傍晚，游客杨先生给 12301 旅游投诉热线打来电话投诉称，他在三亚市天涯区春园海鲜广场内郑国梅鱼摊购买石斑鱼时，当时该鱼摊称重量为 1.6 斤，共计 80 元人民币，但他拿到春园海鲜广场内公平电子秤核对时，发现实际重量是 1.2 斤，商家少给了 0.4 斤，多收了他 20 元。

正在市民游客中心现场值班的时任三亚市旅游监督局副局长杜自传（现任三亚市旅游监督局局长）马上意识到问题的严重性，这是典型的短斤缺两、坑害顾客的欺诈行为，在春节黄金周期间发生，性质十分恶劣，必须迅速处置。

于是，杜自传第一时间安抚顾客情绪，并及时向有关领导报告。

针对游客投诉，三亚市有关领导高度重视，指示立即成立办案小组，组织旅游警察、市工商、旅游委、物价等部门参与联合调查，并连夜开展调查取证。

调查结果表明，2017 年 1 月 29 日晚，当事人郑某某在向消费者杨先生销售石斑鱼时，故意把称鱼的箩筐重量一并计入石斑鱼的重量，从而达到短斤缺两牟取非法利益的目的。

消费者的投诉情况属实，证据确凿。

办案小组认定，当事人在销售石斑鱼时故意短斤缺两的行为，属于《侵害消费者权益行为处罚办法》第五条第（七）项所指的情形，决定对当事人作出吊销营业执照的行政处罚。

同时，三亚市春园海鲜广场已将郑某某清理出场，解除租赁合同，不再对其出租摊位。

因为区区4两秤，郑某某砸了自己的饭碗，后悔不迭。

春园海鲜广场内其他商户闻听此事，再也没有人敢触碰缺斤少两、欺骗顾客的"高压线"了。

2018年1月31日，有消费者投诉称，其在当事人经营的"三亚发财川妹子饭店"用餐消费时，怀疑该店将鲜活的"瓜螺"调包。

根据消费者投诉提供的信息，三亚市公安局旅游警察支队联合三亚市工商行政管理局等部门，迅速展开调查。

经查，当天，4名消费者到当事人经营的"三亚发财川妹子饭店"用餐，共点了4道海鲜及2道蔬菜，其中瓜螺2个重2.6市斤，每市斤78元，共203元。当消费者点好上述鲜活的海鲜后，当事人将瓜螺等海鲜拿到厨房里，然后用事先准备好的一种叫"美人鲍片"的加工产品替换瓜螺炒给消费者。该"美人鲍片"酷似切片后的瓜螺，当事人以每包10元购进，替换瓜螺用去2.5包，成本只有25元。

好一个"美人计"，"川妹子"偷梁换柱，摇身一变，就可以得到近10倍的暴利，成为"发财川妹子"。

三亚当然不能容忍这样的发财美梦，很快，三亚发财川妹子饭店被依法吊销营业执照。

四

2015 年 10 月，"青岛大虾"事件在全国闹得沸沸扬扬。

10 月 4 日，南京的朱先生和四川的肖先生，在青岛一家名为善德活海鲜烧烤用餐时，各自都点了一份虾，点餐时菜单上标价 38 元，结账时，店老板却按每只虾 38 元的价格收费，经过多方协商后，最后两人分别给了烧烤店老板 2000 元和 800 元的餐费后离开。

"善德活海鲜烧烤"的价目单显示，"海捕大虾 38 元"，旁边没有标明计价方式是按"一个"还是"一份"，但在价目单的最下方，有"以上海鲜单个计价"的说明。

就在朱先生和肖先生跟店老板理论的过程中，店老板还抛出了更狠的话，"他要了两盘蛤蜊、两盘扇贝，再吵吵全论个卖，全算上！"

感觉受到欺骗的游客投诉却遭到"踢皮球"：当地派出所称"我们管不了"，物价局则推托"等明天再处理"。

此事一经媒体曝光，青岛旅游城市形象大打折扣。

就在 10 月 20 日晚 10 时许，一名叫"叫我不舒服哥"的网友发帖称："三亚版青岛大虾，写着 15 块每份，下单后商家说是 15 块每个，知道详情后退款卖家死活不同意退款，还冒充美团外卖客服不同意退款。"同时，该网友还曝光了美团外卖网站上在线支付的页面截图，该商家名称为"港轩茶餐厅"。

10 月 20 日晚 10 时 50 分，三亚工商局舆情监测小组在腾讯微博上发现该网友发帖。三亚市工商局领导对该网帖曝光内容高度重视，连夜召开工作部署会议，立即就有关问题成立调查组。

21 日早上 8 时，工商局联合旅游警察支队一行 7 人到网帖曝光的港轩茶餐厅进行现场调查。

经查，该餐厅由三亚天时餐饮管理有限公司经营管理，委托美团外卖网站在网上销售。当天，刘先生在美团外卖网站购买了该餐厅的"干炒牛肉""海南鸡饭""蒜蓉粉丝蒸扇贝""椰子冻"等外卖食品，其中"蒜蓉粉丝蒸扇贝"在网站订餐页面写着 15 元/份，但之后店家在确认订单时电话告知他该菜品是 15 元/个，感觉上当的刘先生跟店家协商退款，店家不同意，经美团外卖客服协商也没有结果。

调查组查实，该餐厅涉嫌虚假宣传，误导消费，违反了《中华人民共和国消费者权益保护法》第五十六条第一款第六项"对商品或者服务作虚假或者引人误解的宣传的"规定，三亚工商局对三亚天时餐饮管理公司依法作出责令停业整顿的行政处罚。

三亚市工商局、旅游警察支队、旅游质监等部门现场调查，指出其违法行为，该店向发帖网友退款并道歉，同时，依据《三亚市旅游市场违法违规经营行为举报奖励办法》，奖励举报人 1000 元人民币。

爆料网友"叫我不舒服哥"没想到三亚旅游执法部门反应如此神速，处理如此坚决，对处理结果表示十分满意。

一起完全可能因为"青岛大虾"事件而蔓延成"三亚版青岛大虾"事件，在三亚旅游执法部门的果断、准确处置下，迅速得到化解。

三亚市工商局旅游分局局长蔡孝南说，只要你始终站在游客的角度，真心替游客着想，就一定会得到游客的理解和尊重，没有过不去的坎。

五

2015 年 2 月 9 日，12301 旅游服务热线接到举报，三亚椰海渔家美食坊故意将"三湾螺"当成"包子螺"、将"丽文蛤"当成"芒果螺"出售给消费者，且该海鲜店以给出租车司机或导游回扣的方式吸引出租车司机或导游带客人到该海鲜店消费。

消费者的投诉就是命令。

就在当天，三亚市工商局联合三亚质量技术监督局、市旅游委、市物价局、市公安局等部门执法人员，对当事人经营的三亚椰海渔家美食坊进行了突击检查。

检查发现，经营期间，当事人为追求高额利润，牟取非法暴利，采取欺骗的手段，故意将"三湾螺"当成"包子螺"、将"丽文蛤"当成"芒果螺"出售给举报者，获取违法所得563.2元。

为达到优于其他经营者的竞争地位，当事人还通过支付消费额40％回扣的方式，贿赂出租车司机或导游，引诱其带客人到三亚椰海渔家美食坊消费。

经查，2014年12月8日至2015年2月9日期间，当事人通过上述经营方式，取得营业额共计314773元，向出租车司机或导游账外暗中支付回扣款共计120077元，获取违法所得25181元。

检查组认定：当事人在经营过程中涉嫌欺诈消费者及商业贿赂行为。

三亚市工商局依据《关于禁止商业贿赂行为的暂行规定》第二条和第九条规定、《中华人民共和国反不正当竞争法》第二十二条规定、《中华人民共和国消费者权益保护法》第五十六条规定，对三亚椰海渔家美食坊作出行政处罚：没收违法所得25181元，上缴国库；罚款20万元，上缴国库；吊销营业执照。

根据《三亚市旅游市场违法违规经营行为举报奖励办法》第十四条第一款第（二）项规定，给予举报人税前5万元的奖励。

六

2015年3月26日，三亚市发生一起因"黑社"租用"黑车"，利用"黑导"组织旅游活动时，以原海洋公园看海代替游览天涯海角景区引发游客投诉，从而造成 7 辆旅游大巴车 275 名游客大规模滞留原海洋公园的事件，造成极大的社会影响，严重损害三亚旅游形象。

3 月 26 日上午 8 时，接游客投诉后，三亚市公安、交通、旅游及天涯区政府等部门第一时间赶赴现场。

经调查，滞留游客参加的是全国散拼团，游客来自广西、四川、湖南、北京、辽宁等多省市。大多数游客是在当地通过"优惠券""贵宾券"及网络报名的方式参团，自行到达海口集中成团后开始行程。游客报名费用从 780 元到 1380 元不等，与目前海南省当地正常团队接待成本人均相差 200 元到 500 多元。

散拼团的大部分游客未与旅行社签订旅游合同，所有游客均不能提供海南地接社名称。游客的行程中多为类似玉带滩、大东海、亚龙湾海滩等免费景点及一些购物店。

游客发现被带到原海洋公园看海，代替原先承诺的游玩天涯海角景区，因而投诉，相关人员到达现场后，带队黑导及个别司机做贼心虚，已逃离现场。

执法人员发现，现场 7 辆旅游车均无旅游营运资质，属于黑车，交通局暂扣了 7 辆旅游大巴车，公安部门扣留了 5 名逃跑未遂的涉案司机。旅游部门及天涯区政府立即对游客进行安抚，由天涯区人民政府先行垫付每位游客 1200 元，共计 28 万元。

下午 2 时许，三亚交通局调来车辆，旅游委陪同游客返程，部分游客选择参加"阳光巴士"继续旅游行程。

公安部门继续对事件进行深入调查。据查，2012 年以来，王某以"天下之友"旅行社、胡某某以"海岛之恋"旅行社、聂某某以"畅通国旅"旅行社、王某某以"国航"旅行社的名义成立"北海联盟"合作集团，经营旅游业务。

四家旅行社使用排班轮换方式发团，分别将各自接到的游客形成名单后交给当日负责的旅行社接待。

经调查，其经营手段主要为：一是长期以雇用黑车黑导或自任黑导的形式经营旅游业务；二是通过安排自费或购物项目获取利润；三是在未经游客同意的情况下通过转让游客赚取差价获利；四是通过行程中安排免费景点代替收费景点，滥竽充数。

2015 年 3 月 23 日，胡某某等凑够 32 名游客后组成"三天两夜"的旅游团队，于 3 月 24 日在海口集中后，经博鳌、陵水等地游玩，至 3 月 26 日上午到达三亚市天涯区原海洋公园，由于游客投诉被公安机关查处。

2015 年 4 月 16 日 18 时许，黑导王某在三亚市亚龙湾被抓获。

4 月 18、19 日，公安机关陆续将胡某某、聂某某抓获。

4 月 30 日，三亚市交通局依据《中华人民共和国道路运输条例》第六十四条的规定，对 7 辆涉事车辆分别处以罚款十万元的行政处罚。

七

2016 年年 3 月，网友"北京奕萍"在三亚鸿港新贸城花 190 元买了一箱释迦果 13.9 斤，回家后发现纸箱里全是湿卫生纸，释迦果净重才 5.5 斤。

这名网友向媒体反映，同时也投诉给 12301 旅游服务热线。接到投诉后，三亚旅游委连夜组织相关部门对该店进行联合调查，核实后依法取缔该家无照经营的水果店，没收非法所得 8000 元并处 2 万元罚款。

涉事店主准备逃回老家，刚在海口登船就被旅游警察抓捕归案，并被列入信用管理的黑名单，三年内不得从事水果经营。

网友"北京奕萍"在新浪微博发博文表示："三亚的执法机构太给力了！"

2017 年 11 月 17 日，三亚市政府第 18 次常务会议审议通过

《三亚市旅游诚信机制建设实施方案》，构建旅游诚信监管系统，规范旅游市场秩序，提高旅游服务质量，提升游客满意度。

该实施方案明确，将通过旅游信用积分对企业及从业人员守法履约信用状况进行量化。

三亚旅游信用积分评价体系实行五级赋分规则，每个企业、从业人员的初始分为100分，在此基础上根据五级分类进行赋分，其中优秀守信信息＋15分、良好守信信息＋10分、一般失信信息扣5分、较重失信信息扣10分、严重失信信息扣100分。

此外，12345热线、12301热线上的投诉信息和网络上的负面评价信息也被纳入信用积分体系，每一条扣1分。信用积分结果作为旅游管理对象诚信等级评定依据、联合奖惩依据以及行业监管、准入依据。

信用积分最高的10％将被确定为旅游信用"红名单"，信用积分最低的10％将被确定为旅游信用"黑名单"，信用"红黑名单"与旅游监管各部门"红黑名单"互为补充，成为旅游监管联合奖惩对象。

对于被确定为旅游信用"红名单"的人或企业，三亚相关部门将在各类旅游资金奖励、补助等方面予以重点支持，在办理行政许可过程中，对诚信典型和连续三年无不良信用记录的行政相对人，可根据实际情况实施，实施"绿色通道"等便利服务措施。

对于失信企业，将在一定期限内限制经营旅游相关业务，对重大过失的相关责任人，在一定期限内实施行业禁入。

对吊销旅游服务许可的机构，将依法责令限期办理变更经营范围或者办理注销登记。禁止其作为供应商参加与旅游相关人政府采购活动。

2018年1月30日下午，三亚市发改委组织召开2018年春节期间旅游饭店价格行为提醒告诫会，向全市287家旅游饭店发出提醒告诫书，希望各旅游饭店依法经营、明码标价、诚信经营。旅游饭店经营者不执行政府指导价的，最高可处 200 万元以下罚款。

八

严管重罚，铁腕治旅，是我国旅游市场治理的一个基本原则。

近年来，我国对旅游市场监管力度不断加大，措施不断完善。

2016 年 2 月，国务院办公厅印发《关于加强旅游市场综合监管的通知》，从建立责任清单、完善法规体系、健全监管标准、市场监管抽查、诚信体系建设、监管改革试点、加强执法与司法相衔接七方面，部署改革创新监管机制和加强旅游市场综合监管工作。

国家旅游局相关负责人表示，《通知》充分体现了党中央、国务院对旅游市场秩序的高度重视，为做好旅游市场秩序治理工作指明了方向，为地方政府落实主体责任、各级部门履行职责提出了明确要求，为各地加强旅游质监执法机构建设作出了具体规定、提供了改革依据。

在此背景下，2017 年，国家旅游局联合公安、工商等部门持续开展了全国旅游市场秩序综合整治"春季行动""暑期整顿"和"秋冬会战"，掀起了一场"延续时间最长、动员力量最广、监督力度最大、处罚企业最多、各方反响最好"的旅游市场整治风暴。

一年来，专项整治行动坚持"重遏制、强高压、长震慑"的总方针，紧盯"不合理低价"等行业顽疾，以查办案件为突破，采取了史上最严的市场整治措施，一大批旅行社被处罚。截至 2018 年 1 月 20 日，全国共检查旅游企业 61755 家，立案 2911 件，罚款及没收违法所得 3563.46 万元，吊销营业许可证 52 家，罚没金额超过了过去三年处罚的总和。

为了把整治工作落到实处，2017 年国家旅游局从全国抽调了 500 余人次，组成 147 个督查组，对各地开展了 9 轮专项督查，实现对全国 31 个省（区、市）市场整治专项督查的"全覆盖"。

　　2018 年，国家旅游局在全面总结 2017 年旅游市场秩序整治工作的基础上，根据新时代新要求，实施"鹰眼计划"，锁定全国旅游市场秩序存在的突出问题，组织开展更为精准的市场整治"利剑行动"，努力实现精准监管。同时，还将推动旅游市场秩序整治从"治标"向"治本"转变，为发展优质旅游保驾护航，彰显旅游业的民生价值，不断提升广大游客的获得感和幸福感。

　　2018 年 1 月 31 日，时任国务院副总理汪洋主持召开国务院旅游工作部际联席会议第五次全体会议，汪洋指出，要全面贯彻党的十九大精神，以习近平新时代中国特色社会主义思想为指导，紧扣我国社会主要矛盾变化，大力推动旅游业提质增效和转型升级，实现高质量发展，打造国民经济战略性支柱产业和综合性幸福产业。

　　"要整顿旅游市场秩序，更好彰显旅游业的民生价值。"汪洋强调。

第五节　暗　访

2016 年 4 月 30 日下午，三亚市旅游警察神兵天降，亚龙湾一处黑潜水点 4 名违法人员还没有缓过神来，就被戴上了手铐。一艘"三无"快艇、6 套潜水设备、9 个潜水氧气瓶等被当场查扣。

原来，三亚旅游警察支队此前接到举报，亚龙湾海域的国家级珊瑚礁自然保护区存在非法潜水现象。为防止打草惊蛇，旅游警察进行了多次暗访，并秘密取证。

经查，上述潜水点在未取得海域使用权的情况下，私自经营海上潜水项目，非法招揽游客进行潜水，存在较大的安全隐患，且该潜水点以低廉的价格招揽游客，扰乱了三亚市的潜水市场秩序。

通过暗访掌握该潜水点的活动规律后，三亚旅游警察支队决定收网，在该黑潜水点相关人员招揽游客潜水的过程中，当场抓获违法人员孙某某、黄某某等 4 人，一举成功端掉了该黑潜水点。

一

三亚旅游市场治理持续的高压态势，使不良商家"施展拳脚"的空间越来越小，为避免严管重罚带来巨大的经济损失，甚至法律制裁，不良商家的违法违规行为更加谨慎、更加隐蔽，手段也不断翻新，与执法人员玩起了"猫捉老鼠"的游戏。

长期以来，旅游市场治理都是发生问题后，执法部门接到游客投诉，或已经产生恶劣社会影响，执法部门才出动处理，常常是"头痛医头，脚痛医脚"，往往顾此失彼，十分被动。

要想彻底改变"敌"在明处、我在暗处的尴尬境地，就必须改"被动受理"为"主动出击"。

三亚市旅游执法部门不断加大暗访力度，坚持明察与暗访双管齐下，使旅游乱象的"狐狸尾巴"无处遁形。

2015年5月，三亚市全面启动了旅游市场暗访工作，组建了105个职能部门交叉暗访组及10个客源地暗访组，查找旅游市场存在的隐患，及时查处，精准打击，防患于未然。

暗访组以各成员单位跨职责、跨区域联合暗访的方式，对全市旅游突出问题易发多发的旅游购物店、演艺场所、海鲜排档、水果摊点、潜水点、一日游、涉海旅游等领域进行暗访。

2016年1月10日，三亚市政府正式出台《三亚市旅游市场暗访工作机制》，成立由市委副书记、市政府常务副市长任组长的三亚市旅游市场暗访工作领导小组，小组成员包括吉阳区、天涯区、海棠区、崖州区、市委宣传部、公安局、交通运输局、海洋渔业局、文化广电出版体育局、食品药品监管局、安全生产监管局、综合行政执法局、住房城乡建设局、物价局、工商行政管理局、国家税务局、地方税务局、三亚质量技术监督局等各相关单位负责人。

也就是说，除专职的旅游警察、工商、交通等执法部门外，三亚每天还有遍布全市的数百双警惕的眼睛在暗中注视着旅游市场的风吹草动。

这些敏锐的"末梢神经"会随时把他们捕捉到的信息传递到"中枢系统"。

暗访小组成员、三亚市委宣传部副部长刘兰说，现在出门购物也好，到海边散步也好，总感觉有责任要多看看、多问问，还要多和外地游客聊一聊，发现旅游方面的问题，就会第一时间反映给旅游管理部门。

针对影响旅游市场秩序、群众反映强烈的突出问题，三亚采取"定点暗访为主，交叉暗访为辅"的工作方式。四个区暗访工作组由各区人民政府组织相关工作人员开展暗访活动，每周至少2次暗访，区与区之间每月进行至少 2 次交叉暗访。

三亚地域并不大，交叉暗访可以有效避免"熟人难"问题，提高暗访效果。

《三亚市旅游市场暗访工作机制》对暗访人员选择也作出安排，根据实际需要，可安排旅游、公安、工商行政管理、交通运输、物价、质量技术监督等部门工作人员、媒体记者、游客代表等，还可以邀请人大代表、政协委员参与暗访工作，积极发动和利用全社会的监督力量。

暗访小组成员、《三亚日报》记者赵庆山已经俨然成为暗访战线的"老战士"了，他可以非常娴熟而自然地使用偷拍机，对方往往没有丝毫察觉。有一次，他为了掌握印刷非法小广告的证据，冒着危险，一路跟踪到违法人员的窝点，拍摄到对方违法铁证，最终协助旅游警察铲除了这个黑窝点。

三亚市旅游市场质量监督局局长杜自传说，制定出台《三亚市旅游市场暗访工作机制》，就是为了建立和完善全社会共同参与的旅游服务质量监督机制，健全长效化旅游市场监管机制，让暗访有章可循。

《三亚市旅游市场暗访工作机制》规定的暗访内容主要涉及九个方面：

旅行社及其导游是否存在以不合理低价组织旅游活动、诱骗旅游者、通过安排购物或另行付费项目获取回扣等行为；是否存在虚假宣传、价格欺诈及向不合格供应商订购产品和服务等行为；

旅游景区（点）的设施是否完善，服务质量是否符合标准，是否存在价格欺诈、乱收费、账外暗中收受回扣等行为；

景区内住宿、餐饮、购物、游览、娱乐、旅游交通以及烧香、礼佛等项目是否存在违法违规问题；

酒店、宾馆的设施是否完善，服务质量是否符合标准，是否存在价格欺诈、乱收费、虚假宣传星级、超范围经营旅行社业务等行为；

旅游购物店是否存在强买强卖、尾随兜售、制售假冒伪劣商品等违法违规行为；

潜水点是否存在擅自减少约定的潜水时间、强迫游客水下摄影、雇用无资质潜水教练等行为；

扰乱旅游市场正常经营秩序的"黑社""黑车""黑导游""黑景点""黑潜水点""黑购物店"的活动情况；

重大节假日及重要活动期间的旅游市场秩序和服务质量；

游客和群众反映较为强烈的、影响旅游市场秩序较为突出的、取证困难而社会影响较大的其他问题。

由此可见，暗访内容几乎涵盖了三亚旅游市场各个重要方面，已经成为三亚遏制旅游乱象的"利器"。

二

2016年6月27日，网民"刀客1234"在天涯社区上发帖称，第一市场海鲜拉客妹"拉客"消费的行为严重影响到三亚市交通秩序及整体城市形象，并且根据个人经历总结了6种拉客方法和6种宰客方式。

此帖在网上备受热议，许多有着相同经历的人在网上吐槽，引发大量网友围观。

6月28日，三亚市整治办在市民游客中心主持召开工作部署会议，根据市领导的有关指示，市旅游质监、旅游警察支队、工商、物价等部门立即组织人员，针对海鲜排档是否存在收取商业贿赂、欺客宰客等问题开展了专项暗访。

第一市场是三亚历史最久，较有影响的大型海鲜销售、加工市场，受利益驱使，第一市场周边长期游动着一群"拉客妹"，只要有游客到来，她们往往一拥而上，生拉硬拽，让游客到她指定的摊位购买海鲜，或到她介绍的店家加工。

由于"拉客妹"行踪不定，她们与不良商家的交易秘而不宣，加之市场环境嘈杂，获取相关违法违规证据相当艰难。

暗访，其实是一场无声的较量，需要耐心，更需要智慧。

这次专项暗访持续一个星期之久。目标逐渐锁定。

7月6日，根据暗访掌握的大量线索，相关部门对三亚市第一农贸市场周边经营海鲜售卖、加工的商家进行突击执法检查，在第一市场周边多名"拉客妹"带食客前往阿妹家、小海鱼、来客记三家海鲜加工店，执法人员现场查获多份记录回扣账单票据等。

据阿妹家海鲜加工店老板现场供述，其通过发放回扣的方式让"拉客妹"招揽客源，并给予"拉客妹"40%～50%的回扣。

经现场检查，发现该三家海鲜加工店除涉嫌商业贿赂外，卫生状况脏、乱、差，违反了《食品安全法》多款规定。

同时，该三家海鲜加工店还不同程度地存在涉嫌虚假宣传、价格欺诈等违法行为。

三亚市食药监局当场对三家海鲜加工店下达责令整改通知书，停业整顿。

经三亚市工商局查实，阿妹家、小海鱼、来客记三家海鲜加工店在经营加工海鲜过程中，采用以财物进行贿赂进行销售的行为违反了《中华人民共和国反不正当竞争法》第八条第一款的规定，属于商业贿赂行为，决定对阿妹家、小海鱼、来客记三家海鲜加工店分别作出处以10万元罚款的行政处罚，没收违法所得，上缴国库。

三

2017年6月3日晚，网友"六张椅子"向媒体爆料，三亚海捞坊海鲜主题餐厅涉嫌通过给出租车司机回扣等方式招揽客人，四道海鲜就花费 1326 元。

四道海鲜花费一千多元，其实不足为怪，这在物价相对偏高的旅游城市也算正常。

但细心的旅游监管部门发现，与海捞坊餐厅生意红火的表象不相符的是，在某知名点评软件上，海捞坊差评率却高达 96%，众多网友点评直呼被坑。

还让人觉得奇怪的是，网友在给海捞坊差评的同时，许多人都提到，是因为被出租车司机热情介绍才去的。

经了解，6 月 2 日，微博名为"六张椅子"的网友张先生来到三亚旅游。6 月 3 日晚，他和妻儿准备外出吃一顿海鲜。随手通过打车软件预约到一辆出租车后，张先生就与司机闲聊了起来。

当司机得知张先生的意图后，就表示某海鲜广场价格高、环境乱，不推荐去。

张先生第一次到三亚，听见司机这番话便继续追问："那什么地方、哪家店的海鲜值得去呢？""我们常去友谊路的海捞坊。"司机的回答似乎顺理成章，水到渠成。

敏锐的执法者觉得其中必有猫腻。

6 月 4 日晚，三亚市旅游整顿治理办公室组织旅游警察、媒体记者等对海捞坊进行暗访。

暗访组发现，短短的 25 分钟内，就有 8 辆出租车拉着游客前来用餐。

随行暗访的南海网记者假冒游客，也挑选了一只澳洲龙虾，一条老虎斑鱼，一份基围虾，一份芒果螺等海鲜品种。

在称重时，一名男性服务员一边大声说着"先去皮、再甩干水"的话语，一边配以娴熟的动作，迅速把海鲜放在电子秤上，喊出重量后又立即拿走。

一切都显得自然而正常。

但早有戒备的记者发现，依据公斤与市斤的转换，电子秤上的"单价"显示屏数字应该为"2"，然而在称量记者所购买的海鲜时，这一格显示屏始终显示"2.8"。

也就是说，在称量记者的海鲜时，海捞坊的服务员在公斤与市斤的转化过程中，故意将电子秤"2"按成了"2.8"，配以快速动作和用手遮挡的障眼法，致使每市斤海鲜的重量比实际多出4两。

据此结算，南海网记者所购买的四道海鲜共花费1646元，因缺斤少两大约多花费了440元。

加之本来就不菲的利润，仅这一单普通的生意，海捞坊就要赚取上千元。

无良商家大赚黑心钱。

6月5日晚，由三亚市旅游警察牵头，三亚市工商、交通、旅游、质监、发改、海洋与渔业等多个部门联合执法，对三亚海捞坊餐厅进行突击检查。

当身着警服的旅游警察突然出现在眼前，当数十位执法人员突然进入店堂，整个海捞坊顿时乱成一团。

慌乱之中，有人将一部白色手机和多张人工绘制的表格单据丢弃在餐厅的角落。

执法人员打开手机发现，该手机微信中有多条转账记录：5月27日转给"53844"270元，转给"55508"500元。

这些数字背后掩藏的秘密很快就被破译，经过执法人员调查，这些数字就是车牌号和回扣数额。

原来，当司机把乘客拉到海捞坊餐厅后，便会有人记下车牌号，若此批乘客确实在该餐厅进行消费，就会有人将消费总额的40%通过微信转账的方式转给司机。

三亚市工商局旅游市场监管分局局长蔡孝南介绍，后经核查证实，在2017年2月14日至2017年6月4日期间，三亚海捞坊海鲜主题餐厅共给付拉客司机回扣 909 笔，其中给付出租车司机 868 笔，三轮车司机 14 笔，私家车司机 27 笔，共计 331482 元。

执法人员穿过外表艳丽、颇具南国特色的店堂，进入后厨操作间，只见地上污水横流，室内凌乱不堪，一张案板上杂乱地放着一条死鱼、两只死螃蟹和半条鳗鱼。

面对突然而至的检查，个别服务员神色慌张，急匆匆地往附近一间民房内搬运物品。

面对询问，在场服务员全部矢口否认，并表示无法开门、屋内什么都没有。

在此期间一名服务员还偷偷将钥匙丢掉。这间看似普通的民房到底隐藏着什么不可告人的秘密？

有着火眼金睛的三亚旅游警察敏锐察觉到了服务员的异常举动，很快在一个公共垃圾箱旁找到被丢弃的钥匙。

打开房门，屋内情景令人触目惊心。

只见这间房屋最里侧放有一台大冰箱，其中有数十筐被冷冻起来的死鱼、死虾、死蟹等物品，有部分虾蟹已被加工成碎块。它们有的用白色袋子包装密封，有的干脆用黑色塑料袋装着，还有的甚至直接裸露在外。

一个以鲜活海产品招揽顾客的海鲜主题餐厅，为何囤积如此大量的死鱼、死虾？

经过执法人员调查，三亚海捞坊餐厅以低价购进死海鲜产品，采取用死海鲜产品调包同类活海鲜产品的经营方式经营，属于欺诈消费者行为。

鉴于三亚海捞坊餐厅存在通过支付拉客司机回扣、缺斤少两、用死海鲜调包同类活海鲜等方式欺客宰客，三亚市工商局对该餐厅作出重罚：

没收违法所得人民币 66538.4 元，上缴国库；

罚款人民币 20 万元，上缴国库；

停业整顿 5 个月。

四

2017 年 9 月 3 日，三亚市公安局旅游警察支队接到杨先生报警：他通过社交软件认识一名自称医院护士的女孩"娜娜"，通过网上短暂交流，"娜娜"表现出有意与杨先生交往，并主动提出见面。

杨先生满怀期待，赴"美女"之约，等待一场"桃花运"的降临。

9 月 1 日下午，杨先生和"娜娜"相约在三亚某医院，见面后"娜娜"提出到对面的"海鲜大咖餐厅"吃饭，杨先生欣然应允。

落座之后，"娜娜"似乎轻车熟路地点了海鲜等菜品和酒水，杨先生看到所点海鲜并没有多少，并没在意。两人把杯问盏，相谈甚欢，大有相见恨晚之意。

美好的时光总是短暂的。很快，结账的时候就到了：1100 元。

区区几个小菜，竟然要一千多块，这大大超出了杨先生的预期，他当场提出质疑，认为菜价高得离谱。

不料突然从店内冲出 3 名男子，指着杨先生一顿大骂，又是质问，又是威胁，称其"捣乱"、吃"霸王餐"。

"娜娜"站在一旁，一言不发，一脸无辜的样子。

面对店家威逼，万般无奈之下，杨先生把身上仅有的 300 元现金交出来后，说尽好话，才得以脱身。

本想撞上"桃花运"，却没想到掉进"桃色陷阱"，不仅"女朋友"没交成，还落得人财两空……杨先生越想越憋气，觉得自己被骗了，便选择了报警。

三亚旅游警察支队选派得力警员，迅速开展了暗访。

"海鲜大咖餐厅"里的那些红男绿女做梦也没有想到，自己的一举一动，已经进入了旅游警察的视线。

三亚旅游警察通过蹲点守候，暗访调查，发现此案属于有组织的团伙作案，且人员相对固定，分工明确。

在了解了违法人员的作案特点和活动规律后，9月4日，警方采取突袭行动，将违法行为人韩某某、郭某某等4男3女当场抓获，现场缴获收费单据、低档红酒与勾兑红酒用的饮料等一批涉案物品。

经查，韩某某等人为了牟取暴利，以"海鲜大咖餐厅"的名义租下铺面，并通过网上招聘方式将郭某、杨某、张某聘为"酒托女"，再让"酒托女"假冒不同职业，在网上与陌生人聊天，以交女朋友为幌子，招揽客人到店用餐，按客人消费总额的30％分成。

3名男子李某、于某、王某负责看场，如果客人不愿付账，就会通过威胁、恐吓等手段迫使客人就范。

经讯问，韩某某等人如实供述了利用"酒托女"来招揽客人诈骗他人钱财的违法事实。根据《中华人民共和国治安管理处罚法》，警方依法对上述7人分别处行政拘留15日处罚。

五

如今，暗访，已经成为三亚旅游治理工作的重要手段，转为常态化。

三亚多个涉旅部门或独立或联合开展旅游市场暗访，成效显著。

2016年2月4日，三亚市工商局成立4个暗访组和由工商、旅游警察、质监、旅游委组成的联合检查组，同时对位于迎宾路的南强海鲜加工市场进行明查和暗访，明查暗访中当场查获该市场内19号和20号摊位商户在销售海鲜中，存在严重的短斤少两行为，而且涉及无照经营。

针对该情况，三亚市工商局对 19 号、20 号两个摊位商户分别予以取缔，立即清理出南强海鲜加工市场。同时，因南强海鲜加工市场负有管理失职的责任，三亚市工商局依据相关法律法规，按最高额度作出罚款 2 万元的行政处罚决定，并责令其立即整改。

仅 2016 年，三亚市就派出职能部门交叉暗访组约 4200 余组次，客源地暗访组 110 余组次。

2017 年春节前夕，三亚制定了《开展迎接 2017 年春节黄金周旅游市场职能部门交叉暗访工作方案》，从 1 月 20 日至 2 月 2 日，市整治办各成员单位针对全市范围内的旅行社、旅游景区（点）、演艺场所、酒店、宾馆、旅游购物店、水果摊点、海鲜排档、潜水点、出租车、公交车、"黑社""黑车""黑导""黑景点""黑潜水点""黑购物店"等进行交叉暗访。发现存在问题和违法违规行为的企业，以"零容忍"的态度依法给予从重从严处罚，确保旅游市场良性运转。

2017 年国庆黄金周，三亚市各涉旅职能部门开展人员交叉互换暗访行动，工作人员在暗访中发现，海棠区有 2 家海鲜店没有完全进行明码标价、一物一价，有些海鲜标价牌上的价格模糊不清。吉阳区共责令大东海 6 家海鲜大排档、8 家海鲜店标价不清晰当场整改。

2017 年，三亚市工商局共组织暗访 126 次，暗访人员 298 人次，出动车辆 92 车次；暗访海鲜排档 160 家次，暗访水果店 134 家次；景区景点 19 个次，购物点 22 家次，农贸市场 61 家次；参团暗访 4 家旅行社的 4 条一日游旅游线路。

三亚市工商局局长王晓介绍，该局通过暗访，极大地提高了工作成效。在暗访过程中，三亚市工商局发现部分旅行社与游客未签订一日游格式合同，已移交市旅游委立案调查；营业执照悬挂不规范问题 22 家，均当场责令改正；宣传用语不规范问题 14 宗，均已责令整改；暗访发现商业贿赂案一宗，罚款 20 万元。

2018 年 1 月 1 日，三亚市交通运输局决定组织开展对公交车、出租车为期三个月的暗访活动，重点暗访出租车拒载、议价、不打表、绕道、甩客五大类违规行为，公交车诱导乘客消费、不按规定线路经营、不按规定站点停靠、不按规定收费、服务态度恶劣、超载六大类违规行为。

本次暗访，不仅组织以交通运输局内部科室为单位开展暗访活动，还聘请了 40 名志愿者和媒体开展暗访活动。同时，还要求各出租车企业成立暗访组开展暗访活动，形成一张密布全市交通行业的暗访大网，以便及时发现和着力解决行业存在的突出问题，有效遏制公交车、出租车驾驶员违法违规行为，增强驾驶员的紧迫感，促进企业加强监管能力和自律能力，提升行业服务质量水平。

"暗访得到的信息往往最真实，针对发现的问题，可以精准解决。对旅游乱象，可以有效打击。"三亚市交通运输局局长吴海峰深有体会。

2017 年，三亚累计派出 94 组 208 名暗访人员，暗访 1352 次，根据暗访线索立案调查涉旅案件 302 宗，有力地打击了旅游乱象，震慑了旅游业违法违规人员。

2016 年 3 月 22 日，李克强总理在视察三亚市民游客中心时，对 "12301" 旅游热线开设的暗访专席给予了高度肯定，并提出了"两随机，一公开"要求，即暗访人员与被查对象随机，暗访结果公开，真正做到公开透明化，让被查对象有申辩的机会，实现监督公正，市场公平。

第四章　渔家小妹到国际名模的华丽转身

从养在深闺，到惊艳世界，三亚迈出的每一步，都值得铭记。

携手世界小姐，三亚敞开胸怀，拥抱世界，绽放出的东方神韵和中国自信举世瞩目。

海天盛筵，洗去风尘，校正航向，抒写三亚高端会展经济的新传奇。

亚特兰蒂斯，异军突起，雄踞"国家海岸"，缔造三亚酒店业新地标。

不断拓展国际航线，创新推出国际化高端旅游产品，深耕旅游文化，加大国际化营销力度，"走出去"与"请进来"有机结合。

三亚国际化，步履铿锵，高歌猛进。

第一节　与世界小姐的七次亲密接触

2017 年 11 月 18 日。

三亚，举世瞩目。

作为"海丝盛典·2017 三亚国际时尚周"的压轴大戏，第 67 届世界小姐总决赛在三亚市体育中心隆重举行，决赛由 2013 世界小姐冠军梅根杨和凤凰卫视著名主持人周瑛琦两位佳丽主持。

7 时 30 分许，世界小姐们的开场舞《I am a Woman》拉开了总决赛的序幕，118 位"世界小姐"候选人在"中国小姐"关思宇的带领下翩翩起舞，各国佳丽按亚洲、大洋洲、非洲、美洲及加勒比地区和欧洲的顺序依次登场，争奇斗艳。

佳丽们举手投足、一颦一笑间让人倍感赏心悦目，同时也让观众领略到了不同国家、不同民族的独特魅力。

这是三亚与世界小姐的第七次亲密接触。

一

对一座城市来说，从 1984 年 5 月设立县级市，满打满算，三亚才走过 34 个春秋。

在古代，因三亚远离帝京，孤悬海外，交通闭塞，人迹罕至，人烟稀少，荒芜凄凉，一直被称作是边陲蛮荒的"天涯海角"。

新中国成立之后，历史翻开了崭新的一页。1987 年三亚升格为地级市以后，逐渐走到海南政治、经济舞台的中央，逐渐进入更多人的视野。

随着时代的发展，三亚人忽然发现，曾经的蛮荒之地，竟然处在北纬 18 度的黄金纬度。巧合的是，美国夏威夷、墨西哥坎昆等世界一流的旅游胜地，都在这条纬度上。

年轻的三亚，在改革开放的阳光雨露下，开始茁壮成长，信心满满地向前冲。

不过三亚人也知道，自己在城市交通、基础设施、人口规模、管理水平等诸多方面依然存在很大差距，要想在中国旅游市场拥有一席之地，仍需努力。

而最让三亚郁闷的是，身位祖国最南端的一个小城市，偏居一隅，知名度远远不够，"养在深闺人未识"。

如何吸引国人关注的目光？如何让更多人通过认识三亚，然后了解三亚，最后爱上三亚？

三亚官方经过深思熟虑，提出了"注意力经济"的全新概念，目的就是打出三亚名声，激活旅游业，带动城市快速发展。

1997 年，在当时政策尚不明朗的情况下，三亚首次大胆尝试举办了"三亚旅游形象代表大赛"，迈出了"时尚文化"第一步。

首次尝试举办"三亚旅游形象代表大赛"，三亚"摸着石头过河"，小心翼翼，把参赛范围限定在三亚市旅游企业的从业人员。

没想到，社会反响出人意料地好，三亚一下子成为人们关注的焦点。

第二年的"三亚旅游形象代表大赛"显然就迈大了步子，三亚把参赛范围扩大到了与旅游业的相关行业内，并且从北京邀请了中央电视台的主持人，还有演艺界的影视明星大腕。这次大赛造就了更大的影响和声势，结束后马上就有企业要找获选冠军来做代言人拍广告。

"如诗如画，美丽三亚。"这是 2000 年三亚在央视播放几秒种的城市广告。这是国家电视台首次播放城市广告，三亚向央视支付了 30 万元广告费，总共播放了 100 次。

三亚吸引了越来越多的眼球。这之后，三亚"注意力经济"屡放大招，如迎接新千年第一缕阳光央视直播、天涯海角国际婚礼节、南山长寿文化节、世界太极拳大赛等等。

三亚人气不断上升。

二

20世纪初，国内著名的模特公司——新丝路走进了三亚旅游业的视野。

三亚开始尝试走"T型台"的步伐。

2000年和2001年，新丝路中国模特大赛总决赛，在中央电视台的关注与参与下，持续在三亚隆重举办。

"新丝路中国模特大赛"的出色亮相获得了空前成功。

三亚的热带风情与新丝路模特的时尚浪漫共同演绎了一场美景与美人的精彩画卷。

身着比基尼的长腿美女让国人大饱眼福，更是向世人展示了这座新兴热带滨海旅游城市富有的青春活力和健康朝气。

此后，新丝路总决赛与三亚结下了不解之缘，连续数年瞄准三亚。三亚从此成了"走不完的T型台"，也顺势亮出了"将美丽进行到底"的响亮口号。

2004年和2009年，三亚两次与新丝路签署了连续5年承办新丝路中国模特大赛总决赛的总体框架协议，在国内众多滨海城市中彰显模特城市的气质。如今，人们一提到新丝路，自然而然就想到了三亚。

至今，新丝路中国模特大赛总决赛共在三亚举办了14次。从一定意义上说，三亚成就了新丝路，新丝路也扬名了三亚。

然而，尽管新丝路模特大赛在国内有影响，却远远满足不了三亚的美丽诉求，三亚要做世界级的美丽文章。三亚于是将目光放到了国际：能不能把世界选美大赛搬到天涯海角？

选美赛事和旅游业相结合到底有多大意义？是否违反中国人的传统审美理念？一时间成为大家热议的焦点。

其实在选择赛事时，三亚就有了一次思索与权衡，在更偏商业性的环球小姐还是公益慈善的世界小姐之间，三亚选择了后者。

这一大胆的设想，三亚市政府表现出极大的勇气与魄力，显示出一种敢为人先的胆量。

毕竟，在新中国成立的50多年里，祖国大陆从未举办过如此大型的选美赛事。

反对的声音，不绝于耳。

"这是搞色情吧？"

"光天化日的，都不怎么穿衣服，成何体统？"

"还要交给老外几百万美元，划不来。"

在质疑声中，中国江西姑娘李冰以"中国三亚形象小姐"的资格，代表中国出征在南非举行的第51届世界小姐总决赛。最后李冰夺得第四名，并荣获"亚洲美皇后"称号，她也是本届大赛唯一进入十佳并获殊荣的亚洲选手。五星红旗首次在世界小姐大赛的赛场上飘扬。

东方标准的美女传达出来的神韵得到全球的共识，也立即引起了全球媒体和观众对中国、对三亚的广泛关注。

一年后，中国姑娘再次在"世姐"赛场引起轰动。在伦敦举行的第52届世界小姐总决赛中，中国（三亚）小姐吴英娜最终获得了第5名和"亚洲及大洋洲美皇后"的称号。

这两位亚洲美少女，也为之后世界小姐落地三亚增添了浓墨重彩的一笔。

三

"世界小姐"（Miss World）大赛开始于1951年，是目前全球最具规模和最具影响力的年度时尚文化盛典之一，备受舆论和社会各界关注。

"世界小姐"主办机构总部设在英国伦敦。每年总部将大赛主办权授予一个国家或地区。每当大赛举行之日，世界各地的参赛选手、各国政要、社会名流、商界巨子、艺坛明星纷至沓来，盛况空前。它对主办国或地区的旅游、经贸、文化交流等各项产业的发展起到了积极的推动作用。

"世界小姐"比赛以促进世界和平、树立杰出妇女榜样和帮助饥饿残疾儿童为主要宗旨。其活动内容积极健康，主办方在原来竞赛项目的基础上增加了才智比赛，使这一赛事增加了更多的内涵。

"世界小姐"大赛旨在选拔才貌双全、充满爱心、积极向上的健康女性代表，通过她们将和平、友谊和爱心在世界范围内传播并发扬光大。

历届世界小姐大赛的获奖者中，不乏后来积极从事慈善活动和公益活动的爱心使者，她们具有相当的说服力和号召力，为社会作出了积极的贡献。

2001年6月，"世界小姐"组织机构主席莫莉应邀首次访问三亚。

虽然这一次莫莉夫人跟有关政府和负责人商谈之后，没有商议出具体的结果，但保留了继续联络的空间。

2002年，三亚市以时任市长陈孙文的名义，再次向莫莉夫人发出邀请。

短短一个月后，莫莉夫人偕同2001年"世姐"冠军艾格芭妮·达雷戈及导演兼制作人哈里斯先生，第二次访问三亚。

此次访问，莫莉一行对三亚的自然景观、活动场地、接待设施和组织能力进行了广泛深入的考察和了解。

同年9月，莫莉夫人应邀出席在三亚举办的新丝路中国模特大赛总决赛晚会。同年年底，三亚也派出一个考察小组前往南非学习交流，考察当年的世界小姐总决赛活动，并与莫莉夫人进一步接触和洽谈。

三亚要承办大型国际性赛事，当然要得到省政府和国家有关部门批准。

但当时不知道这样的活动到底需要哪个部门审批。那就凭感觉，把有关部门都走到。

三亚市政府把要承办世界小姐总决赛的报告打给海南省政府、国家发改委、全国妇联、文化部，甚至国务院等部门。结果，没有一个部门给同意开展活动的批复，也没有一个部门说不。

关键时刻，时任海南省委书记阮崇武表态说，这样的活动，海南很需要。

于是，海南省政府出了一个纪要，确认可以开展，但没有正式批复。

功夫不负有心人。

莫莉夫人第三次造访三亚，取得了实质性进展。

但三亚还需要向世界小姐机构缴纳一笔高达600万美元的"执照费"，才能取得举办权。这对当时的三亚来说，无疑是一笔巨大的开销。

当年，三亚全市的财政收入才5亿多元人民币，许多单位甚至连工资都发不出去。在这样的经济环境下，花费重金来搞"选美"比赛，是否劳民伤财，摆"花架子"？

时任海南省委常委、三亚市委书记于迅力排众议，决定与世界小姐机构合作。

作为把目标锁定在国际化滨海旅游城市的三亚来说，长期以来，营销手段单一，社会关注度低，街上的老外屈指可数，似乎成了远在天涯海角的"弃儿"。对此，于迅有着切肤之痛。

现状必须改变，借船也要出海。

时任三亚市委常委、常务副市长吴文学全力推动把世界小姐引入三亚，并受命负责与"世姐"机构的对接与谈判。

在三亚紧锣密鼓为"美丽经济"出谋献策、摇旗呐喊的同时，"世姐"组织机构也以实际行动作出积极回应。

毕竟，能敲开拥有13亿之众的中国大门，把世界小姐引入中国，对"世姐"组织机构也充满了巨大的吸引力。

再加上三亚有迷人的热带风光，有醉人的海水沙滩，更有当地官方主张的"美丽经济"的旗号，正合"世姐"组织机构心意。

双方不谋而合。

"执照费"也降至480万美元。

2002年10月26日，三亚山海天大酒店。这是一段值得铭记的历史。

当日，一个具有划时代意义的签字仪式在三亚举行——三亚市政府与世界小姐组织机构正式签署了共同举办2003年世界小姐总决赛的合同，时任三亚市长陈孙文与"世姐"机构主席莫莉夫人分别郑重地在合同上签字。

从此，世界小姐与三亚结下了不解之缘。

在伦敦第52届世界小姐总决赛晚会的最后一刻，主持人突然宣布，2003年53届世界小姐总决赛将在中国三亚举办，同时通过卫星向世界142个国家播放了15秒的三亚宣传片。

消息如平地惊雷，路透社、美联社、法新社、新华社世界四大通讯社迅速发出新闻稿。

消息爆出之后，整个三亚都激动了，也引爆了整个中国。

世界不同肤色的人们开始在地图上寻找海南，寻找三亚。

四

为了筹办第 53 届世界小姐总决赛，三亚"为美变身"计划全面启动。

但不曾想，正当此时，我国出现了一种全新的传染病：非典型肺炎。该病具有极强的传染性，且致死率达到 3％以上。此病 2002 年 11 月在广东发现首个病例，到次年 4 月下旬，除了海南，全国各地都报告发现病例。

"非典"之下的经济不景气、经费筹措难、专业人才缺乏、组织经验不足、在 10 个月内修建一个专业比赛场馆等一系列现实问题，考验着三亚。

开弓没有回头箭。

组委会迅速组建起来，下设对外联络部、活动部、后勤保障部等部门，在全市调动了 200 多人。时任外联部部门负责人唐嗣铣回忆，当时外联部由市旅游局副局长李柏青兼任部长，仅翻译就有 15 人之多，涉及不同语种，每天与世界各地的电话、传真、邮件不断，很快进入了备战状态。

为迎接第 53 届世界小姐总决赛，三亚专门打造了一顶"美丽之冠"。该建筑外形似一顶皇冠，造型新颖独特，总投资 1.22 亿元人民币，馆内能容纳 4000 名观众。

"美丽之冠"建筑面积 13000 平方米，是一座全封闭钢索膜结构单体建筑，呈椭圆形。长轴直径 106 米，短轴直径 92 米，建筑总高度达 37.8 米，当时在中国内地尚属罕见。建设者克服了建造难度大、时间紧、任务重、温度高等一系列困难，最终在第 53 届世界小姐总决赛前，将一座美轮美奂的"美丽之冠"呈现在世界的眼前。

2003 年 7 月，三亚在北京举行旅游推介会。李冰、吴英娜以及第 52 届世界小姐冠军、来自土耳其的阿金小姐闪亮登场，为客人表演了三亚热带风情的沙滩秀，莫莉夫人登台致辞，国家有关部门领导应邀出席。

9 月，三亚与凤凰卫视签约，一份关于《美丽眼睛看中国》的请示报告送到了国务院新闻办。有关领导要求，世界小姐活动不要低俗、媚俗、庸俗。

这则批示给三亚吃了"定心丸"，也定下了世界小姐活动的总基调。

总决赛前夕，为了给世姐造势，海南及"世姐"机构共同策划，带领来自 110 个国家和地区的佳丽们巡游香港、上海、西安和北京以及海口和三亚。

这是当时中国历史上规模最大、范围最广的美女巡游活动。

世界小姐们鲜艳夺目的服装、千娇百媚的容颜，每到一处，均引起一轮轮"美丽时尚冲击波"。

巡游城市是经过精心挑选的，每个城市都蕴含着不同的时代意义。

一位当年全程跟踪巡游过程的资深媒体人说，刚开始时，有些媒体的报道还有点羞羞答答，但很快版面与报道量就放开了。

可以说，这场始于海南、策划绝妙的时尚大餐，通过媒体的传播，引领着那个时期的中国时尚界。

2003 年 12 月 6 日晚，人们期盼已久的第 53 届世界小姐总决赛在三亚"美丽之冠"正式举行。参赛佳丽个个身怀绝技。

格鲁吉亚小姐有着一副美妙歌喉。她以一首动听的爱情歌曲打动全场观众和评委的心，夺得"最佳才艺奖"桂冠。

波多黎各小姐会魔术表演，爱沙尼亚小姐跳的现代舞颇有青春丰采，北马里亚纳小姐的耍火球表演出神入化。

加拿大小姐更是身怀绝技——单独驾驶飞机。

考验选手体态、步伐、微笑和亲和力的"沙滩美人"获奖者爱尔兰小姐出身爱尔兰著名音乐人世家，她从十名候选人中脱颖而出。

刚刚开门营业的三亚喜来登五星级酒店，成了佳丽们的下榻之地。

世界小姐组织机构根据佳丽们的不同语言、文化背景和生活习惯安排合住房间。

在饮食方面，酒店每天要为百位小姐和随行的百多位工作人员提供三千公斤各种各样的水果。

喜来登厨师笑言，"世姐"们食欲极好，比同龄的中国女孩吃得多，零食偏爱巧克力。

爱美的佳丽们每天要更换多套服装。据喜来登酒店统计，小姐们每天更衣一千多套，某日冰岛小姐达到了更换大大小小四十六件衣服的最高记录。

鉴于"世姐"身材高挑和天气情况，在提供日式和服外，酒店另增加六百件浴袍。

除此之外，酒店也提供了丰富多彩的活动，如沙滩排球、海上汽艇、休闲自行车等。随着总决赛日期渐近，"世姐"们加强了锻炼。清早七点，酒店健身房即被"世姐"们挤满，她们最喜爱的运动是在跑步机上跑步。

中国大陆小姐关琦，当时21岁，是刚从北京服装学院毕业的吉林姑娘。作为东道国选手，在西安、上海和北京巡游时，她成为一名名副其实的义务导游。一路上，她向各国选手介绍中国的人文景观，同时获得各地观众的鼓励，感觉很"受宠"。

中国香港小姐杨洛婷是港姐亚军，毕业于英国哥伦比亚大学。除了粤语外，还精通英语，她还是位"武林高手"，太极剑一招一式十分有味，训练有素。

　　马来西亚华裔小姐黄诗娴是个"中国通",从小在华文学校读书的她,普通话说得很好,了解中国许多事物。她的爷爷和外公都是中国人。在家里她和爸妈说的都是中国方言,不同的是跟妈妈说广东话,而跟爸爸说客家话。

　　菲律宾小姐 Maria 在本届"世姐"赛选手中显得十分活泼,颇受媒体推崇。除了菲律宾语外,她还会讲英语、法语、西班牙语、日语和一点汉语。她的爷爷是福建人,她表示特别喜欢吃中国菜,还想找一个中国好男人做男朋友。

　　总决赛当晚,全世界 20 亿观众通过直播观看了比赛,三亚的美景也展现给世界。

　　各路佳丽使出浑身解数,最终"爱尔兰小姐"罗莎娜荣膺桂冠。

　　海外媒体把 2003 年称为"中国第一个选美年",其理由是"中国解除了对选美比赛实施了 54 年的禁令"。

　　而这届"世姐"赛的标志性意义,不仅在于其突破了中国选美的禁区,开启了中国美丽经济的先河,开创了中国选美的新纪元,还在于其通过"美丽眼睛看中国"等一系列富有创意的巡游活动,不经意间成为"非典"之后的国家公关行动,很好地展示了美丽健康的中国形象。

　　赛事大大提升了三亚的知名度,三亚一时成为世人关注的旅游名城,同时三亚市也从其力推的"美丽经济"中获得丰厚回报,"世姐"赛为三亚带来了 30％～40％的旅游拉动率。

　　在第 53 届"世姐"赛举办过程中,三亚市政府所表现出的出色的组织领导能力给"世姐"组织机构留下了很好的印象,莫莉夫人高兴地表示,很乐意选择三亚这样的合作伙伴,世界小姐机构将不遗余力地支持海南和三亚的发展。

　　从 2003 年至今,三亚成功举办了 7 次世界小姐总决赛,三亚

"世界小姐之家"的美誉由此扬名。

三亚举办的每一次世界小姐决赛，都演绎出许许多多美丽的故事。在世界人民的眼中，三亚越来越成熟，也更加楚楚动人。

新加坡《联合早报》这样评论三亚世界小姐总决赛：如此大规模的世界顶级水准的选美盛事在中国举行是一种突破，其中涵盖着诸多令人刮目相看的积极意义。对于正在迅速同国际社会接轨且不断展示自信心的中国而言，这种突破不只是观念的更新，更是一个古老民族与时俱进的跃动。

五

2017 年，第 67 届世界小姐全球总决赛又选择了三亚。

从当年 10 月开始，"世姐"组织机构分别在深圳、杭州、黄山、珠海等多城联动举办了开幕式、"世姐"巡游日、时尚夜、健康跑等一系列活动。

世界小姐赚足了眼球，三亚赢得了热度。

在总决赛来临前十天，世界小姐抵达三亚，这也是佳丽们在三亚的第一次集体亮相。各国美女聚集在一起，在凤凰岛举办了隆重的启动仪式。

美女们乘坐花车，沿着三亚湾"椰梦长廊"巡游，展示美丽风采，并乘坐海上巴士游览三亚东岛和西岛美景。

"Welcome to sanya!"花车巡游活动中，三亚湾路两旁站满了人群，不分职业、年龄和地位，大家都争睹世界小姐的风采，异国风情的表演，让观众直呼过瘾。

初来乍到的各国佳丽用刚刚学会的"你好"，一次又一次地回应热情的市民和游客。

世界小姐还前往三亚南山、蜈支洲岛、崖州古城、天涯海角、大小洞天、森林公园等景区景点，开展巡游活动。

三亚市旅游委主任樊木表示，14 年来，世界小姐"有目的的美丽"与三亚的城市之美深度融合，提高了三亚的知名度，促进了三亚旅游产业的发展，为三亚走向世界、聚焦全球打开了窗户。

接下来紧张又忙碌的赛前日程，几乎填满了佳丽们的每一天。

11 月 9 日，各路女中豪杰展开体育竞技。

佳丽们分为红、黄、蓝三队，每个队伍都拟定了自己的口号，边喊边跳，甚至还在现场 Battle 了起来。

体育项目的竞技分别是"短跑""30 秒跳绳""30 秒仰卧起坐"和"短道游泳"。

最后黄队的多米尼加小姐成为本场比赛的第一。

11 月 11 日，盛装打扮的美女们又上演了一场美轮美奂的 TOP MODEL 大秀。

当晚，选手穿着本国设计师为自己量身定做的礼服，好似夜空里的星星一样璀璨闪耀，绽放着具有地域特色的美丽光芒。

佳丽们凭借出众的气质及优雅的体态，在 T 台上款款落步，宛若漫步于星辰之间。

不同肤色的美人，在绚丽的灯光下，魅力四射。

各国不同的灿烂文化，不同韵味的世界之美，在这里得到了完美的演绎。

最终尼日利亚小姐 Ugochi Ihezue 获得 TOP MODEL 单项赛的冠军。

11 月 13 日，各个身怀绝技的佳丽充分地展示自己的才艺。

当日十九位选手参加了在三亚半岭温泉海韵别墅度假酒店举办的最佳才艺奖的最终角逐。佳丽们自信地演绎了一场精美绝伦的视听盛宴，绽放出世界女性内外兼修的魅力。

丹麦小姐带来令人着迷的舞蹈，旋转在舞台中央的她，手指在空中画出令人痴迷的弧度，她的发丝与裙摆，更是飘曳灵动，令人陶醉不已。

印度尼西亚小姐带来的木琴演奏，也掀起了当晚的一波高潮，更是把木琴这种小众而独特的民族乐器推广到了世界。

经过才艺的角逐和较量，最终马耳他小姐 Michela Galea 技压群芳，荣获才艺单项赛的冠军，可以直接进入总决赛前 40 强。

然而最让大家期待的，还是万众瞩目的"世姐"总决赛的现场。

11 月 18 日晚，第 67 届"世姐"总决赛在三亚市体育中心隆重举行。

118 位世界小姐各怀绝技，面带微笑，却又使出浑身解数，暗中角力，力图展现自己最美好的一面。

经过泳装走秀、时装表演、才艺展示、现场问答四轮角逐，墨西哥小姐 Alma Andrea MEZA CARMONA 和英格兰小姐 Stephanie Jayne HILL 分别获得了亚军和季军。

"2017 第 67 届世界小姐"的桂冠，最终戴在了"印度小姐" Manushi CHHILLAR 的头上。

新晋"世姐"目前正在攻读医学和外科学士学位，她立志成为一名心脏外科医生，她的梦想是在农村地区开设一家非营利性医院。Manushi CHHILLAR 不仅有爱心，还酷爱户外运动，优雅大方的她，喜爱的运动是滑翔伞、蹦极和潜水。

媒体普遍认为，Manushi 在问答环节表现出色，充分展现出自己的睿智，是她获得冠军的一大助力。因为"智慧问答"可以直接反映出佳丽的口才、应变能力及智慧。

Manushi 被问到的问题是："你觉得世界上哪种职业应该获得最高的薪水？"

Manushi 思考片刻之后的回答是：母亲。

"当你谈论薪水的时候，并不总是关于金钱，我觉得是你给予某人的爱和尊重。我的母亲一直是我生命中的最大灵感，所有的母亲会为自己的孩子牺牲很多，所以我认为母亲的工作应该得到最高的薪水。"

Manushi 的回答，不仅获得了台下观众的热烈掌声，更是俘获了全世界母亲和爱母亲的人的心。

来自哈尔滨的关思宇是第 67 届世界小姐中国区总冠军，也是厦门理工学院服装表演专业的大四学生。这位身高 180 厘米的东北姑娘，一路过关斩将，身披绝设"玉羽云婚纱"，头戴"丝路飞天"后冠，依靠她不服输的性格，成为新一任的 Miss China!

不同的肤色，不同的种族，不同的国家，118 位世界佳丽却带着同样的梦想，同样的激情来到三亚，走出她们的美丽和自信，收获属于她们的荣耀和光彩，以自己独特的方式展现了她们来自世界每一个角落的美丽。

三亚，也因此一次次惊艳世界。

第二节　海天盛筵

2017 年 12 月 8 日下午，三亚鸿洲时代广场。

"海天盛筵——2017 第八届中国游艇、航空及高端时尚生活方式展"开幕典礼盛大启幕。

"梦想启迪世界　悦享智慧人生"是本届"海天盛筵"的主题。

海南省委常委、三亚市委书记严朝君，时任海南省副省长李国梁等多位省市领导出席开幕式。

这是一场汇聚游艇、航空、名车、艺术、时尚等领域的高端生活方式秀。

作为三亚建设国际化旅游精品城市历程中的点睛之笔，持续举办 8 年的海天盛筵备受瞩目，已然成为海南乃至中国游艇、航空及高端时尚生活方式产业发展的风向标。

一

何为海天盛筵？

主办方海南鸿洲置业集团如是说：海天盛筵是全球首屈一指的以游艇及配套产品为核心，集航空、高级轿跑车、精品珠宝及生活艺术品等诸多世界顶尖品牌于一身的高级生活方式展，也是亚洲唯一以及最大型的生活方式展。

为什么要举办海天盛筵？

海天盛筵创办者、鸿洲集团董事长王大富如是说："天时、地利、人和，都赋予了我要做这个事的理由。我个人比较喜欢游艇这个水上项目。2005 年我自己就买了几条小的游艇，组建一个游艇俱乐部。在 2009 年，我到澳门观看一个公务机的展会得到了启发，

就萌生了在中国做一个游艇展会的念头。我认为三亚是最适合的地方，当时它已经成为中国拥有私人游艇最多的城市之一，同时，我自己开发的房地产项目三亚'时代海岸'旁边的海域，有个码头在做游艇交易生意。至少有一点可以肯定，举办展会，必将会给自己的房产、酒店、商业带来更多人气。"

也就是说，个人兴趣加商业头脑，促使王大富创办了海天盛筵。

许多人从海天盛筵四个字很难联想到它是干什么的，三亚鸿洲国际游艇会副总经理胡笑铭的解释通俗易懂："海"是指海里跑的游艇，"天"是指天上飞的飞机，把二者结合起来，开个大"party"，就是这么一场盛筵。

也就是说，海天盛筵跟其他展会最大的不同，是将私人飞机和豪华游艇这两样最奢华的消费品创造性地融合在一起，加入名车、名表等高端生活元素，真切地带入展览内容，呈现给观众。

2010年4月2日到4日，第一届海天盛筵开幕，虽然参展商只有150个，却大牌云集。

游艇方面：宾士域集团、博纳多集团、法拉帝集团、阿兹姆贝尼蒂、圣汐、公主游艇世界六大游艇产业巨头在内的60多艘世界知名游艇齐聚三亚，成为国内数量最多的超级游艇汇集的展会。

公务机展方面：世界7大公务机品牌齐聚三亚凤凰国际机场，业界巨擎空客公务机和波音公务机也首次在中国公开亮相。现场展示了12架飞机，包括空客ACJ、庞巴迪、赛斯纳、波音BBJ、达索、湾流、贝尔、欧直、巴西航空等著名机型。

精品生活展方面：意大利国宝级跑车兰博基尼、法拉利及英国皇室级房车劳斯莱斯、捷豹、越野车陆虎和德国保时捷、奔驰、宝马等世界顶级名车一一亮相。以萧邦为代表的奢侈品品牌，以德意志银行为代表的金融理财品牌，以皇家礼炮为代表的洋酒品牌等世界品牌巨擎震撼登场。

闻所未闻，见所未见，海天盛筵展示的豪华、奢侈品牌阵容，让许多人大开眼界，大呼过瘾。

第一届海天盛筵同期还举办了中国财富论坛、2010海南国际旅游岛投资与财富峰会等。

让主办者没有想到的是，第一届海天盛筵吸引了国内和亚欧地区超过100家媒体的关注和报道，一时间，海天盛筵成为人们谈论的话题和关注的焦点。

2011年4月1日，第二届海天盛筵如期举办，四天时间吸引了185个展商参展和约15000位观众观展。

第二届海天盛筵比第一届规模更大，展会有近100艘游艇参展，其中包括10艘超过24米长的大型游艇。世界六大游艇集团、20多个国际游艇品牌、近百艘世界知名游艇汇集鸿洲国际游艇码头。

世界知名公务机品牌旗下15架固定翼飞机、2架直升机同时在三亚凤凰机场亮相。

参展的高端生活方式品牌代表包括路易威登、萧邦、兰博基尼等，同时新增了高尔夫专区、"Art In Hainan艺汇海南"艺术展。

2011年的海天盛筵已不仅是海南三亚的盛事，更是引起全国乃至全球关注的盛大展会。250多名贵宾乘坐公务机抵达三亚参与活动，充分体现了海天盛筵服务高净值人群的高端特征。

作为一个无与伦比的商务社交平台，此次展会更有70余位国内领先上市企业领袖参与其中，凸显海天盛筵的商务气质。该届海天盛筵已成为国内水上展示区域最大的游艇展。其中长达65米的AMBROSIA游艇从香港前来参展，成为当时参展的最大型游艇。

2012年4月5日到8日，第三届海天盛筵吸引了200多个展商参展和约20000位观众观展。

全球 230 个国际知名品牌参展，其中包括世界排名前五的游艇集团在内的 20 多个游艇品牌。

展区水域面积约 88000 平方米，陆地面积约 32000 平方米，较上一年扩大了近三分之一。其间，开幕式、名流晚宴、艺术展、鸿洲嘉年华及高端论坛、泳池派对等活动精彩纷呈。

参展商在这届海天盛筵得到更直接的回报，上海某公司售出两艘游艇，交易额达 2500 多万元，圣汐售出 4 艘游艇，销售额达 1.3 亿元人民币，厦门某游艇会特色新品"鲨鱼潜艇"以 158 万元人民币售出。

各展商都展出品牌中的高端产品，其中造价最高的一艘游艇是 Sanlorenzo 旗下的可定制超级游艇，价值 2500 万欧元。价值最高的一款手机为 Celslus 品牌，价值 320 万元人民币。

2013 年 3 月 30 日到 4 月 2 日，第四届海天盛筵盛大开展，现场总订单额达数十亿元，再创历史新高。

法国政府再次派出法国最具代表性、最顶尖的高端品牌组成的代表团参展，并在会场中心中搭建了 8 米高的埃菲尔铁塔模型。

连续四年参展的全球知名瑞士名表和珠宝生产商萧邦，展出一枚极其罕见的镶有一颗重达 31.32 克拉变色龙钻石的钻戒，并邀请香港知名艺人莫文蔚现场献艺。

世界一流的欧美造船厂再次参展，带来令人叹为观止的 130 艘游艇，其中包括 7 艘长度在 30～50 米之间的巨型游艇。

知名公务机展商均在三亚凤凰国际机场新的 VIP 航站楼展示了旗下公务机。迈凯伦展出旗下新款跑车，同时还展出阿斯顿马丁、法拉利、宾利、劳斯莱斯和兰博基尼等多款充满现代感品牌座驾。

超豪华的品牌阵容，令人咋舌的奢侈品价格，不断出现在现场的当红明星，让海天盛筵备受关注。

海天盛筵知名度直线上升。

海天盛筵，一场高端生活方式秀愈演愈烈。

二

绯闻突如其来。

2013 年 4 月 3 日，一位曹姓女网友在微博上晒出多张照片，其中包括对话截图、泳装聚会、白衣低胸美女群等，直指三亚海天盛筵涉嫌聚众淫乱，随即在全国引发热议。

一石激起千层浪。

很快，"女星 3 天挣 60 万""外围女""聚众淫乱活动""一晚使用 2100 个安全套""淫乱的肉体 party"等话题迅速成为热门。有网友称海天盛筵为"奢侈淫派趴"。以至于一提起海天盛筵，许多人就会产生"淫乱派对"的联想。

海天盛筵传闻不仅涉及众多富豪名流、嫩模，还有不少一线明星，就连大 S 的老公汪小菲、小 S 的老公许雅钧也被扯入传闻。

名流和明星们在海天盛筵的负面消息传出后，纷纷撇清关系，划清界限。

王思聪：又到了一年一度暴发户和黑木耳欢聚三亚的时候了……祝你们找到真爱……（请勿对号入座）。

汪小菲：不想理会无聊的事情，但它严重影响到我以及家人，请造谣传谣者看清楚：本人 29 号在京和朋友聚会，4 月 1 日北京飞台北，而不是所谓海南，有飞行记录可查。航空公司有记录。无端流言频出，时间可以证明，事实可以见证：家庭是我人生最重要的组成，积极工作是我一向坚持，我们希望生活在阳光下，而不是阴霾中。

张靓颖：某些人脸皮不要太厚了！造完谣还敢圈给我看，是有多欠？送你一个字，"歌闻"！一睁眼就破坏我的心情，真想问一问这帮比"战神"里的怪物还恶心的恶心鬼：我亡谁昌？

安以轩：去三亚参加了"海边婚宴"怎么变成"海天盛筵"？那些乱传乱说的人连照片都没有就开枪伤人！照片俺自己有，这可是特意准备红红火火喜洋洋的大红并不是白色滴，婚宴隔天早上就飞深圳录节目宣传电影，大家不都看到了吗？唉，做人真心不容易。

郭美美Baby：老公看我很生气，问我怎么了？我说有人在微博上故意诋毁我，所以不开心。他说没关系宝贝我知道你是好女孩，你现在的生活很美满为什么要去跟他们吵让自己不开心呢？我就是我，不需要向任何人解释自己。

一向坚持"身正不怕影子斜"的王大富开始对这些传闻并未在意过多，但很快，他发现网络上的谣言越来越离谱，关于海天盛筵的各种无中生有的非议满天飞，必须迅速作出反应。

2013年4月4日，海天盛筵组织方郑重发表声明：

近日，标题为"三亚海天盛宴"的不实报道不绝于耳，少数组织和个人也在网络上恶意转发传播和海天盛筵无关的信息，对海天盛筵的声誉造成了恶劣影响。对此，"海天盛筵"组织方，郑重发表声明，以正视听。声明如下：

1. "海天盛筵"是全亚洲最顶尖的游艇、私人飞机及高端休闲生活方式展，是国际旅游岛每年最为重要的展会活动之一，每年都吸引百余家来自全球一线的游艇、公务机、高端品牌参展。

2. 第四届"海天盛筵"四天展会期间共举办数十场新闻发布会、媒体试航、公务机参观及数场品牌高端晚宴、庆祝派对等，所有活动均由各参展品牌策划主办，旨在透过精彩纷呈的社交和文化活动，倡导海上游艇生活方式，宣扬优质健康生活，也是"海天盛筵"一直以来坚持的价值观和精神，任何违背海天盛筵展会价值观的活动及派对都是不被许可的。

3. 目前在网络上被疯狂转发的所谓"三亚海天盛宴"内幕或事件均为不实信息，海天盛筵从未组织策划过任何与话题中所陈述内容相关的活动或派对，且并未授权任何个人或组织以"海天盛筵"的名义举办任何相关活动。同期举办的其他活动和海天盛筵毫无关系，参与海天盛筵官方活动的参与者们都可以为此作证，在活动现场绝无此类事件发生。

4. 将"海天盛筵"与此类活动相关联，提及"海天盛筵"或展示活动 logo，已对主办方及赞助商、参展品牌及参观者的声誉造成了极端恶劣的影响，它深深地伤害了那些向往海上游艇生活且渴望拥有健康生活方式的参与者以及长久以来为这个活动付出努力的所有工作人员的心。

我们感谢大家对于"海天盛筵"的关注与热情，但也对诋毁我们活动的个人或组织提出严正抗议，并对任何未经证实便肆意传播转发的行径表示愤慨。对于网络上的此类不实内容，我们已进行取证，任何未经证实便肆意传播此类不实言论的个人或组织，我们都将保留采取法律途径进行维权的权利。

后经证实，最早在微博上假曝"海天盛筵涉淫"的网友曹某某在 3 月 28 日至 4 月 2 日期间一直在泰国苏梅岛度假，并不知晓第四届海天盛筵举办期间三亚发生的事情。

2013 年 4 月 5 日 16 时 15 分，始作俑者曹某某发表声明和致歉，并表示之前她发布的三亚海天盛筵的微博图片纯粹是不实转发，自己随即删除了该微博。她表示："请各界媒体人士不要大肆渲染，对因此微博所受影响的朋友表示歉意。"

真相大白。显然，网上流传着许多关于三亚海天盛筵的涉淫信息，是一些个人或者团体的恶意炒作，但是却对海天盛筵的良好声誉和品牌形象造成难以挽回的负面影响。很长一段时间，海天盛筵甚至已经成为一个"网络成语"，专门指涉有富商和嫩模参与的不雅派对。

三

2015 年 10 月 8 日，CCTV 社会与法频道《一线：一念之祸》播出的警方破获网络卖淫案件，涉及"外围女"孙静雅。

孙静雅在南京被山东警方抓获，涉嫌卖淫及组织卖淫。孙静雅被曝 2013 年在三亚陪人睡三天，赚了 60 万元。

在网上的相关资料中，这个原名罗月的孙静雅被描述为模特、演员、歌手，其他身份还有中国内地女艺人，广告新宠。

据孙静雅说，她们这些人都是通过微信与所谓的客户联系。孙静雅进入这个圈子的时间并不长，虽然对此她早有耳闻，但是，直到 2013 年，才算真正接触到，至于当年那件轰动一时的事件，孙静雅解释："那个时候还没有进入这个圈子，后来因为那件事，被炒作起来了。"身价倍增。

孙静雅承认，2013 年 4 月，她的确到过三亚，并在海棠湾附近住了下来。"我自拍的照片发到我微博，他们就把那个照片拿来宣传说我参加了（淫乱派对），但实际上我根本没参加。那时候有人已经把我拉进两个微信群了，但是我还没弄明白是怎么回事。我就突然火了，火了之后就开始有人慕名联系我了。"

在外围圈里，外围女不仅从事卖淫，同时也组织和介绍卖淫。为了提高身价，她们往往要对自己进行一番包装。

孙静雅说，价格高一点的，基本都有过包装。比如说在网上，帮自己起一个艺名，然后再弄一个百科。是可以花钱做的，可能花几百块钱，或一两千块钱，可以做这个百科，把你写得天花乱坠。

孙静雅被抓，海天盛筵再次无辜躺枪。

虽然她事后亲口说自己"根本没参加"，但好事者还是把海天盛筵与孙静雅、"外围女"联系起来，添油加醋，绘声绘色。

一时间，社会上关于海天盛筵的各种传闻甚嚣尘上。

2015 年 10 月 12 日，海南海天盛筵会展有限公司再次发表声明：

我方发现部分第三方机构及不负责任的个人发布的新闻内容，涉及"海天盛筵"品牌信息存在无事实根据、虚假、不实描述等问题，严重侵害了我方的合法权益，对"海天盛筵"的品牌声誉造成了恶劣影响。

为此，我方特此严正声明如下：

1. "海天盛筵"是经三亚市人民政府批准由我方主办的集游艇、公务机和高端生活方式展会，自 2010 年至今已成功举办五届，打造了让国人骄傲的民族品牌，促进了我国与世界各国的文化、艺术、生活交流，为国内展会行业的发展起到了巨大的推动作用，并不断传递大众追求高品质生活的正能量，一直以来均严格遵循中华人民共和国相关会展法律法规的规定来举办展会。而相关机构和个人的不当行为，对"海天盛筵"的品牌发展造成了严重影响，已经违反了《互联网信息服务管理办法》第十五条等国家相关法律法规的规定，根据《中华人民共和国侵权责任法》第三十六条的规定，相关主体应承担相应的侵权责任。

2. "海天盛筵"是我方依法注册的商标，始终致力于中国海洋经济发展，在国家海洋经济强国战略下积极发展海洋经济文化事业，应获得更好的舆论环境，同时希望更多的媒体机构深入了解"海天盛筵"，传递正确的品牌信息，引导良好的社会舆论，共同为国家海洋经济文化事业的长远发展贡献一份力量。

3. 我方强烈要求上述恶意新闻信息的发布者立即采取相应措施删除该事件中与"海天盛筵"有关的内容，阻止不实信息进一步扩散，消除不良影响。

4. 对于任何恶意侵害我方合法权益以及"海天盛筵"品牌声

誉或散布虚假信息的机构和个人，我方将保留追究其法律责任的权利。

四

自证清白，何其艰难。

很长一段时间，关于海天盛筵的流言蜚语满天飞。

吃一堑，长一智。

王大富决定吸取教训，一向很低调的他开始学会与媒体交朋友，主动发声，讲海天盛筵的发展理念、企业文化、国际化目标，以求更多的人理解。

王大富决定重新定位海天盛筵，将之从一场富人的私密聚会变成向公众开放的高端消费品展示平台。甚至设立家庭套票，邀请客户与家人一起参与，并设置了"公众开放日""游客观光通道"，让更多的普通人走进海天盛筵，了解海天盛筵。

曾几何时，海天盛筵展会上那些身穿比基尼的美女模特成为一道道美丽风景线，也给展会带来了旺盛的人气，但也因此成为引发外界猜测"不雅派对"的重要"证据"。

2015 年开始，海天盛筵主办方对邀请明星和参展商的规则均作出改变，不再邀请那些容易引发争议的明星和"网红"模特，同时也对参展商的活动作出约定，包括对他们举办派对的时间、着装均有要求，主张尽量邀请男模特，即便是女模特，着装也须正式。

"没有高层特许，模特不得入内"，为防止别有用心的人恶意炒作，一段时间，海天盛筵主办方甚至下了这样的死命令。

在 2017 年 12 月举办的第八届海天盛筵展会现场，已经没有了富豪和明星的集结，更没有了衣着露骨的美女模特为各大奢侈品牌站台，不少游艇参展商只聘请了负责介绍和接待的服务员，只有部分豪车品牌才邀请了两三位身着正装的模特。

海天盛筵不再仅是富人消费阶层的交际场，而是一个以游艇为主的生活和生意平台。

让展会回归本质。人们发现，海天盛筵其实就是一种常见的商业模式。

主办方不仅力图打造一个干干净净的海天盛筵，还希望打造一个充满正能量和爱心的海天盛筵。

慈善、公益一直与海天盛筵相伴相随。

从 2015 年第六届海天盛筵开始，海天盛筵主办方与国家海洋局宣传教育中心合作，实施为期五年的"蓝色计划"公益项目。这项公益计划包含了三方面具体项目：

一是开展"蓝色计划"海洋保护教育宣传活动。计划在全国 4 个城市共 4 间小学进行海洋知识、海洋文化的宣讲，推广海洋保护理念。

二是设立海天盛筵"蓝色计划"奖学金。海天盛筵将从今年开始，连续五年拿出每年展会的门票、慈善拍卖、现场募捐及义卖的收入设立海天盛筵"蓝色计划"奖学金，与海南热带海洋学院合作，嘉奖品学兼优的学生，培养更多海洋人才，并确保海天盛筵"BLUE 计划"奖学资金连续五年（2015—2020 年）的投入和管理。

三是设立海天盛筵"蓝色计划"渔民海上遇险救助基金。海天盛筵将与保险公司合作，设立渔民在开放口岸海上事故救助险种，并为进入三亚港内港的渔船的渔民购买公众责任险，切实保障渔民权益。

"蓝色计划"为国内唯一一个由国家、社会、国际海洋公益机构共同组成的海洋公益活动。一个可以将"青少年海洋教育"所必需的政府、企业、群众三方力量紧密结合起来的可持续的公益计划。核心宗旨是立足于"海洋可持续发展"，助力国家"中国梦之海洋梦"战略。

2016 年第七届"海天盛筵"，除延续上届"蓝色计划"的公益活动外，还与善学慈善基金、微笑行动及中华少年儿童慈善救助基金会合作，实施慈善救助项目，帮助更多贫困少年儿童。在该届"王的盛筵"慈善晚宴中，一共有三件艺术品在现场进行了拍卖，加上海天盛筵 30 万元现金捐赠、嘉宾现场捐赠等一起筹得 90 万元款项，捐赠给了善学慈善基金及"微笑行动"。

善学慈善基金由赵善簪与夫人赵曾学韫教授于 1994 年联合创立，主要为老人、伤残病患者等人士提供援助，其中一项重要的项目，就是为中国患有唇颚裂的贫困儿童提供安全、及时、专业的免费修复手术的医疗慈善项目——"微笑行动"筹款，协助推动"微笑行动"在中国农村地区开展更多医疗行动，让更多患有唇颚裂的儿童可以接受免费的矫正手术。

为进一步提升公益项目的影响力，弘扬社会正能量，2017 年，第八届海天盛筵继续积极承担企业社会责任，成功举办了以"艺术花园"为主题的"王的盛筵"，将爱心力量回归本土，携手三亚市社会福利院、三亚爱心阳光脑瘫儿童康复中心，助力脑瘫儿童的治疗康复事业。

"王的盛筵"当晚共成功拍卖出 8 件臻品，募集善款人民币148 万元。海天盛筵将晚宴筹集的所有善款全部捐助给了三亚爱心阳光脑瘫儿童康复中心，用于福利院脑瘫儿童的后续康复治疗。

王大富说，艺术是"王的盛筵"对品质的追求，而助力慈善已成为"王的盛筵"的固定主题。

五

2017 年 12 月 10 日，海南省省长沈晓明在海天盛筵——2017第八届中国游艇、航空及高端时尚生活方式展会场调研。

在海天盛筵展馆，沈晓明先后参观了中国露营文化区、毕加索艺术展区、无人机展区、游艇展区等。

在无人机展区，沈晓明饶有兴趣地观看了无人机灯光表演秀视频，对在三亚夜空进行无人机灯光表演秀的做法十分感兴趣，称赞这个创意好，和传统的烟花表演相比，这种方式既符合海南保护生态环境的要求，又充满科技感和时尚感。

沈晓明还登上一艘参展游艇，和该艇制造商交流，详细了解他们的订单生产和销售等情况，鼓励他们深耕国内市场。

参观结束后，沈晓明邀请部分参展商和行业专家座谈。沈晓明开宗明义说，海天盛筵的主题是游艇和时尚，游艇业和时尚服务业都是海南着力发展的产业。海天盛筵的形式是会展业，会展业也是海南要大力发展的。因此，政府有足够的理由支持像海天盛筵这样的对其他产业发展有带动作用的会展业，并不断做强做大。

作为海南省最高行政官员，沈晓明毫不掩饰他对游艇产业的重视甚至偏爱，2018年2月25日，他在三亚调研考察期间，再次阐述了自己的观点，他说，我之所以重视游艇产业，是因为从国际经验来看，我们国家人均GDP在8000美元以上了，已经到了游艇业发展的阶段。欧美发达国家游艇的消费主体是中产。我国即将进入全面小康，中产群体占比越来越大，游艇很有可能成为继汽车消费后的又一个热点。

沈晓明指出，海南发展游艇产业拥有得天独厚的资源优势，也有一定的发展基础。目前存在的主要问题是缺乏成熟的消费、经营和管理模式，缺乏配套的政策支持措施，缺乏游艇大众消费文化和公共配套设施，专业人才培养和储备也不足。

沈晓明要求，海南省有关部门和三亚市要以问题为导向，认真研究，超前谋划，在游艇产业发展涉及的法律和制度保障、游艇码头等基础设施建设、游艇业态、游艇消费氛围、游艇业监管和服务体制机制等方面着力，推动游艇产业加快发展，争取把三亚建设成为中国一流的游艇消费目的地、世界一流的游艇品牌展示窗口和游艇产业改革创新试验区。

海南岛四面环海，拥有海岸线总长度达 1944.35 公里，同时坐拥 68 个优质的自然海湾，沿海岛屿达 600 多个，港湾、沙滩、岛礁等海洋生态要素优良；海南岛是我国唯一的热带海岛，四季长夏无冬、气候温和湿润，十分适宜开展游艇旅游、帆船运动体验等。

据统计，截至 2017 年 11 月，海南已成立游艇制造企业 8 家，游艇销售、服务企业 271 家，游艇会（俱乐部）39 家，游艇相关专业培训机构 3 家，已建成游艇码头 14 个，泊位 1800 多个，在建泊位 1900 个。全省共有游艇 800 艘左右，游艇拥有量和境外游艇入境艘次均位居全国前列。

"国外有关研究报告显示，在游艇上每投入 1 美元，就可以带来 6.5－10 美元的经济效应。"中国扶贫开发协会产品流通专业委员会秘书长李国城说，游艇特色小镇无论是建造游艇和辅助设施，还是兴建、管理水上活动中心，都将创造大量的就业机会。

今年 6 月，海南省海防与口岸办公室印发的《推进游艇特色小镇建设建议》透露，至 2025 年，在全省沿海市县谋划建设 8 个左右各具特色、相互关联的游艇小镇，推进海南省游艇设计、制造、维修，以及游艇旅游业发育发展，实现游艇制造业较 2018 年增长 300% 以上，游艇旅游收入占旅游总收入的 10% 以上。

2018 年"两会"期间，全国人大代表、三亚市市长阿东在接受媒体采访时表示，三亚下一步发展的总抓手是国际化，三亚要打造具有国际先进水平的旅游产业体系，扩大旅游消费，培育旅游消费新热点。从三亚的发展来看，要建设国际的航空枢纽、国际的邮轮母港，要加密国际航班、国际邮轮和游艇的路线，构建便捷的空中丝路和海上丝路。

三亚的在港游艇数逐年增长，从 2006 年的 8 艘增长至 2011 年的 62 艘，到 2012 年上半年有 189 艘，2014 年增长到约 352 艘，2015 年增长到 378 艘，占据整个海南岛游艇数的大半以上。

三亚每年都会举办大量的展会赛事活动，海天盛筵、三亚游艇展、国际游艇盛典是在三亚举办的专业游艇展。

三亚还举办了四大国际性游艇赛事：沃尔沃环球帆船赛、环海南岛大帆船赛、司南杯大帆船赛、世界近海一级动力艇锦标赛等。

三亚游艇产业，百舸争流，奋勇争先。

六

海南国际旅游岛建设上升为国家战略后，海南省大力推进邮轮游艇产业发展，邮轮游艇产业已逐渐发展成为海南具有特色、具有潜力、具有竞争力的新兴产业。

2015 年 10 月 14 日，海南省人民政府出台《海南省促进邮轮游艇产业加快发展政策措施》，提出要加强邮轮游艇旅游国际国内合作、加大海口、三亚国际邮轮母港和游艇公共码头建设力度、创新邮轮游艇口岸监管模式、培育邮轮游艇旅游市场、鼓励国内本土邮轮游艇企业做大做强、完善游艇扶持政策、开辟邮轮旅游新航线、设立海南邮轮游艇产业投资基金、制定实施邮轮旅游补贴政策、实施社会引资者引进邮轮游艇项目奖励办法。

把目标定位在国际化旅游城市的三亚，当然高度重视邮轮产业。

凤凰岛国际邮轮港项目，位于三亚湾"阳光海岸"的核心区，是中国第一个国际邮轮专用港口，是海南省重点工程项目。其中 8 万吨国际邮轮港 2006 年试运营，设有 16 个边检通道的现代化客运联检楼，港口可一次性接待 3000 名国际游客入出境，港口年接待游客能力 30 万人次。

　　"海南从建省初期就开始接待外国的豪华邮轮。在 1995 年同国际邮轮公司合作开辟香港到海南之间的豪华邮轮航线后，邮轮旅游在海南如星火燎原，三亚国际邮轮港通航算是一个里程碑。"三亚国际邮轮港董事长曾宪云介绍，自 2006 年 11 月通航至 2018 年 3 月，三亚国际邮轮港共接待国内外游客 111.6 万人次，进出港邮轮 732 艘次。三亚国际邮轮港港口码头全面竣工后，可同时靠泊 5～7 艘邮轮，年接待能力可达到 200 万人次。

　　三亚国际邮轮港已成为亚洲最大的邮轮母港，邮轮旅游已成为海南旅游新业态、新产品中的一个重要部分。

　　为推动"21 世纪海上丝绸之路"邮轮旅游合作，打造邮轮国际旅游精品，加快转变旅游业发展方式探索新机制，三亚市已向国家有关部门申请设立中国国际邮轮旅游发展实验区。

　　毋庸讳言，海天盛筵这一商业模式正是省市政府政策大力扶持的对象。

　　细心的人们发现，第八届海天盛筵的主办方已经变成由海南省商务厅、海南省文体厅、海南省旅游委、三亚市人民政府和三亚鸿洲集团联合主办。

　　越来越多的政府官员开始为海天盛筵"站台"。

　　"多年来，海天盛筵通过投资促进、消费拉动、技术创新和就业带动四个主要方面给三亚市的整体经济作出了重要的贡献，带动了三亚市的会展产业、旅游产业、房地产产业、基础设施产业和游艇产业的快速发展。"海南省旅游发展委员会副主任周平表示。

　　今天，世界级的海天盛筵，已经成为三亚最美丽最具特色的城市名片，成为海南国际旅游岛与世界交流的一个重要平台。

　　历经八年发展，海天盛筵品牌全景图日渐清晰，全球顶级公务机、游艇、高级跑车、奢华珠宝、生活艺术品、高端地产等世界顶级品牌，在海天盛筵的舞台上向中国消费群体讲述着不同的品牌故事。

八年来，无论从宾客人数、服务接待团队、参会品牌，还是报道媒体、活动种类等各个方面，海天盛筵都取得了骄人的成绩。活动的反响也得到了全社会的热切关注，电视、报纸、杂志、新媒体、互联网的全方位报道，使得海天盛筵的关注度和美誉度达到了一个顶峰。

三亚市副市长许振凌说："虽然海天盛筵的展会很小巧，规模不是特别大，但无论展示的游艇、帆船、公务机，或者艺术品和音乐节，这些都很符合三亚城市定位和建设世界级滨海旅游城市的目标，对推动经济发展起到了正面作用。"

第三节　3.0版的亚特兰蒂斯

2018年2月15日，农历新年，三亚亚特兰蒂斯旅游度假综合体上空烟花璀璨，拥有8.6万尾海洋生物、梦幻唯美的水族馆和有趣刺激的水世界开始对外营业。

三亚亚特兰蒂斯渐渐揭开了神秘的面纱。

三亚亚特兰蒂斯总经理海科介绍说，该项目占地54万平方米，由柯兹纳国际酒店集团管理。酒店拥有1314间全海景房及水底套房，是集合酒店、餐厅、水世界冒险乐园、水族馆、海豚湾剧场等以海洋为主题的综合项目，位于三亚市"国家海岸"海棠湾。

最令人叹为观止的当属5间宽敞奢华的水底套房，与五色斑斓的鱼群一同起居，亦梦亦幻，却是现实。

当然，令人咋舌的还有水底套房的价格，其中的尼普顿水底套房和波塞冬水底套房，每晚房费分别为人民币58888元和108888元。

一

亚特兰蒂斯度假酒店，名字源自柏拉图的"理想国"Atlantis，以柏拉图笔下描绘的亚特兰蒂斯王国命名。

相传亚特兰蒂斯原是一座拥有高度文明的乌托邦理想国，然而优越的生活逐渐催生了人们的贪婪之心，触怒了众神。于是，一夜之间，曾经辉煌的亚特兰蒂斯文明便永远地沉入海底。

关于亚特兰蒂斯的传说，充满了神秘、新奇和刺激。

亚特兰蒂斯酒店的设计灵感均来自于那个失落的流传千年的亚特兰蒂斯故事。

多年以来，世界各地的探险家、考古学家、历史学家一直在寻找沉没在茫茫大海中的亚特兰蒂斯，但始终一无所获。

亚特兰蒂斯酒店的横空出世，似乎给了人们莫大的慰藉。

最早的元老级亚特兰蒂斯酒店，位于巴哈马天堂岛，是巴哈马建成的最好的假日酒店，也是全球奢华假日酒店之一，1997 年开业，酒店有 2317 个房间。

除瀑布、游泳场等设施之外，酒店还配有奢华的游艇码头和世界级豪华赌场。

长达近 10 公里的原始海滩，从酒店一直绵延伸展到巴哈马蔚蓝的海洋。

酒店集休闲舒适和刺激娱乐于一身，世界闻名并堪称完美。

遥望天堂岛亚特兰蒂斯的主体建筑，可见亚特兰蒂斯娱乐场与罗亚尔和克拉尔城堡相连，横跨 7 英亩大的天堂岛礁湖。

而连接这两座巨型粉色建筑的这座"天桥"也是天堂岛亚特兰蒂斯最为著名的酒店套房，还是目前世界上最贵的酒店套房，每晚售价 25000 美金。

2008 年 11 月 20 日，又一家亚特兰蒂斯吸引了全世界的目光。

斥资 15 亿美元兴建的迪拜亚特兰蒂斯酒店隆重揭幕，其坐落在阿联酋迪拜的棕榈人工岛上，占地 113 亩，有 1539 个房间，装潢风格与古波斯和古巴比伦建筑相近。

尽管开业时正遭遇史上最严重的金融危机，但棕榈岛迪拜亚特兰蒂斯酒店的开幕典礼还是极尽奢华。酒店为开业典礼斥重金邀请了世界各地 2000 多位名流，包括美国著名脱口秀主持人奥普拉·温弗瑞（Oprah Winfrey）、前篮球名将乔丹（Michael Jordan）等，仅歌手凯利·米洛（Kylie Minogue）的出场费就达 400 万美元。

酒店还重金聘请专家设计了比北京奥运会开幕式更庞大的烟火表演，宣称其燃放的规模比北京奥运会"大七倍"，甚至能从太空中看到。

这座价值 10 亿英镑的酒店仅开幕式就耗资 2000 多万美元。盛宴由南非亿万富豪科兹纳亲自筹划，他说："我们建造这么一个令人叹为观止的酒店，就必须让全世界知道。"

耗资巨大的开幕式虽然吸引了全球媒体的注意，让又一座棕榈岛的奢侈酒店出现在许多报纸的头条，但是一些媒体却批评了这种奢侈的做法。

亚特兰蒂斯酒店从所罗门群岛海域专门花 30 小时空运过来的海豚，更引起强烈争议，招致了环保主义者的严厉批评。但投资方不为所动："我们唯一需要考虑的是我们客人的要求，通过专门预约，住户可以到海豚馆中与海豚一起潜泳，享受这来之不易的乐趣。"

有趣的是，让投资者为之骄傲的设计，却在 2012 年入选"CNN 最丑建筑"。美国有线电视新闻网络旗下网站，选出全球十大最不协调的丑陋建筑物，迪拜亚特兰蒂斯位列第二。

当然，最丑建筑之说毕竟只能算是调侃，丝毫不能减少游客趋之若鹜的热情。

在 Instagram "2017 年度回顾"榜单上，迪拜亚特兰蒂斯酒店依然被评选为中东地区出镜率最高的酒店。

除了好莱坞巨星和国际名流，我国许多电影制作团队和真人秀节目，都对迪拜棕榈岛亚特兰蒂斯度假酒店青睐有加。电影《功夫瑜伽》《天机富春山居图》及明星真人秀节目《花儿与少年》《前往世界的尽头》《二十四小时》都曾把这里作为重要取景地点。

<h1 style="text-align:center">二</h1>

三亚亚特兰蒂斯，全球第三座亚特兰蒂斯，高贵的血统一脉相承。

三亚亚特兰蒂斯坐落的海棠湾，那可是首屈一指的"国家海岸"。

22公里的海岸线，水清沙白，风光旖旎。

这里汇聚着30余家超五星级国际品牌酒店，是国内酒店分布最密集的区域，形成了极富现代化魅力色彩的顶级滨海酒店长廊。

目前，这里已有喜来登、洲际、希尔顿逸林、威斯汀、香格里拉、君悦、索菲特、康莱德、万丽、海棠湾9号等10余家星级奢华酒店开门纳客，具备了年接待游客量超过百万人次的能力。

作为三亚最后一块高品质的海滨资源，这里成为海滨度假区拓展的"重中之重"。

三亚亚特兰蒂斯的酒店主体建筑高49层。酒店的设计灵感取源于三亚知名的风景名胜"天涯海角"。整个建筑以动感双帆帆船为设计模板，外观又似一对情侣相互依偎。卓尔不群的建筑风格寓意着一帆风顺，奇妙缤纷的海洋元素融合了精致奢华的现代设计，将高端休闲度假体验提升至新的境界。

海南亚特兰蒂斯商旅开发有限公司总裁曹鸣龙介绍说，亚特兰蒂斯蒂是集"吃、住、行、游、购、娱"全要素于一体的高配版度假酒店，显现出酒店之间的个性差异的业态，给三亚旅游业开创一个天时、地利、人和的全新概念，力求成为三亚酒店业态转型升级的典范。

吃，有米其林主厨管理的21间不同主题的国际餐厅、酒吧及餐饮点位，荟萃全球顶级美食。

海底餐厅将提供地中海沿线国家的美味，游客还可享受与六万条鱼一起体验用餐的美好时光，满足你一往无前的味蕾猎奇。

游客可于或摩登、或雅致、或休闲舒适的氛围中，品味地道寰宇美食，无论是海底餐厅的美味珍馐，或是池畔边的日落茶饮，都将成为一次难忘的用餐体验。

购，这里有一个占地面积达 3445 平方米的亚特兰蒂斯购物大道。咫尺便是亚洲最大的免税城，全球精品就在身边。

游客，尤其是广大的女性朋友们，可尽情释放自己的购物天性。

住，酒店的 1314 间客房寓意为"一生一世"的美好祝福。

享受五彩斑斓水族景观的水底套房，有且仅有的最令人叹为观止的五间，大中华区唯一的深海下榻体验，与来自南太平洋海底形形色色的海洋生物隔窗共眠。

亚特兰蒂斯的瞰海公寓令人心旷神怡。

倚在窗边，便可独享海棠湾一线海景，加之其板式单廊设计，户户面海，每一度视野，都是国家海岸最后的珍藏，尽情饱览海棠湾的无限风光。

凭栏可观鱼跃，仰头可见鸟飞。

玩，必须要介绍一下以亚特兰蒂斯为主题的、全国最大的天然海水水族馆——"失落的空间"，以及采用国际顶尖游乐设备的恒温大型水上乐园——亚特兰蒂斯水世界。

漫步在"失落的空间"水族馆，仿佛是在探寻海底隐藏了千年的亚特兰蒂斯文明，池水在灯光的映射下呈现出奇幻多变的颜色。

86000 尾海洋生物在这里游弋，囊括了逾 270 种各具特色的生物物种。

从体型巨大却温柔无比的鲸鲨，到翩翩起舞的蝠鲼，再到色彩斑斓的蝴蝶鱼，各种神奇的海洋生物汇聚在这里，好像在举行一个快乐的聚会。

还有来自世界各地包括极地、温带、亚热带和热带等海域的白鲸、伪虎鲸、瓶鼻海豚、太平洋白边海豚、所罗门海豚、海狮等海洋生物让人目不暇接。

"失落的空间"水族馆总共有大大小小 30 个观赏池，17500 吨总蓄水量。而作为主池的观赏池蓄水量达到 13500 吨，这相当于一个标准足球场两米高的水量，甚至超过迪拜亚特兰蒂斯水族馆，也是全世界最大的露天天然海水水族馆。

在"失落的空间"，你绝对不会感到失落。

"失落的空间"最奇特的当属亚特兰蒂斯主题表演秀的海豚湾剧场，在这里，你可零距离接触可爱的海豚、海狮。

海豚湾内设有一个可容纳 1800 位观众的剧场，约为伦敦莎士比亚环球剧场的两倍。

游客可在此与这些优雅而迷人的海洋生物亲密接触，一同戏水。工作人员寓教于乐的讲解还会帮你了解它们的生活习性，带来一场别开生面的"游学"体验。

另外，作为酒店最重要的亲子功能的一部分，就不能不提亚特兰蒂斯的水世界。

整个水世界是以雅典神话故事为背景，依据古希腊哲学家柏拉图的著作《对话录》中的描述，复原了传说中的亚特兰蒂斯的原貌。

设计以双塔"海神塔"和"公主塔"为故事核心，以漂流河串联了一系列水上项目，让游客置身其中，随着雅典神话故事主线展开的一场别开生面的神秘探险之旅。

水世界拥有 15 条顶级滑道、35 个适合不同年龄段人群的体验项目。热衷冒险与刺激体验的，这里有位居 8 层楼高海神塔巅的"海神之跃"项目，俨然通过"抖音"等平台成为网红项目。挑战者从 25.1 米高、近乎于垂直的开放式滑道起点，快速直线坠落并穿越鲨鱼池隧道，在 3～4 秒的过程中感受高速失重带来的刺激心跳。

水世界的另一个亮点"怒海过山车"，结合了过山车与浮筏漂流的乐趣，以高速急转弯道带来富有视觉冲击力的体验。此外，

"鲨鱼穿越"也是一个特色项目，缓慢漂流通过的水底隧道外，环绕着鲨鱼、鳐鱼的身影，而鲨鱼池潜水、"海底漫步"等项目则提供进一步亲密接触海洋生物的机会。

说到底，三亚亚特兰蒂斯不是酒店，而是汇集酒店、娱乐、餐饮、购物、演艺、高端物业、国际会展及特色海洋文化体验八大丰富业态于一体的"一站式度假天堂"。

2018 年 4 月 28 日，历时 5 年，总投资 110 亿元的三亚亚特兰蒂斯正式开业。

在启幕仪式上，中国传统文化和世界音乐文化相融合的节目轮番登台，同时，晚会中还表演了亚特兰蒂斯传奇幻现五幕音乐剧。当表演进入尾声，万点流光划过夜空，一场绚烂的烟花秀于海棠湾上空呈现，灯火璀璨，七彩斑斓，如梦如幻。

海南省旅游发展委员会副主任周平表示，中国首座亚特兰蒂斯在三亚正式启幕，将进一步扩大海南高端旅游产品的供给，优化旅游产品结构，吸引更多境内外人士来到海南，形成旅游消费新业态和新热点，对海南国际旅游消费中心起到积极推动作用。

三亚亚特兰蒂斯预计每年将吸引超过 200 万人次客流量，带来 18 亿～25 亿元的直接消费，创造超过 1.5 万个就业岗位，极大地带动三亚市旅游业发展。

三

1996 年 1 月 1 日，中国度假休闲游开幕式在亚龙湾广场举行，当年的 8 月 22 日，中国首家五星级度假酒店——凯莱度假酒店在亚龙湾开业。

三亚凯莱度假酒店，成为三亚乃至海南迈入度假酒店时代的里程碑。人们第一次在三亚体验到国际一流的度假休闲游，旅游的概念逐渐由观光向度假休闲过渡。

如果把凯莱酒店视作引领三亚旅游业态发展的 1.0 版本，那么，2003 年亚龙湾喜来登酒店开业则是 2.0 版本的标志。

当年，喜来登酒店一次性接待了来自全球上百个国家和地区参加世界小姐总决赛的佳丽，这也是三亚有史以来单体酒店接待国际客人最多的一次。

亚龙湾作为三亚酒店业的摇篮，经过十多年的发展，吸引了众多国际顶尖酒店品牌入驻。但不可否认的是，服务配套设施老化和产品同质化已将亚龙湾区域内的酒店拖入一片竞争红海。进入下一个十年，不断创新发力、提档升级已成为三亚旅游业主动适应新常态，迎接新机遇和挑战的关键。

随着三亚旅游国际化进程的不断加快，历史的目光投向了海棠湾。

2010 年 12 月，康莱德酒店、希尔顿逸林酒店成为海棠湾区域首批开业的酒店。

随后，位于海棠湾一线酒店带的海棠湾喜来登酒店、御海棠豪华精选度假酒店、凯宾斯基酒店等 11 家酒店相继建成营业，规划中的其他酒店陆续推进建设，以滨海酒店产业为主导的旅游产业带基本形成。

"海棠湾旅游开发不能重复亚龙湾和三亚湾的发展路径。"三亚市旅游委副主任叶凯中认为，海棠湾旅游资源较为丰富，在政府主导一级开发的背景下，海棠湾要以更加开阔的视野、更加开放的思维来审视湾区的功能定位。

为了匹配海南国际旅游岛和国际旅游目的地的战略定位，三亚急需一个国际级的超大型旅游综合项目作为深度支撑。

亚特兰蒂斯，应运而生。

亚特兰蒂斯占领的高端旅游市场份额，将会加快推进海南旅游产业供给侧结构性改革，提升海南旅游的质量与水平，全面刷新国内高端度假体验。

亚特兰蒂斯这样的新项目，和整个中国旅游行业的新老项目遥相呼应，形成相得益彰的旅游生态圈。

高起点、高标准、国际化、精品化是海棠湾旅游产业未来发展的关键词，也是"国家海岸"的精品追求。"从这个意义上看，海棠湾承载了三亚酒店业3.0升级版的全部内涵。"三亚市旅游委主任樊木认为，亚特兰蒂斯是三亚乃至全国酒店业态转型升级的典范，将有力地推动海南国际旅游岛建设，助力三亚国际化热带滨海旅游精品城市建设。

四

三亚亚特兰蒂斯酒店由复星集团打造。

秉承"中国动力嫁接全球资源"的核心发展理念，复星集团近年来接连投资了法国地中海俱乐部、英国老牌旅行社ThomasCook、印度线上旅行社MakeMyTrip、日本北海道星野度假村等全球优质旅游产业相关品牌，旨在打造全球旅游产业链。

"复星集团一直致力于为中国家庭提供富足、健康、快乐领域的令人尖叫的产品，而三亚亚特兰蒂斯绝对是产品力的最好体现"，复星集团全球合伙人、复星旅游文化集团董事长兼总裁钱建农说，"复星倾力打造的三亚亚特兰蒂斯，对复星来说或许不仅仅是一个酒店，更是旅游版图中的重要一环。"

对于复星集团董事长郭广昌来说，他与亚特兰蒂斯的缘分来自美丽的"邂逅"。

有一次，郭广昌带着全家老小到迪拜度假，入住了迪拜的亚特兰蒂斯酒店，酒店满足了一家老老小小所有人不同的度假需求，全家人都在酒店里各自找到了自己的乐趣。

3岁的小孩可以玩水上乐园，大女儿跟海豚游泳，70多岁的岳父、岳母可以玩水上漂流，每个人都玩得很嗨。

郭广昌和他的夫人完全"解放"了出来，有了属于自己的空间和时间，去自由享受不用担心老人、小孩的闲暇时光，悠闲地逛街、购物。

此后，全家几乎年年到迪拜度假，吃喝玩乐都很开心，他们喜欢上了亚特兰蒂斯提供的生活方式。

于是，郭广昌萌生了将亚特兰蒂斯引进三亚的想法。

三亚不缺酒店，但是缺少能够把水上乐园、海豚馆、购物等融合在一起，一站式度假模式的酒店。郭广昌敏锐地捕捉到了这一商机。

他精心计算过，游客量如按 10％ 的年增幅计算，到 2020 年年末，三亚市接待过夜游客总人数可达到或超过 2000 万人次；到 2025 年年末，全市接待过夜游客总人数可达到或超过 3880 万人次；到 2030 年年末，全市接待过夜游客总人数可达到或超过 6000 万人次。

结论显而易见，三亚不缺游客。

而且，中远期的旅游市场将会是现在的 4 倍，这就对三亚的接待能力也提出了至少 4 倍的需求。

2012 年 4 月 19 日，三亚海棠湾管委会与上海复星高科技集团有限公司签署项目合作意向书，在海棠湾建设一个亚特兰蒂斯大型度假村式旅游酒店项目。这是世界上继迪拜与巴哈马之后的第三个亚特兰蒂斯项目。

2014 年，亚特兰蒂斯项目正式破土动工。

历时近 4 年建设，逢山开路，逢水架桥。风吹雨打，其中酸甜苦辣，难以言表。

海南省、三亚市各级领导始终坚定不移地支持亚特兰蒂斯项目建设。

2015 年 12 月 12 日，海南省委常委、时任三亚市委书记张琦在三亚财经国际论坛上说，全球第三座亚特兰蒂斯将在海棠湾建成，这是一家全要素酒店，代表三亚酒店业发展的 3.0 版本。

"一个 40 岁的女人进去住一个月，出来就会变成 30 岁。"张琦幽默的话语引起全场一片欢笑，这也是给亚特兰蒂斯做的最好的广告。

五

三亚是全国国内外知名品牌酒店最齐全、国际化水平最高、酒店盈利能力最强的城市之一。

三亚酒店业的发展，见证着一座旅游城市的成长。

1987 年 11 月，三亚升级为地级市时，三亚主要有大东海旅游中心、海南鹿回头宾馆、三亚国际大酒店、金陵度假村、三亚湾大酒店等 7 家旅游饭店。

经过 30 年的发展，目前三亚有规模以上旅游酒店 253 家，其中国际品牌集团 17 家，国际品牌酒店逾 55 家，分布在该市亚龙湾、海棠湾等主要湾区，是国际品牌酒店在国内分布最为密集的地方之一。目前三亚旅游从业人口总规模约为 11 万人，其中旅游酒店从业人口约 4.7 万人，旅游饭店业是三亚规模最大、从业人员最多的旅游行业。

从某种程度上来说，三亚酒店业的崛起是三亚旅游业快速发展倒逼的结果。

从 2010 年 1 月下旬开始，有关海南酒店价格猛涨的报道就开始陆续出现，2 月 1 日，一篇被网络广泛转载的《海南亚龙湾酒店春节房价超迪拜七星级酒店》的文章把三亚"天价房"推向风口浪尖。

在亚龙湾一线品牌的五星级酒店，春节期间的房价几天前就突破了万元大关，已达 1 万～2 万元，眼下还有攀升势头。大年初二至初五三亚亚龙湾地区的国际五星酒店一间房一晚的价格全部突破万元。以初四、初五的价格为例，喜来登是 10000 元/晚，而叫价最高的丽思卡尔顿酒店更是达到了 10350 元/晚，而该酒店的丽水阁豪华海景房则飙至 17480 元/晚。

"天价房"事件引发全国游客和媒体对海南特别是三亚的广泛关注，各种质疑声不绝于耳。

2012 年春节前，有媒体报道：春节三亚酒店房价又疯了，天价房一天 4 万多元。

从 2011 年开始，三亚市有关部门连续多年开始对旅游旺季尤其是春节期间的客房发出"限价令"，如 2015 年 12 月，三亚对 2016 年春节黄金周期间的客房价格作出限价：标准客房最高限价为每间每天 5000 元、早餐价格不超过每位 350 元，中晚餐价格不超过每位 500 元。

2017 年春节前夕，三亚市旅游部门表示，对春节旅游市场将保持严管态势，酒店标准客房严格执行政府调控价，不得高于 6000 元/晚，将严惩炒房哄抬房价等行为。

但政府的限价似乎并没有抑制"天价房"的飙升，根据携程发布的 2017 年春节前一周酒店预订数据统计显示，除夕当晚，亚龙湾瑞吉海景别墅酒店（660 平方米的两居海景泳池别墅）标价 98888 元/晚，为当日最高。而对比同日同档次的其他酒店，也售价不菲——悦榕庄最贵的要 64000 元/晚，而丽思卡尔顿套房在每晚 2 万元左右。

"天价房"显然不是酒店的一厢情愿，客观地说，是市场选择了"天价"。这从另一个角度证明，三亚在春节旺季的酒店需求远大于供给，三亚酒店业存在巨大的市场空间。

在国际旅游岛建设的大背景下，三亚市旅游酒店不仅数量上快速增长，品牌上也不断提升，对三亚打造国际化热带滨海旅游精品城市功不可没。

　　三亚旅游委副调研员羊逸说，经过 20 多年的努力，三亚酒店业已经取得长足发展。围绕三亚优良的海湾如三亚湾、亚龙湾、海棠湾等，国际一线、国内著名品牌酒店已形成几大度假酒店群，可向中外游客提供潜水、冲浪、游艇、帆船等水上项目和丰富的中医理疗、邮轮度假、高尔夫、温泉及 SPA 等独家产品和服务。

　　复星集团董事长郭广昌表示，复星集团看好三亚未来发展的空间与潜力，项目在三亚落地是最佳的选择。复星集团将把亚特兰蒂斯作为新的业态来推进，满足人们对大健康、大快乐和时尚文化的需求，引领中国未来旅游产业的发展方向。

第五节　三亚"国际范"

2018年2月27日，三亚市旅游委发布了《三亚国际化旅游发展监测体系2017—2018年第三次季度监测报告》。

报告显示，在旅游吸引力方面，三亚多项具有国际影响力及国际文化元素的会展、赛事、节庆活动精彩纷呈，在普吉岛、马尔代夫、檀香山等国际十二大旅游目的地中数量排名第一。

"推动海南建设具有世界影响力的国际旅游消费中心"，习近平总书记在庆祝海南建省办经济特区30周年大会讲话中的这一要求，让三亚旅游行业振奋不已。

2018年5月1日零时40分许，三亚凤凰国际机场，韩国济州航空7C8601航班的飞机缓缓降落。机上的166名乘客中，有141位旅客享受59国人员入境海南旅游免签便利。

这是海南正式实施59国人员入境旅游免签政策后，首个到达海南的免签旅游团。

其实，致力于打造国际化旅游精品城市的三亚，在苦练内功的同时，早已把目光瞄准了国际一流旅游城市。

一

国际旅游城市是指经济社会发达、旅游资源丰富、资源品位高、具有超国界吸引力、城市综合环境优美、旅游设施完善配套、旅游产业发达并成为城市主要支柱产业、国际国内游客数量众多、在国际上具有较高知名度的国际性城市。

三亚是我国唯一真正意义上的热带滨海旅游城市。

1987年，三亚升格为地级市，将城市定位为"重点发展旅游

业和高新技术产业的热带滨海风景旅游城市";

1994 年，三亚城市性质又确定为"国际性热带滨海风景旅游城市"；

2007 年，三亚提出围绕建设"亚洲一流、世界著名"的国际性热带滨海旅游城市目标；

2012 年，三亚市第六次党代会提出"全面推进国际性热带滨海旅游城市建设"；

2014 年年底，三亚明确提出建设国际化热带滨海旅游精品城市。

2017 年 11 月 3 日，中共三亚市委召开七届五次全体会议，审议并通过了《中共三亚市委关于贯彻落实〈中共海南省委关于认真学习宣传贯彻党的十九大精神的意见〉的实施方案》，确立了建设世界级滨海旅游城市的新定位，对三亚未来 30 年的发展目标作了进一步细化：

到 2020 年与全国同步全面建成小康社会，加快建设世界级滨海旅游城市；

到 2035 年经济社会发展主要指标达到全国先进水平，与全国同步基本实现社会主义现代化，基本建成世界级滨海旅游城市；

到 21 世纪中叶，经济社会发展主要指标达到国内发达城市水平，全面建成世界一流滨海旅游城市。

国际化，始终是三亚坚定不移的追求。

2017 年年初，三亚入选《纽约时报》发布的"2017 年全球最值得去的 52 个地方"榜单，是其中唯一的中国城市。

2017 年，三亚入境游表现可圈可点。在航空补贴、多方式精准营销等政策和创新举措的带动下，三亚全年接待过夜入境游客 69.28 万人次，同比增长 54.35%，超越 2011 年 52.81 万人次的历史最高值。

但《2017三亚旅游发展白皮书》显示，在配套设施、语言环境、服务质量、市场秩序、产品特色、环境氛围等方面，三亚与国际化水准仍有差距，国际化发展程度不足。

吃、住、行、游、购、娱的国际化旅游产业体系如何完善？展现三亚特色、反映世界形象的清爽、高端、美丽的国际化形象如何建立？

三亚快速发展过程中一系列不容忽视的短板，制约着这座城市的升级转型。

二

国际化的标志之一是旅游产品国际化。

旅游产品是旅游业者通过开发、利用旅游资源提供给旅游者的旅游吸引物与服务的组合。即旅游目的地向游客提供的一次旅游活动所需要的各种服务的总和。

"三亚加快产业融合，不断培育新业态，形成五大类较为完整的产品体系；积极开通国际航线，旅游国际化步伐加快。"三亚市旅游委主任樊木介绍说。三亚旅游产品体系包括邮轮游艇、低空飞行、内河观光、海上娱乐在内的海洋滨水类产品；乡村、文化演艺、特色餐饮等民俗特色类产品；温泉、森林、高尔夫、中医理疗等康体类产品；免税购物、商务会奖等时尚类产品；婚庆度假、亲子度假等家庭类产品，有效满足多样化的市场消费需求。

除构建完整的产品体系外，三亚还瞄准国际市场，不断丰富具备国际吸引力的旅游产品供给，"看人下菜"。比如，针对俄语地区国家，推出滨海度假和中医养生产品；针对中国港澳台地区，推出家庭亲子和婚庆蜜月产品；针对日韩，推出高尔夫和康养旅游产品；开拓东盟邮轮航线。针对境外航线不足的现状，与境外组团社一起设计一程两站、中转联程产品并开展市场初期培育；挖掘境外游客休闲游市场，招募全球不同行业代表三亚体验游，通过自媒体向全球传播。

　　但是，三亚的旅游产品同样存在商业化气息浓，有的地方旅游资源过度开发，短期行为严重等问题。

　　专家指出，旅游产品在不断国际化的同时，还需要保留支撑国际化的三亚文化内涵。

　　民族的，才是世界的。

　　中国香港的旅游，靠的是现代商业文化，法国巴黎、意大利罗马等，靠的是丰富的文艺、建筑、绘画等艺术文化和历史文化，非洲旅游靠的是原始部落文化和人类的起源文化。没有文化就没有旅游，旅游业必须注重挖掘旅游的文化内涵，营造旅游文化环境。

　　"深耕本土文化，我们加强崖城历史文化名镇建设，深入挖掘和传承黄道婆文化，打造有浓郁风情、有特色内涵、有产业支撑的特色产业小镇和美丽乡村，发扬中医文化优势，推进文化与旅游融合发展，打造具有国际吸引力的旅游文化产品。"三亚市旅游委调研员唐嗣铣说。

三

　　国际化的标志之一是旅游营销国际化。

　　旅游营销国际化，体现在三个方面：一是营销手段国际化，二是营销市场国际化，三是营销效果国际化。

　　三亚要与国际接轨，成为国际化的风景旅游城市，旅游营销的国际化是重要的衡量标准，也是重要路径。

　　旅游营销的国际化主要是面向境外客源市场。政府积极主导国际旅游营销，三亚市委、市政府提出"航线开到哪里，旅游营销跟到哪里"的战略。通过与国家民航总局沟通，不断优化国际航线和航班时刻，开通国际航线，加密重点客源国航线航班。

目前，三亚国际航线覆盖了三亚包括俄罗斯、韩国、日本、新加坡、马来西亚等国家以及我国香港、台湾地区在内的主要客源国（地区）。"4 小时、8 小时、12 小时"国际市场航程圈渐趋成形。

三亚坚持实施"走出去"与"请进来"的营销策略。仅 2017 年，三亚市就开展了 16 场"走出去"和 20 场"请进来"促销活动。

"走出去"，三亚参加了德国柏林旅游展、俄罗斯莫斯科国际旅游交易会、英国伦敦国际交易会等；举办了德国、瑞士、俄罗斯、台北、泰国等三亚专场旅游推介会。

深耕国际市场，三亚好戏连台。

2017 年 7 月至 9 月，三亚市政府组织以"美丽三亚，浪漫邀请"为主题的"三亚日"境外推介活动，先后走进了泰国曼谷、马来西亚吉隆坡、印度尼西亚雅加达、哈萨克斯坦阿拉木图、俄罗斯莫斯科、英国伦敦、德国法兰克福、丹麦哥本哈根、瑞典斯德哥尔摩等重要客源地国家。

三亚市委常委、组织部部长傅君利说，推介活动讲述三亚故事，展示三亚美景，既加强了三亚与相关国家城市的旅游文化交流，扩大了三亚国际知名度和美誉度，也为三亚旅游带来了更多的国际游客。

"请进来"，三亚旅游委组织俄罗斯、英国、葡萄牙、日本、奥地利、加拿大、马来西亚等国家客源地旅行商开展考察活动，并与英国知名旅游商托马斯库克集团就航线开拓、产品打包等方面开展深度洽淡合作。

不断进行国际化形象包装和媒体宣传。近年来，三亚设计制作了多部英、德、俄、韩、日等多语言旅游宣传片、宣传册，精准投放广告，推介三亚旅游。

创新营销模式，开展大事件营销。三亚相继举办澜湄国家旅游城市（三亚）合作论坛、世界瑜伽交流大会、世界青年帆船锦标赛、海天盛筵、世界小姐总决赛、天涯海角国际婚庆节、亚太城市旅游振兴机构（TPO）年会、世界旅游旅行大会、沃尔沃帆船赛等一批有影响力的大型国际性活动，提高了三亚旅游海外曝光度，扩大了三亚旅游城市影响力。

充分挖掘媒体资源在营销上的优势，开展"境外新媒体整合营销"。针对欧美、俄罗斯、韩国、中国港台等主要国际市场，三亚充分利用 Facebook、Twitter、Pinterest、Instagram、YouTube 及 TripAdvisor 六大境外网络新媒体平台，向全球推广自身的旅游特色。

开展影视营销。近年来，大量的爱情偶像影视剧在三亚取景，如《海滩》《爱情睡醒了》《非诚勿扰 2》等。如今，三亚已成为国内外游客向往的爱情旅游地之一。

加大政策对国际化营销的直接推动作用。三亚市政府出台多项优惠政策，以吸引更多国内外的游客。航空补贴、会展补贴等系列旅游奖补政策，释放资金引导产业发展的动能，提升市场活力，带动旅游企业的积极性，提高了三亚对外客源市场的推广力度。

随着国际化道路的脚步越迈越大，三亚的国际营销手段进一步升级，走出了一条以文化铺垫、活动支持、品牌牵引、传媒放大、项目推进的发展道路，形成了一套非常成熟的营销体系。

四

国际化的标志之一是旅游服务国际化。

旅游服务国际化内容包括：城市基础设施、接待设施、服务设施以及语言环境、旅游服务、市民素质等遵循国际惯例和国际标准，满足主要客源地国游客的消费需求。

截至 2017 年底，三亚已开通国际及地区航线 27 条，航线网络已覆盖香港、俄罗斯、韩国、中亚、东亚、东南亚等"丝绸之路经济带之路"和"21世纪海上丝绸之路"沿线重要的国家和地区，形成了较为完善的航线网络布局。这是三亚旅游国际化进程的一个重要里程碑。

三亚市海防与口岸局局长左正和透露，三亚国际航线网络布局，以客源地市场为主要目标，今年还将开通三亚至伦敦、吉隆坡、新西伯利亚等城市的国际航线，提高国际通达能力，打造枢纽型城市，优化营商环境，提升城市国际化水平。

"这些国际航线的开通，为三亚和各客源地国家及地区架起旅游和文化交流的桥梁，拉近了三亚与世界的距离，对三亚进一步开拓国际旅游市场，加强对外交流合作，加快提升旅游产业和城市发展国际化水平具有重要意义。"三亚市委副书记、市长阿东说。

2017年，海南入境游客量突破100万人次大关，较海南省政府设定的"2020年全省入境游客将达到100万人次"的工作目标，提前三年实现。三亚居功至伟。

中廖村内，黎家青年以热情的民俗歌舞表演迎接远道而来的"洋客人"；亚龙湾的沙滩上，椰影婆娑，海风轻抚，金发碧眼的游客自在享受着日光浴；中医院诊疗室中，针灸、拔火罐等传统中医理疗令"洋游客"啧啧称赞……近年来，入境旅游加快发展，城市国际氛围日渐浓厚，无论是在景区还是乡村，三亚市民感受真切。

但是，据最新一期国际化旅游发展监测体系数据报告，三亚在国际航班到港量指标上总体仍处于较低水平，外部交通竞争力较弱；目的地整体知名度排名上，三亚在12个目的地中仅排名第十；在具有国际影响力、内容丰富性的事件及会展IP创造与引进方面，三亚相比国际知名目的地仍有较大差距。

面对激烈的国际竞争，2017年11月3日，三亚市委召开七届五次全体会议，强调要着力提升国际化水平，加强与"一带一路"

沿线国家互联互通和交流合作，加快完善凤凰岛邮轮港等基础设施，依法依规推进新机场建设，争取加密和新增更多欧洲、美洲、日韩、中国港澳台等国际和地区航线，争取更加开放的邮轮游艇政策，构建海、空全方位对外开放大通道。

三亚旅游委副主任王菲菲说，国际化建设的手段之一是提供信息化的服务。近年来，三亚积极推进智慧旅游、文明旅游、旅游人才建设，新建游客中心内智慧旅游体验中心，优化了导游网格化管理系统、旅游企业诚信管理系统，基本实现了景区 Wifi 全覆盖、景区智能导览、景区闸机系统与游客中心大数据系统的实时监控对接。

在旅游服务的国际化建设中，最关键的一环是人。服务的人，是直接与游客接触的对象，给游客带来最直接、最直观、最切实的感受。而且，无论是舒服的感受，还是不舒服的感受，通过人的传递，都能让这种感受带来的效应扩大化。因此，国际化旅游服务人才的培养是重要的一环。

国际旅游人才缺乏是三亚的短板，制约着三亚核心竞争力的提升。《2016 三亚市旅游人才发展白皮书》显示，三亚市旅游从业者中，本科学历者占比为 23.6％，硕士研究生及以上学历者占比仅为 1.8％，有旅游专业教育背景的人才占比为 36.3％，远远满足不了三亚旅游国际化发展的需求。

五

国际化的标志之一是旅游管理国际化。

建设三亚市民游客中心，作为城市管理旅游治旅的指挥部，配置 40 套"单兵作战"系统，接入全市 1300 余个城市监控视频信号天网系统。

三亚 35 个涉旅职能部门联勤联动、快速反应，旅游警察、旅游巡回法庭、旅游纠纷人民调解委员会、行政执法部门构建"四位一体"的旅游市场监管模式，咨询投诉、执法监督、调解审理形成"一站式"服务链。

三亚全市张贴 13 万余张"12345"热线、"12301"热线、"数说三亚"的"三码合一"微信公众号，为游客服务的理念深入人心。

"12345"热线、"12301"热线并线运行，实行局（区）长轮流值班制度及市纪委、市委组织部进驻监督、指导，长效监管机制正在形成。

2017 年，三亚市旅游委策划指导了三亚国际化旅游发展监测体系建设。该体系借鉴联合国世界旅游组织、世界旅游城市联合会的成熟目的地发展监测体系的实践与经验，从全球竞争视角进行顶层设计，为三亚量身打造了包括价格竞争力、旅游吸引力、公共服务竞争力、国际游客满意度以及目的地营销竞争力等在内的监测指标体系。

该体系选取普吉岛、巴厘岛、关岛、夏威夷、兰卡威、坎昆等 11 个国际知名热带滨海旅游目的地与三亚进行比较分析，通过编制专用程序、数据挖掘等技术手段，全面评价三亚国际化旅游发展现状及前景，为政府提供动态、翔实的决策依据，更加科学有效地助力三亚市的国际化建设。

在月度监测指标基础上，三亚国际化旅游发展监测体系增加了旅游吸引力、公共服务竞争力等维度若干指标，在更广范围内描摹各大竞争目的地国际化水平现状，为解读三亚旅游产业的国际竞争优劣势，寻找线索与依据。

六

国际化标志之一是具有国际化的旅游形象。

　　关于旅游形象的研究，国外又称旅游地形象（Tourist Destination Image）的研究，起源于 20 世纪 80 年代。1971 年，美国科罗拉多州立大学 J. D. Hunt（1971）撰写了一篇题为《形象——旅游发展的一个因素》的博士论文，被认为是旅游形象研究的先驱之作；在随后 30 年里，旅游形象受到了旅游地理学界、旅游经济学界等诸多领域的关注，且越来越多的旅游研究者视形象为吸引游客的关键因素。

　　专家指出，从城市旅游形象内容看，可分为物质表征和精神表征。物质表征主要包括旅游资源及其产品、旅游交通、旅游配套设施、环境卫生、旅游人才等。精神表征包括旅游的口号、宣传、旅游标志物图徽或图腾，还包括当地人对旅游的认识程度以及旅游管理措施、旅游服务等。

　　城市名片是一个城市自然、生态、人文、历史浓缩的精华，是一个城市最具体、最直接、最现实的品牌，是一个城市历史、现实和未来的缩影。同样能代表城市的形象、气质和品格。它要能引领城市的发展、进步、和谐，更要能体现城市的精神、内涵和追求。

　　2006 年 4 月至 12 月，三亚市委、市政府面向全国范围及三亚主要海外客源地国家和地区有奖征集三亚城市名片。

　　三亚市委宣传部副部长刘兰介绍，本着"过程与结果并重"的原则，这次征集一方面借助现代大媒体在全国及海外大范围地开展征集评选活动，扩大三亚的知名度、美誉度、影响力和吸引力，促进和加快三亚又快又好地发展；另一方面通过集思广益和专家评选，确定出内涵丰富、表述精准、特色鲜明、琅琅上口、易于传播和宣传推介使用的"三亚城市名片"。

　　三亚城市名片征集活动，吸引了来自世界各地 20 多个国家 150 万张选票，于 2007 年 1 月 1 日最后揭晓。

　　"美丽三亚　浪漫天涯"和"Forever Tropical Paradise——

Sanya"（永远的热带天堂——三亚）分别成为中英文两张城市名片，它既代表了三亚旅游城市的国际化品牌形象表述，也极大地推动了三亚旅游形象走向世界。

在全球旅游业竞争日趋激烈的环境下，塑造一个鲜明独特的国际旅游品牌形象对于三亚旅游走国际化发展道路，立志成为世界知名的旅游度假胜地，有着十分重要的象征作用。

2010年7月2日，三亚市国际旅游形象标识体系设计专家现场评审会在三亚举行。"凤舞天涯"形象标识体系获得评审专家一致好评。

评审会上，海南易度空间设计有限公司负责人对入围标志设计方案进行了介绍："标志整体造型借鉴中国书法笔意表现手法，将汉语拼音字母'Sanya'及中文名称'三亚''天涯'的书法字体等元素巧妙组合，其造型简洁、大方、富于东方文化特色，标志视觉表述直观、易于记忆。标志图形取材于'凤舞天涯'之理念，拼音字母'Sanya'首字母'S'凸显'凤'的造型，寓意深刻，充分表达三亚城市包揽的凤凰岛、凤凰机场、凤凰镇、凤凰路等以'凤'文化为概念，取其美名，名扬三亚，'凤'表达中华民族吉祥美好的期盼，同时也说明三亚是中国南海最美丽的旅游度假城市，与三亚城市中文名片'美丽三亚，浪漫天涯'达成一致。"

专家组认为"凤舞天涯"形象标识体系符合热带国际滨海旅游目的地的形象与气质，是一项高质量、高水平、有创意的设计成果。该形象标识很好地体现了三亚自然风光与人文气息相结合的个性，既有东方文化的底蕴，又富有时代感，展示了热带国际滨海度假天堂的独特形象，具有广泛的适用性。

七

三亚为了促进旅游国际化水平，不断出台旅游发展扶持政策，打出"组合拳"。

加大境外客运航班补贴力度，优化航空旅游市场：

——对航空公司或包机单位新开抵离或经停海南的境外航线航班，分不同航班类别、不同座位数机型，以开飞之日起计算，给予该航线航班三年的财政补贴，第一、第二和第三年分别按照财政补贴标准的100％、75％和50％计算。对航空公司或包机单位已连续开通三年以上不定期航班的境外航线，若执行定期航班，按新开境外航线航班补贴标准的50％，再给予一年的补贴。

——对境外航空公司将外国抵离海南的国际航线定期航班运用中途分程权延伸至境内其他地区或运用第五航权延伸至其他国家的定期航班，在享受上述补贴条款基础上，每班增加2万元补贴。

——对航空公司或包机单位开飞前2年内无航空公司执飞过该境外航线的定期直飞航班，亚洲航线航班和洲际航线航班，分别额外一次性给予200万元和300万元补贴。

——对三亚凤凰国际机场，在全年机场航班放行正常率平均达75％以上且无重大安全事故的条件下，以上一年度机场在全国机场旅客吞吐量排名位置为基准，如排名位置上升，给予机场公司300万元奖励。

会展旅游产业是旅游经济发展到一定阶段的产物，是推动区域国际化发展的重要途径。随着越来越多的大型会展活动在三亚举办，三亚会议与会展旅游正在步入一个全新的发展时期。2017年8月，《三亚市加快会展业发展扶持奖励办法》出台，对国际会议补贴标准、特大型会议补贴标准作了说明，其中，参会人数达5000人以上的，市财政最高可一次性给予100万元补贴。

三亚对邮轮产业发展的扶持更是不遗余力。2017年9月获市人大审议通过的《三亚市鼓励邮轮旅游产业发展财政奖励实施办法》规定，对母港邮轮航次、访问港邮轮、邮轮港经营企业进行不同额度奖励。其中，对三亚邮轮港年接待国际邮轮游客 25 万人次（含）以上的邮轮港经营企业奖励 400 万元。根据《办法》，邮轮旅游产业发展财政奖励对象包括在三亚邮轮港开设邮轮旅游始发航线或挂靠航线业务的境内外邮轮公司（或包船旅行社），和三亚邮轮港口经营企业。旨在进一步加大对邮轮旅游产业的扶持力度，打造三亚旅游新业态，提升三亚国际化程度和水平。

母港邮轮航次奖励方面，对邮轮公司、邮轮经营人及租赁（或包租）邮轮的企业开辟三亚母港航线按照航次（邮轮进、出港各一次视为一航次，以离开港时间为准）予以奖励。每航次奖励 10 万元，邮轮游客人数超过 3000 人以上的，再奖励 5 万元。

访问港邮轮奖励方面，对邮轮公司、邮轮经营人将三亚作为访问港的邮轮航线按照始发地予以奖励。始发地为国内城市的邮轮每航次奖励 10 万元，停靠三亚邮轮游客超过 3000 人的，再奖励 5 万元；始发地为港澳台地区的邮轮每航次奖励 30 万元，停靠三亚邮轮游客超过 3000 人的，再奖励 10 万元；始发地为亚洲国家的邮轮每航次奖励 60 万元，停靠三亚邮轮游客超过 3000 人的，再奖励 15 万元；始发地为亚洲以外国家的邮轮每航次奖励 90 万元，停靠三亚邮轮游客超过 1000 人的，再奖励 20 万元。

由此可见，在推进旅游国际化的道路和措施上，三亚可谓煞费苦心，不惜重金。

八

近年来，我国旅游国际地位和影响力大幅提升。首届世界旅游发展大会、中日友好交流大会、"一带一路"旅游部长会议、联合国世界旅游组织第 22 届全体大会、第七届二十国集团（G20）旅游部长会议等一系列国际会议在华成功举办。中国旅游外交亮点频出，中国正成为影响国际旅游格局的重要力量。

2017 年 9 月 12 日，由中国发起成立的第一个全球性、综合性、非政府、非营利世界旅游组织——世界旅游联盟（World Tourism Alliance，WTA）正式成立。李克强总理发贺信，汪洋副总理与联盟创始会员合影。在成都出席联合国世界旅游组织第 22 届全体大会的 137 个国家和地区的旅游部长、代表及 41 个国际组织负责人共同见证了世界旅游联盟的诞生。

时任联合国世界旅游组织秘书长瑞法依评价："中国在旅游业方面已经处于世界领先位置。世界的未来看中国，世界旅游业的未来也要看中国。"

在中国旅游国际化步伐不断加快的宏大背景下，海南的旅游国际化也在紧锣密鼓地向纵深发展。

2009 年 12 月 31 日，国务院正式发布的《关于推进海南国际旅游岛建设发展的若干意见》提出，要"着力提高旅游业发展质量，打造具有海南特色、达到国际先进水平的旅游产业体系"，将海南建成"世界一流的海岛休闲度假旅游目的地"。"到 2020 年，旅游服务设施、经营管理和服务水平与国际通行的旅游服务标准全面接轨，初步建成世界一流的海岛休闲度假旅游胜地。旅游业增加值占地区生产总值比重达到 12％以上。"

八年多来，正是在这一宏伟目标的指引下，海南奋发图强，砥砺前行。

2016 年，海南省政府为充分发挥自身区位、资源优势，印发《海南省提高旅游国际化水平和促进入境旅游发展实施方案》，打通了钳制入境游发展的市场"瓶颈"，加快推进海南旅游市场国际化建设，全面提高海南的"世界能见度"。

2017 年 12 月 1 日，海南省政府正式发布《海南省旅游发展总体规划》，提出 2017～2020 年，基本建成国际旅游岛，将海南打造成我国旅游业改革创新试验区，创建全域旅游示范省；至 2025 年，建成世界一流的海岛休闲度假旅游胜地；至 2030 年，建成世界一流的国际旅游目的地。

《规划》提出，要发挥"生态环境、经济特区、国际旅游岛"三大优势，抢抓"一带一路、消费升级、创新发展"三大机遇，坚持"创新、协调、绿色、开放、共享"发展理念，以海南国际旅游岛建设为总抓手，加快提升以旅游业为龙头的现代服务业，走"旅游＋"融合发展道路，确立打造世界一流的国际旅游目的地总体定位。

2016 年，海南接待游客 6023.59 万人次，其中入境游客 74.89 万人次，占比为 1.24％，扣除 27.91 万港澳台地区游客，外国游客占比更低。而印尼巴厘岛 2016 年接待的 1200 万游客中有 490 万外国游客，墨西哥坎昆每年接待外国游客 300 万以上，泰国普吉岛每年接待外国游客 700 万以上。

差距，显而易见。

对于三亚的不足，三亚亚特兰蒂斯酒店副总经理陈民敏深有感触。2016 年 9 月，他作为三亚市人民政府旅游推广代表团的一员，赴欧洲的德国柏林、法兰克福、英国的伦敦和曼彻斯特，推广三亚旅游和亚特兰蒂斯项目，每到一处都受到当地媒体的极大关注，但许多欧洲人几乎不知道东方有三亚这样一个美丽的滨海旅游城市。2017 年，英国只有 4807 人到过三亚，法国是 4710 人。

每天从三亚上空的航路中经过的国际航班超过 400 架次，而 2017 年三亚日均接待国际航班仅为 13 架次。

2017 年 5 月，海南省省长沈晓明同志在三亚调研期间，充分肯定了三亚近年来经济社会发展成效，针对三亚发展中面临的"成长中的烦恼"，他希望三亚在全面提升城市国际化水平上下功夫，重点补齐旅游产品开发不够、旅游服务体系不健全、旅游区域发展不平衡、高端消费外流等短板。

2018 年 2 月 25 日，海南省政府领导班子成员集体调研三亚市经济社会发展情况并召开座谈会。沈晓明在讲话中直言："三亚市国际范仍然不够，旅游优势还没有充分发出来。三亚已经成为国内一流、国人首选的旅游目的地，但与国际一流的旅游目的地还有不小的差距。"

沈晓明说，国际一流的标准至少体现在三个方面：一是以国际游客为主；二是有符合国际标准的旅游产品；三是有与国际接轨的旅游设施和服务。对比这些标准，三亚差距不小，国际游客比例低，符合国际标准的旅游产品少，旅游设施和服务除了酒店其他方面还远远不够，比如英语服务、旅游标识等都是短板。从旅游"吃、住、行、游、购、娱"六要素来看，三亚的"行"和"娱"也是短板。

沈晓明指出，与三亚国际化旅游发展监测体系选择的 12 个世界滨海旅游目的地比较，三亚综合排名只有第十位。即使与国内同类城市比较，三亚也没有优势，2017 年三亚市接待游客量仅有丽江市的 45％、黄山市的 31.7％，接待入境游客量也只有丽江市的58.4％、黄山市的 50％。

既不能妄自菲薄，也不能盲目乐观。三亚在国际化的漫漫道路上，依然需要跋山涉水，披荆斩棘。

九

2018 年年初，海南省政协在《加快推进"大三亚"旅游经济圈建设调研报告》提出"加速提升三亚国际化水平"的建议："要把支持三亚建设国际化热带滨海旅游精品城市作为重中之重，当务之急是加速提升三亚国际化水平。"

调研报告提出，要实施非均衡发展战略，集中一切可以调控的资金、项目和政策，让三亚获得更多的超常规发展机遇与资源。应把三亚作为"大三亚"旅游圈的高地，进一步突出和强化其地位和作用，形成支持三亚发展就是支持全省发展的共识，切实把三亚的发展提到与全省共建、共管、共赢的新高度，给予三亚更大的倾斜、更多的支持。要支持三亚建设"国际旅游自由港"，加速提升区域国际化水平。把三亚作为全省乃至全国旅游创新先行先试的典范。坚持以"世界眼光、国际标准、高点定位、三亚特色"的理念，全方位对现有旅游要素进行深度国际化改造，建设具有国际水准的文化设施，建立与国际化相适应的旅游管理体制和运行机制，发展面向国际的旅游服务产业，将三亚旅游国际化水平提升到一个全新层面。

咬定青山不放松。三亚锁定旅游国际化的目标，不断发力。

2017年9月底，三亚正式出台了《三亚市建设世界级滨海旅游城市行动方案》，提出了"十大行动"：提升城市国际化水平行动、旅游产业提升行动、千亿级产业园区建设行动、"双修"升级版行动、"十镇百村"建设行动、智慧城市建设行动、幸福民生行动、人才"海绵城市"建设行动、强区扩权行动、强基固本行动。

2018年1月14日，三亚市召开市委常委会和市委理论中心学习组（扩大）学习会议，审议通过了《三亚市国际化城市指标体系和评估体系》，通过落实6大项一级指标、36项二级指标，全面提升以旅游产业为核心的城市国际化水平。其中6大项一级指标包含城市经济国际化、城市建设国际化、公共服务国际化、生态环境国际化、旅游产业国际化、国际交往国际化6大项内容，包括国际化城市经济指标、国际化城市基础设施、国际化城市公共服务设施、城市生态环境质量、国际旅游接待服务能力、直飞国际航线及国际邮轮港航线数量等众多内容。

三亚还对未来三年三亚国际化建设进行了部署，力争到2020年三亚国际化实现75%，人均GDP达到7.76万元，开通30条国际航线，国际旅游收入占GDP的比重达到3.65%。

　　可以预计，不远的未来，作为国际化热带滨海旅游精品城市，三亚将在南海边熠熠生辉。"国际范"的三亚必将成为 21 世纪海上丝绸之路上一颗璀璨的明珠。

第五节　三亚"洋面孔"

有一种网红，叫三亚；有一种炫耀，叫在三亚；有一种自豪，叫爱三亚；有一种骄傲，叫世界的三亚。

蓝天白云、椰风海韵……越来越美的三亚、越来越好的三亚、越来越便捷的三亚、越来越多彩的三亚……吸引了越来越多的国外游客来到三亚享受美好的度假时光，也有越来越多的外国人选择留在这片阳光圣地工作生活。

三亚的"洋面孔"越来越多。

美国影片《第五元素》是1997年哥伦比亚影片公司出品的一部科幻电影，影片讲述了2259年的未来纽约。为了拯救地球，依照古老的传说必须找齐五种元素：空气、水、土壤、火，最重要的一种是人。当很多赖以生存的城市笼罩在沙尘暴之下，脚下的土地正在被沙漠侵蚀，三亚人却依然自在享受着清新的空气和湛蓝的天空。

一位来鹿城多年的老外说，三亚的绿是其他中国城市所无法比拟的，随处可见的绿树、花卉是使这个城市可爱之极的原因。另一位老外说，三亚人是他到过的所有中国城市中最好的，他们友善、热情。当人类居住最需要的"五种元素"都让三亚一一具备，这就是老外们喜欢上三亚这座城市的真正原因吧。

一

2017年11月7日，一架搭载着236名旅客的俄罗斯艾菲航空A330－200型客机平稳降落在海南三亚凤凰国际机场，标志着"三亚—圣彼得堡"航线时隔三年再度启航，成为三亚机场今年继开通"三亚—乌兰乌德"航线后的又一重要俄语地区航线。

俄罗斯游客最喜欢中国海南的三亚。新华社记者对俄罗斯多家旅行社产品调研时发现，基本每款来中国的旅游产品一定会包含三亚市，其次才是北京、上海。

俄罗斯人为什么热捧三亚呢？俄罗斯联邦旅游署副署长科罗列娃道出真情，在俄罗斯民众的脑海中，海南以温暖沙滩著称，由于气候、地域等原因，生活在寒冷地区的俄罗斯人对赴海南旅游格外向往。她说，海南游中休闲与疗养相结合的旅游模式在俄罗斯游客与民众中深入人心。根据当地旅行社提供的数据，80%以上的俄罗斯民众对到海南旅游有所耳闻，其中尤以三亚之旅最受人称道。

作为三亚最大的客源国，俄罗斯目前已有莫斯科、新西伯利亚、克拉斯诺亚尔斯克、叶卡捷琳堡、伊尔库茨克、哈巴罗夫斯克、海参崴 7 条航线直飞三亚、海口，每周 20 班。俄罗斯媒称2017 年约有 30 万俄罗斯人到海南岛，3 年后从俄罗斯赴海南岛游客数量可达到每年 100 万。

俄罗斯人赴三亚度假的起源可追溯到 1997 年 1 月，一架载着120 名俄罗斯游客的旅游包机从西伯利亚飞抵三亚，从此打开了俄罗斯人大举南下海南岛度假的闸门，当年到三亚的俄罗斯游客即超过 30000 人。

1999 年，三亚市政府首次组团亮相俄罗斯远东地区推介旅游产品，此后赴俄促销宣传成为三亚市政府和旅游部门每年必做的功课，三亚的魅力吸引着大量俄罗斯游客，三亚至俄罗斯的多条航线逐年增加，来三亚度假休闲的俄罗斯游客人数迅速上升，正如俄罗斯联邦符拉迪沃斯托克市副市长伊莲娜·维塔尔耶夫娜·加夫诺所言，三亚是她见过的最漂亮的城市之一，如童话一样美丽。就连俄罗斯总统普京也曾表示："我很向往海南，很多朋友都曾经到海南休假，他们都喜欢那里。"

优越的自然条件和优良的旅游接待服务，让国内外旅游者均能享受到国际化的旅游产品和国际化标准的服务。到三亚休闲度假，对于不差钱的庞大的俄罗斯中产阶级而言，是一段物超所值的旅程。

与俄罗斯当地相比，中国海南的消费水平及生活环境要优越得多，这也是吸引俄罗斯人集聚三亚的一个因素。许多俄罗斯旅游者一住就是十天半个月，旅游购物两不误，其中不少人已在三亚购买房产，有的在经营餐厅、酒店或贸易。生性喜欢热闹、饮酒、购物、夜生活和休闲娱乐的俄罗斯人，花费往往出现"超支"。

由于冬季气候严寒漫长，很多俄罗斯人都患有关节炎、风湿、高血脂、肥胖症等慢性疾病。讲求天人合一、养生保健的中医理疗，神秘的东方文化越来越受到俄罗斯人推崇。到三亚享受中医理疗、温泉养生等项目对俄罗斯人有着极大的诱惑力。

二

当然不仅仅俄罗斯。

如今，三亚，这座南海之滨的热带城市，正以更宜居的生态环境、更规范的旅游环境、更内涵式发展的城市环境，令更多"洋面孔"感受到一股清新的"中国风"。

"月娘光光静静照在石榴园，树上石榴毋讲话……"2018年元旦，在三亚欧亚非国际文化传播有限公司的排练厅，传来海南民谣《石榴园》的优美旋律。"洋乐队"Honey正通过吉他、架子鼓等现代乐器演绎着海南新音乐，乐队主唱——乌克兰女孩泰雅用不太熟练的海南话演唱着，沉醉其中。她喜欢三亚，享受这里的如春四季、如画美景。优质的自然环境成为她扎根中国的重要原因。

黑脸琵鹭时隔8年再回归、"蓝精灵"海豚成群腾跃三亚海湾……2017年，三亚"自然圈"很热闹。在全国生态文明建设的推动下，补齐城市发展不平衡不充分短板，让更多的"蛙鸣虫叫"回归城市田园，成为坐拥一流生态资源的三亚人的强烈企盼。

新年伊始，三亚亚特兰蒂斯董事总经理、来自德国的海科特别忙，"酒店就要开门迎客了，这将成为集度假酒店、娱乐、餐饮、购物、演艺、物业、国际会展及特色海洋文化体验八大业态于一体的旅游综合体，助推三亚旅游迈向 3.0 时代。"他说。

海昌梦幻不夜城等大型项目加快建设，Hello Kitty 主题公园项目、六旗主题乐园落子鹿城，华侨城等优质知名旅游企业进驻……海科将三亚旅游"吸睛"又"吸金"的可喜现象，归结为充满活力的"海南因子"，"拥有好资源、好环境、好政策，'一带一路'建设、'多规合一'改革、全域旅游创建等一系列举措加快推进，在鹿城，我们感受到新时代发展脉搏。"

发展步入国际前沿，可喜的"变"，源于创新。近年来，三亚致力"一支柱两支撑"产业格局创建，通过政策保障、格局优化等举措，着力发展"蓝色经济"等新兴产业，并提出打造千亿元级产业园区目标，全力释放发展的"第一动力"效能，为加快建设创新型国家贡献力量。

三

世界那么大，我想到三亚看看。

三亚市委、市政府全力推进建设世界级滨海旅游城市，大手笔推动三亚市幸福民生行动计划，全市上下欢欣鼓舞，大快人心。

随着三亚软、硬件的国际化水平不断提升，吸引了越来越多的"老外"来三亚度假、求学、就业，甚至有很多"老外"在三亚结了缘、安了家，成了三亚的"新市民"。

爱上一座城可以有千万种理由，爱上三亚可能只因"那一片蔚蓝"。几经往返，皮特已不习惯在家乡英国利物浦的生活。一离开三亚，心中对三亚的惦记便愈发强烈，在他心里，回三亚就是回家……

在 2012 年，和许多外国人一样，怀着对中国 5000 年历史文化的向往，皮特开始中国之旅第一站——西安。在西安停留期间，朋友在三亚拍的几张照片瞬间触动了他的心弦，马上起了要到三亚看看的念头，"中国还有这样风景如画的小城！"皮特决定缩短在西安的停留时间，背上行囊改道三亚。

蔚蓝深邃的大海、绿树成荫的环境、干净整洁的大街小巷、热情友好向你说"Hello"的三亚市民……一切的一切都给了他留下的理由，也成了他返回故乡后心中挥之不去的念想。

回到利物浦后，学习音乐的他与朋友一起组建了乐队，当起架子鼓手，生活依旧，可对三亚的眷恋却从没停止。一年后，皮特决定离开那个从小生活的地方，安顿好家里的一切，登上前往三亚的航班。

"下飞机的那一刻，一种莫名的亲切感顿时涌上心头。原来住的地方门前的那条路种上了许多树，街道上的车似乎多了起来。"皮特颇为兴奋地回忆，当时收拾好行囊后便开始找工作，最后在鲁迅中学当上英文老师。

刚来三亚时，皮特就特别"接地气"地买了一辆电动车，他解释说："我必须入乡随俗，骑电动车可以轻松地进入三亚的大街小巷，这样才能更深入地去了解这座城市。"

"可是，在 2015 年年底时我发现三亚'变'了。"皮特话锋一转说，"三亚到处修修补补，骑车特别不方便，我常和朋友抱怨这么好的道路为什么要挖了重建！直到 2017 年道路建好后，才发现自己错了，因为我可以不用再和机动车挤车道，还可以牵着我的狗在慢行道上安全地行走。我在闲暇之余除了可以去海边休闲度假，还可以到新建的公园感受最休闲的生活。"

在三亚，皮特还收获了爱情。那天，皮特到亚龙湾游泳，邂逅了现在的妻子，他俩一见如故。现在，皮特已成为"新三亚人"，2017 年 7 月，30 岁的他与三亚姑娘结束了 5 年的爱情长跑，走进婚姻的殿堂。他们的日子过得平静但不缺乏浪漫："平时各自忙工作，空闲时会一起去海边，或者外出旅游，不然就在家研究美食。"皮特一直想学中国菜，也一直尝试着做一些简单的菜。"但我发现，我最擅长的还是蛋炒饭。"他忍不住笑了起来。

四

高高的鼻梁，褐色的眼睛，优雅又绅士，这位身穿胸前印有"我爱 sanya"白色 T 恤的外国人叫魏浩生，是一个地地道道的美国人。

2018 年 2 月 2 日早上 5 点多，作为丽思卡尔顿集团区域地区副总裁兼金茂三亚亚龙湾丽思卡尔顿酒店总经理的魏浩生起床洗漱，喂完鱼和狗，看看新闻、查查邮件，他一天的工作日程就此展开。日程表上显示，当天有电话会议、一对一部门经理会议、访谈、季度"五星员工"颁奖典礼、客房部年终答谢晚宴等 11 项日程等着他去完成。

密集的工作安排，魏浩生仍应对自如，还带着享受。抵达酒店后，他习惯了先绕到前厅、餐厅走一圈了解情况，从客人和员工这些可爱的人们身上汲取一天的能量。"三亚是非常美丽的热带天堂，我觉得自己身处三亚很幸运，每天工作环境都跟度假一样。"远从美国而来的他，总是称自己是"三亚人"，也希望能让更多的人在三亚有回家的感受。

让这个外国友人自称"三亚人"的印记，在他的生活轨迹上随处可见。比如他在三亚考到了驾照，驾照上写着"海南三亚"。比如他特别喜欢后海的一家鱼排海鲜，休假时常去一饱口福。比如他还买了一辆电动车，常骑着去探索大街小巷，最轻车熟路的地方是第一市场……

在这个"新三亚人"的感染下，他的亲朋也都深爱着三亚。他的母亲、兄弟、女儿和姨妈，都来过三亚旅游，也很享受在三亚的"慢生活"幸福时光。

从事旅游相关行业超过 30 年的魏浩生，作为三亚旅游协会执行会长，欣喜看到三亚旅游取得长足进步，并融入更多国际元素，提供给全球客人优质体验。

"三亚城市更加整洁了，城市的路更多、更宽，旅游环境越来越规范，环境保护也备受重视，治安也特别好。一直在革新，一切都在进步。"他说。

拿他最近感受到三亚国际范的事来聊，就是刚刚观看过的太阳马戏《阿凡达前传》三亚首演。史诗级的视觉盛宴，以前只在全球一线城市能看到，如今能够在三亚驻场演出 3 个月，是对三亚国际范的认可。

用三个词总结在三亚的生活，他的选择是"Happy、Healthy、Love"。他说，三亚有着天然、放松的感觉，是能让人开心愉快的地方。也是一个非常健康的地方，让人忍不住想深呼吸的地方。同时，还有许多的爱在这里汇聚，融合成了热带天堂。

五

无论是三亚旅游界人士，还是本地居民，许多人都非常熟悉俄罗斯人安德烈·伊万诺夫，他是"三亚市荣誉市民"，曾获得中国"国家友谊奖"，被称为建设海南国际旅游岛的"民间外交官"。

安德烈的母亲是俄罗斯人，但父亲是华人，妻子也是中国人，事业更离不开中国三亚。能说一口流利汉语的安德烈 20 世纪 90 年代便投身海南旅游界，是海南开拓俄罗斯旅游市场的"第一人"。

近 20 年间，安德烈推动了俄罗斯至海南首条旅游包机航线的开通，牵手海南旅游界精英在俄罗斯召开了首场推介会，并负责接待了俄罗斯国家旅游署负责人对三亚的重要考察。

"我爱三亚胜过爱莫斯科，这是非常真实的情感。"安德烈说，他和妻子，还有两个女儿已经在三亚组建了一个"国际化"的家，"三亚已经发展成一个非常包容的国际化城市，这里是我们最爱的家。"

"在全国 130 个外国人重点管控城市中，来三亚就业的外国人所占比重很高，排名全国前列，甚至排在南京等不少一线城市之前。"三亚公安局出入境管理支队是三亚外国人常住人口服务管理的重要部门，据他们统计，近年来，来三亚工作的外国人总数成逐年上涨的态势，"这与三亚旅游业的蓬勃发展密切相关"。

除了出入境管理以及外事部门，基层居委会、派出所和各企业都是外国人在三亚最信赖的"家"。"在小区、酒店，我们会张贴有关外国人管理的法律、法规和服务指南，中、英、俄三种语言都有。"大东海片区是外国常住人口最集中的区域之一，大东海居委会负责人说，"有事找居委会""有事找民警"也成了很多外国人的口头禅。

吴德鑫是大东海派出所专门负责外国人管理的民警，他会讲一口流利的英语。大东海派出所辖区内，外国人常住人口有 200 人左右，每个人工作的单位以及住址他都已经熟记在心。而流动和散居的外国人 360 人左右，他也需挨个登记清楚。经过多年工作，吴德鑫与小区、酒店的保安形成了很好的伙伴关系，如果有陌生外国人入住，他们也会主动通知，保安成了他的信息联络员。

"我们辖区还有 20 多位社会志愿者，义务为我们提供翻译，他们会俄语、日语、意大利语等，平时在单位上班，如果我们或外国人有需要，他们就会抽空提供力所能及的帮助。"吴德鑫说。

六

选择三亚中医药健康旅游的外国游客，一般都是上午欣赏三亚的自然美景，下午享受中医的疗养魅力。三亚的气候、空气、自然资源优越，在这样一个舒适环境中进行身体和精神的调养，效果会更好。

中风许久的一位俄罗斯老艺人，从未想过一次无心插柳的三亚之旅，竟让他挥别拐杖人生，重新登上演艺舞台。半个多月的三亚中医药疗养之旅，让这位老艺人重拾健康、信心和笑容，喜迎人生转折点。但自那时起，老艺人每年都会定期来三亚享受一次中医药健康游。和老艺人一样，为"三亚中医药健康旅游"魅力着迷的外国游客已有几十万人次。

中药、针灸、推拿、拔罐、食疗……中医，是中国传统文化的瑰宝，凝聚了中华民族几千年来的健康养生理念和实践经验。随着现代社会的发展和全球化进程的加快，世界上许多国家也逐渐掀起了"中医热"，三亚市中医院打造的"中医药健康旅游"就始于2002年。

当时，一批切尔诺贝利核电站泄漏事故中的受伤人员来到三亚，在三亚市中医院接受针灸、推拿、拔罐、熏蒸等"中医疗养"，效果良好。同年三月，俄罗斯一家大型企业与三亚市中医院签订中医保健疗养合同，每年输送数千名员工组成的疗养团到三亚接受疗养，鹿城的"中医药健康旅游"由此起飞。

"中医讲究'天人合一'，认为人与自然界是一个统一的整体，人的生命活动规律以及患病、发病等，都与季节气候的各种变化息息相关。"三亚欣欣容中医疗养国际旅行社有限公司副总经理董震说："选择'三亚中医药健康旅游'的外国游客，一般都是上午欣赏三亚的自然美景，下午享受中医的疗养魅力。因为自然界的变化直接或间接地影响人体。三亚的气候、空气、自然资源优越，在这样一个舒适环境中进行身体和精神的调养，效果会更好。"

在针灸、推拿按摩、拔火罐、牵引、药浴等中医疗养项目中，推拿按摩又是最受外国游客欢迎的一项。

2015 年 11 月，来自法国、西班牙、哈萨克斯坦、韩国等 18 个国家的近 40 名驻京大使、公使、总领事等来到三亚，体验中医的体质辨识、望闻问切、针灸按摩等传统疗法。

截至 2017 年年底，三亚市中医院已接待俄罗斯、瑞典、挪威、奥地利、德国、法国等多国客人，并接待多架次国外疗养包机，为 7 万余位外宾提供高端定制健康服务。

"中医疗养游在旅游市场大有可为，经济潜力巨大。"三亚中医健康旅游协会会长、三亚市中医院负责人陈小勇说，境外游客尤其是俄罗斯客人来到三亚，80％都会选择中医理疗产品，人均消费在 1200 美元左右。

碧海蓝天金作沙，椰风阵阵到天涯。国际化的三亚正吸引越来越多的"洋面孔"来观光旅游，求学经商。三亚用开放的胸怀拥抱世界，世界也因三亚而更加精彩。

第六节　旅游文化：从颜值到内涵

城市以文化论输赢。

独具特色的城市文化和城市个性是一个城市参与全球城市竞争，打造城市核心竞争力的巨大优势。

三亚不仅拥有旖旎迷人的自然风光，更有独具特色的文化资源。

本来可以靠颜值，三亚偏偏拼文化。

今天的三亚，让海内外游客感受到文化味越来越浓。

海南省委常委、三亚市委书记严朝君多次强调，要从全局和战略高度来看待文化建设，以文化视角、文化思维、文化观点来审视城市发展，把文化因子注入城市的血脉、播撒到每个角落，不断提升三亚城市文化品位和内涵。

一

2018 年 3 月 13 日，国务院机构改革方案提请十三届全国人大一次会议审议。根据该方案，改革后，国家旅游局与文化部合并，组建文化和旅游部。不再保留原文化部、国家旅游局。

4 月 8 日，新组建的文化和旅游部正式挂牌。作为国务院组成部门，其主要职责是，贯彻落实党的宣传文化工作方针政策，研究拟订文化和旅游工作政策措施，统筹规划文化事业、文化产业、旅游业发展，深入实施文化惠民工程，组织实施文化资源普查、挖掘和保护工作，维护各类文化市场包括旅游市场秩序，加强对外文化交流，推动中华文化"走出去"等。

国务委员王勇表示，上述调整旨在"为增强和彰显文化自信，统筹文化事业、文化产业发展和旅游资源开发，提高国家文化软实力和中华文化影响力，推动文化事业、文化产业和旅游业融合发展。"

我国旅游业最早被看作是一项以外交使命为目标的外事接待工作，国家旅游局的前身是 1964 年成立的中国旅行游览事业管理局，当时由外交部代管。1993 年，国务院决定国家旅游局为国务院直属机构。如今，随着游业市场化程度逐步提高，旅游产业定位日趋明显，并上升至国家战略高度。

在旅游业发展的实践中，文化与旅游的重合度越来越高。"十三五"以来，我国陆续出台了一系列促进文旅产业发展的政策，进一步推动了文旅产业的结合。

世界旅游城市联合会首席专家、海南省政府咨询顾问委员会委员魏小安认为，组建文化和旅游部，说明文旅融合已经成为现实发展方向，要求旅游发展的文化导向和文化深入，符合转型升级的需求变化。

北京大学文化产业研究院副院长、文化部国家文化产业创新与发展研究基地副主任陈少峰认为，文化旅游部门的融合，还将有望推动以更开放的眼光看待文化与旅游项目。

其实，文化在三亚的旅游发展中始终扮演着重要的角色，并伴随着旅游产业的转型升级其重要性不断加大。

"旅游是文化的载体，文化是旅游的灵魂。"三亚市旅游委主任樊木说，三亚既有迷人美景，也有特色文化，可以说，三亚走文化与旅游融合发展之路拥有得天独厚的优势。

近年来，三亚开始致力于打造文化和旅游的有机融合，一改以往单纯的风光美景营销，转而突出旅游与文化艺术相结合做营销，并积极引导各类旅游企业开发融合文化元素的旅游产品，极大地提升了旅游文化内涵。

二

文化提升旅游，旅游传播文化。无数成功的案例证明，文化产业与旅游产业融合发展，将产生巨大的社会效益和经济效益。

近年来，在打造"国际旅游岛"的带动下，三亚开发旅游的文化内涵，发展文化旅游的路径越来越清晰，"文化力量"对传承民族传统文化，拉动经济增长的支撑力更加凸显。

古老的图腾，精美的服饰，神奇的纹身，令人惊叹的舞蹈乐器和生存技巧……在三亚自然博物馆，黎族文化让前来参观的游客大开眼界。更令人惊叹的，则是各式各样的黎锦服饰和纷繁复杂的制作工艺。

海南锦绣织贝实业有限公司董事长郭凯介绍说："有着三千多年历史、被誉为中国纺织史'活化石'的黎锦，其手工纺、织、染、绣等技法享誉中外，形成了独特的黎锦文化，被列入联合国非物质文化遗产名录，成为全世界急需保护的十二项人类非物质文化遗产之一。还有黎族钻木取火、原始制陶技艺、树皮布制作技艺等一大批少数民族文化遗产，都以其鲜明的特色和丰富的内涵而被人们赞誉。"

然而，这种有着三千多年历史的黎锦文化，曾经濒临灭绝，从而唤起了人们对传统黎锦工艺进行抢救、挖掘和保护。而三亚在开发文化旅游的过程中，让更多的游客了解黎族文化，让黎族人民加强了对民族文化的传承，进一步促进了对黎族文化的保护和发扬。

三亚一批市场热点的特色品牌景区，正是由于抓住了当地特色文化，才让景区拥有了可以持续发展的"魂"。

亚龙湾热带天堂森林公园景区将热带雨林文化与本土文化有机融合，让游客在体验三亚生态美景、雨林奇观的同时，还处处感受到海南热情、友善的独特人文魅力。在南山文化旅游区，既能欣赏山海自然美景，还可拜访众多佛教名胜、参观举世闻名的"南山海上观音"；既能体味回归自然本真的乐趣，获得佛教文化带来的心灵荡涤，还可领略佛教造像艺术的璀璨和福寿文化的悠久渊源。

三亚依托自己独特的文化特色，从差异化的角度开发了多层次的旅游产品，让游客处处感受到风格各异的文化韵味。

从新丝路模特大赛到金鸡百花电影节，从奥运圣火国内首传城市到环海南岛国际公路自行车赛，数年来，三亚市从一次次文化盛事中为旅游汲取了更多的文化基因，文化所产生的后续生产力，也一次次让三亚惊喜。

三亚市委常委、市委秘书长邓忠表示，从"注意力经济"的实践到城市营销的整合再到明确提出"文化立市，提升城市品质"，三亚推进文化旅游发展的思路已经清晰。

通过差异化打造旅游产品，三亚旅游市场保持持续增温形势，游客接待量和旅游收入步步高升，呈显著增长态势。2017 年，三亚累计接待国内外游客 1831 万人次，同比增长 10.86%，实现旅游收入 406 亿元，同比增长 25.98%。

三

走到鹿回头山顶，弓箭所指原来是前世今生苦苦追寻的人；步至崖州城门前，听巾帼英雄冼夫人为夫练兵的壮烈回响……三亚的文化烟火让许多游人回味无穷。

2018 年 1 月 10 日，由泰国政府、旅游协会及泰国旅游警察等组成的考察团一行走进天涯海角游览区就被眼前的场景所吸引。只见穿着黎族服饰的阿哥吹起树叶演奏，旁边的乐师拉起椰胡表演，黎族大姐织着漂亮的黎锦……丰富的非物质文化遗产黎家文化浓缩在这里，令客人喜笑颜开。

游览了天涯海角历史名人雕塑园、婚庆基地、天涯海石景观区、天涯非物质文化长廊等景点，欣赏了天涯石和海角石区域的摩崖石刻，观看了黎族树叶吹奏和拉椰胡表演，观摩黎族制陶和织锦等海南非物质文化后，泰国考察团成员赞不绝口。他们表示，同样是滨海景区，天涯海角和泰国的景区相比，美得更加独特且有深厚的文化内涵。

今天的三亚一改以往单纯的风光美景营销，转而突出旅游与文化艺术相结合做营销，并积极引导各类旅游企业开发融合文化元素的旅游产品，极大地提升了旅游文化内涵。

近年来，三亚先后举办了国际沙滩音乐节、沃尔沃帆船赛、世界小姐总决赛、沙滩比基尼万人大赛等一系列文体活动；春节期间，各景区、酒店等接待单位推出了新春庙会、撞钟祈福、品小吃等特色活动，正是凭借这些具有浓郁文化气息的活动，极大丰富了三亚的旅游产品。

在旅游促销方面，三亚同样有意识地向与文化元素相融合倾斜。把夏季旅游营销活动与旅游摄影大赛结合、开展婚庆主题推介、三亚旅游摄影研讨等文化活动；开发文化氛围浓郁的祈福婚礼、海滨婚礼等婚庆旅游产品，引领婚庆文化新潮流；把"海洋旅游""清爽度假""绿色旅游"、三亚民俗风情与婚庆旅游产品相结合，提炼出富有文化色彩的"带着婚纱去旅行""爱 TA 就带 TA 来三亚"的浪漫口号诠释三亚情怀。

从 2017 年 3 月三亚市群众艺术馆正式开馆一年来，共举办各类惠民文化活动 52 场次，各类展览 19 场次，惠及群众多达 6 万人次，为广大市民、游客提供了丰富的精神文化享受。

三亚市政协主席容丽萍表示，三亚将继续秉持"幸福是奋斗出来的"精神，为群众创造更多更优质的文化养料，充分发挥文化导向作用，使市群艺馆成为服务社会、推动发展的有效载体，争取从根本上补齐三亚公共文化基础设施的短板，着力将其打造成为市民、游客的"文化会客厅"，为建设世界级滨海旅游城市提供文化支撑。

四

2018 年新年伊始，三亚各种艺术活动精彩纷呈。

为推动"一带一路"建设，助力三亚建设世界级滨海旅游城市，迎海南建省办经济特区 30 周年——维也纳管弦乐团三亚新年音乐会在三亚艺海棠艺术综合体如约举行，这标志着 2018 三亚国际艺术季正式拉开帷幕。

维也纳管弦乐团擅长以传统演奏方法，展现维也纳乐派作曲家的音乐风格原貌，因而被观众称为"纯正维也纳传统音乐风格的乐团"。维也纳新年音乐会是奥地利音乐文化的"名片"，也是风靡世界的文化盛事。

1 月 6 日下午 4 时，在三亚当代艺术馆前的草坪广场上，来自奥地利的交响乐团——维也纳管弦乐团，在天才指挥家拉斐尔施卢瑟伯格的指挥下，演奏了一系列世界经典曲目，其中包括出自施特劳斯家族的经典圆舞曲《蓝色多瑙河》《维也纳森林的故事》《南方的玫瑰》，同时还演奏了中国经典曲目改编的《我爱北京天安门片段——嬉游曲》《山丹丹花开红艳艳》《红色娘子军片段——快乐的女战士》三首曲目，持续 90 分钟的听觉盛宴令在场的 2000 余名乐迷朋友一饱耳福，将新年气氛带入一个又一个高潮。

为期 4 个月的 2018 三亚国际艺术季活动内容丰富，精彩纷呈，除了沿袭首届传统，邀请国际艺术演出团队，展出世界级大师作品，本次艺术季还增添全新艺术媒介，丰富视听体验，吸引了三亚市民、旅游者、国内外艺术家等共同参与，令广大活动参与者在感受三亚自然之美的同时，享受到这场文化艺术盛宴带来的精神愉悦。

三亚市委常委、宣传部部长尚林说："希望三亚当代艺术馆、中海三邦友公司把本次艺术季活动办成极具感染力、全面开花的高水准艺术盛宴，打造成为三亚文化艺术的新名片，让三亚的文化事业再上一个阶梯，让三亚的文化内涵更丰富、更优雅、更完美。"

国际系列艺术展是艺术季的重头戏及跨度时间最长的活动单元，汇聚了全球艺术大咖，聚焦了世界目光，邀请了国内外著名策展人、著名当代艺术家汇聚一堂，展示全球顶级艺术作品，聚焦世界艺术视点。

同时，将艺术融入生活的"海棠艺花园"当代艺术收藏展同期进行，罗中立、刘虹、杨千、范勃等艺术家参展，这些收藏精品在艺海棠悉数展出。

除此之外，在春节期间举行的国际艺术电影周，以 6 场电影展示艺术大师的艺术生活与创作场景，带领观众走进了梵高、马蒂斯、毕加索、安迪·沃霍、巴斯·奎特和罗斯科等艺术家的艺术人生。

2 月 27 日，来自澳大利亚悉尼的欧米茄室内乐团演出的四重奏音乐会、悉尼歌剧院签约的首席华人女高音歌唱家翟慧娟与钢琴家马国丰的演出，在艺海棠艺术综合体唱响美丽的国家海岸。

三亚新年音乐会、国际当代艺术展、系列国际音乐演出、国际艺术电影周、艺术沙龙与讲座……由艺海棠艺术综合体全程筹办的 2018 三亚国际艺术季系列活动精彩纷呈，在新春佳节前后给三亚市民、游客带来高品位的国际化艺术视觉和听觉盛宴。

2018 三亚国际艺术季的举办，在三亚掀起一波又一波艺术巨浪，吸引更多世界一流的艺术团体以及艺术家来到三亚，进而提升三亚的文化高度，助力三亚打造一张集"旅游＋文化＋科技＋养生"为一体的国际旅游城市名片。

五

海棠湾畔，云飞浪卷；国家海岸，百花吐芳。

2月11日，艺海棠正式与国际建筑设计大师签约，将艺海棠艺术综合体的核心建筑——三亚当代艺术馆委托妹岛和世与西泽立卫设计。目的只有一个：把三亚当代艺术馆打造成为世界一流的艺术殿堂，把三亚国际艺术季打造成三亚最具有国际辐射力、影响力的文化艺术品牌。

创新是文化之根，文化是城市之魂。三亚不仅需要科技、旅游、教育等方面的发展，文化艺术作为城市的软实力也必须齐头并进。投资10多亿元建设三亚当代艺术馆，并投入上千万元举办2018年三亚国际艺术季，意在增强三亚的文化自信，推动三亚文化事业的繁荣发展。

艺海棠艺术综合体落址于"国家海岸"——海棠湾的核心腹地，近邻30余家国际酒店，拥有301医院、三亚国际免税店等高端医疗、购物配套。

艺海棠艺术综合体纯粹以艺术为源头，以三亚当代艺术馆为龙头，涵盖艺术家工作室、艺术美宅、艺术酒店及艺术商业等，是从"旅游三亚"到"艺术三亚"转型升级的里程碑式标志性项目，对三亚城市的综合性战略发展具有示范性的引领和带动作用，对三亚建设世界级滨海旅游城市的发展目标具有重大意义。

三亚当代艺术馆作为艺术综合体项目中的国际化品牌项目，由"普利兹克建筑奖"得主——妹岛和世担纲设计，定位为一个有特色的国际化美术馆，一个与自然环境相融的"会呼吸的美术馆"，依托三亚的阳光、空气、青山、绿树、碧海、蓝天、翠草为前提条件，将三亚的自然景观、建筑与当代艺术相融合，为人们带来颠覆性的全新化视觉体验。

　　三亚市副市长许振凌表示："举办这样综合性、国际性、高规格、可持续、品牌化的艺术季，不仅能够促进国际文化交流，提升三亚的城市品牌形象，还可以增进艺术家与文化艺术爱好者之间的交流，满足三亚市民不断增长的文化需求，拓展三亚的文化旅游资源，向世界展示三亚文化的强大影响力，形成三亚创新、前沿、探索的人文城市景观。"

六

　　近年来，三亚强力实施"提高旅游服务水平，提高城市管理水平"大行动，对一系列影响城市形象的"顽疾"大动手术，取得了看得见、摸得着的成绩。同时，三亚通过实施"六个一工程"大型文化系列活动并广泛征集方案，一张城市名片、一首歌、一本书、一部电影、一部风光片、一台演艺活动，成为用特色文化提升城市品位的最佳载体。如今，在三亚举办的国家级大型文体活动也越来越丰富。

　　1月8日晚上的三亚大东海广场灯光炫丽，歌舞纷呈。台上，舞者袅袅跃升挥动水袖，舞姿曼妙引人忘情。台下，观众全神贯注，随着舞者一举一动屏息凝视。

　　"舞典华章——2017年中国舞蹈荷花奖颁奖盛典暨获奖作品惠民演出"舞动三亚。冯双白、王小燕等舞蹈界的多位重量级人物齐聚鹿城，在盛典余韵中感受三亚的发展风姿。此次盛典对获得第十届中国舞蹈荷花奖民族民间舞、现代舞、当代舞和舞剧舞蹈诗四个子项的获奖作品进行集中表彰，同时，这其中的多个获奖作品在晚会盛典亮相演出，丰富了广大三亚市民和游客的文化生活。

　　在本次"荷花奖"颁奖盛典上，中央民族大学舞蹈学院带来的藏族舞蹈《布衣者》、延边大学艺术学院带来的朝鲜族舞蹈《觅迹》、空政文工团带来的独舞《盒子》、四川省绵阳市艺术学校带来的《滚灯》、重庆歌舞团有限责任公司带来的舞剧《杜甫》片段、《丽人行》等，以独到的创作理念，高超的展示手法和精彩的舞蹈演绎收获三亚观众的赞誉。

"这些文化品牌的进入不仅是带来一次或几次颁奖，以'荷花奖'为例，我们希望可以通过盛典吸引更多高水平舞蹈比赛来到三亚。"三亚市委宣传部副部长刘兰说。

"对于三亚乃至海南的舞蹈事业发展我们还是很期待的，因为这里有着丰厚的民族文化和优秀传统。同时，作为热带旅游滨海城市，这里又受到了全国人民的关注。"中国舞蹈家协会主席冯双白鼓励海南舞蹈艺术工作者开阔眼界，用于创新，站在艺术制高点上为海南创作更多好作品。

<h2 style="text-align:center">七</h2>

加拿大国宝太阳马戏带来的舞台秀《阿凡达前传》在中国内地的首秀选择三亚，让鹿城又火了一把。

时针指向 2018 年 2 月 1 日 19 时 30 分，激昂、震撼的音乐响起，原本略有嘈杂的观影区立即安静下来。U 型观影区内，上千张面孔写满了期待。

凹凸不平的潘多拉星球上，家园岛、火山坑，象征着生命的灵魂之树下，纳美人过着喧嚣而平静的生活。随着说书人的叙述，绿色、红色、蓝色、紫色等色彩一一登上主舞台，如同泼墨狂草，为原本朴素的舞台绘上各类丰富的质感和色彩。

声、光、电的完美融合，成功造就一台超级视觉盛宴。从 2018 年 2 月到 5 月，《阿凡达前传》为鹿城市民、游客送上 120 场精彩演出，现场观看人数达 30 万人次。

《阿凡达前传》讲述了电影《阿凡达》故事的 3000 年前，那时人类还未踏上潘多拉星球，当一场自然灾害威胁到神圣的灵魂之树时，3 个年轻的纳美族少年决定一起拯救自己的家园。

太阳马戏通过先进视觉特效、木偶表演和舞台艺术的完美融合，不仅将潘多拉星球搬上了剧场舞台，还原电影中的奇幻世界，其编排的各种超乎想象的杂技更堆叠出大胆、震撼的视觉奇观，体现崇尚自然与真善美的主题。

《阿凡达前传》是由电影《阿凡达》的导演詹姆斯·卡梅隆监制、太阳马戏制作的一台大型舞台剧，从 2015 年首演开始，《阿凡达前传》在世界上巡演超过 65 个城市及地区、450 多场，收到全世界的粉丝热烈追捧，有口皆碑，享誉全球。凭借美轮美奂的顶级制作和精彩绝伦的表演，《阿凡达前传》将观众带入前所未有的奇幻世界。

"真是一场国际水准的舞台表演，这个票价很值了！"三亚市民杨洁提前两周抢到了首演票，还特地带上女儿，要重温当年看电影《阿凡达》的体验。

八

2018 年除夕之夜，三亚化身美丽姑娘，再次向世人展现唯美风姿。

央视春晚延续了 2016 年、2017 年两届的传统，三亚、黔东南、珠海、曲阜·泰安四大分会场和央视本部 1 号演播厅主会场同步直播。

当晚，位于三亚国际邮轮港码头的央视春晚三亚分会场上流光溢彩，熠熠生辉。4500 平方米的炫美舞台与三亚的山水连成一片，精美绝伦。灯塔、邮轮、帆船、海葵、海豚等海洋元素点缀其中，漂浮在海面上的分会场一亮相，立刻让全球观众惊艳。8 时整，央视春晚海南三亚分会场主持人张泽群、王丝将海南的祝福、三亚的祝福，通过电视荧屏传递给全球亿万观众，也宣告"三亚会场"时间正式开始。

"欧……欧……"伴随着一阵清脆的海鸥鸣叫，三亚分会场节目上演。一架架无人机变换成海鸥造型，不停地扇动翅膀，宛如夜空中的精灵。此时，在声光电先进科技下，主会场此刻变化为春潮涌动的蓝色海洋，海浪相互亲吻拥抱，碰撞出最美的浪花。

舞台中，一黑一白两架钢琴在幻化的海水上浮动，一曲悠扬的《新丝绸之路》从来自克罗地亚的著名钢琴演奏家马克西姆·姆尔维察和海南籍"钢琴王子"吴牧野的指尖下流淌而出。

泳池中，花样游泳姑娘们伴着琴声演绎"水上芭蕾"。灯塔下，另一群芭蕾舞者映着灯光翩翩起舞。

远眺海面，海风阵阵，点点帆船从远方海面驶来，花样游泳表演和舞台场景的变幻交相辉映。整场演出仿佛置身海中，虚实相间，给观众带来极具震撼的视觉冲击效果。

渐渐，舞台变幻，场景慢慢转到沙滩。

演员穿上岛服，扮成游客，在半海半沙的舞台上嬉戏打闹，欢呼着，跳跃着，在此起彼伏的喷泉间追逐。

近千名身着海南黎族苗族特色服饰的舞蹈演员潮水般铺满舞台，丁零丁零的银色头饰，如潮如浪的彩虹裙摆，四色纹路的螺旋斗笠，哐哐作响的竹竿道具……在婀娜跳跃的舞动中，呈现海南在自然生态、民俗文化等方面的风采，传播海南本土民俗文化、体育文化、滨海文化，展示充满活力、激情的海岛形象，向世人展现美好新海南的独特魅力。

在零点倒数时段，"请到天涯海角来，这里四季春常在……"身着黎族、苗族民族服饰的演员们，手牵着手跳起了简单欢快的舞蹈，热情地向观众招手，在欢乐热情的《请到天涯海角来》歌舞中，三亚向全世界观众发出"等您来"的盛情邀请。

九

这座沉淀已久的浪漫海滨之城，终于开始向世界潮流音乐发声。

3月2日，正值戊年正月十五。中国首个自主品牌的ISY三亚国际音乐节在海棠湾主会场登陆，开启全城电音狂欢派对。全球知名电音大咖Hardwell、Bassjackers、R3hab等一一登台，引发电音狂潮。科幻炫酷的舞台设计、国际顶尖的DJ和VJ，音乐与时尚的潮流荟萃，青春与活力的激情交织，一场视听盛宴在国家海岸掀起阵阵狂欢热浪，现场俨然变成一片人潮涌动的海洋。

超豪华的DJ阵容、梦幻般的舞台、动感的节奏、绚烂的烟火，现场随处可见青春靓丽的电音迷……三亚国际音乐节海棠湾主会场被音乐搅热，随着一位又一位DJ的出场，现场愈发火爆，在音乐的刺激下，蓝天下的整个沙滩，都化作舞池。舞台下的人造"沙滩舞池"里，观众们踏着音乐的节拍，尽情地释放青春、活力，彰显个性。

当全球百大电音Bassjackers上场，他的作品如风暴一般活力四射。当鼓点响起，热辣动感的节奏似乎让人忘掉一切，只想跟着节奏舞动身体。如约而至的烟火，将现场气氛推向高潮。

随着夜色渐深，现场的气氛逐渐走向另一个高潮。备受电音粉关注的R3hab在欢呼声中登上舞台，简单明了的节奏、欢快的旋律充分体现了其音乐特色。当音乐大使DVLM作为压轴嘉宾出现的时候，全场再一次沸腾，所有的观众肆意地挥舞着手臂、纵情热舞。

同时，另一侧的副舞台上，电音高手们也带来了精彩纷呈的节目。台上DJ打碟，台下人群热舞摇摆。两个舞台电音狂欢同时进行，炫目的舞台效果让人目不暇接，不少电音粉表示，节目太精彩了，恨不得将所有的舞台精彩都收入眼底。线上更为热烈，仅仅一个直播平台的在线观看人数，就已突破 100 万人。

从白天蹦到黄昏，再蹦到黑夜，每天超过十二小时的蹦迪狂欢，一场吸引近 10 万 raver 漂洋过海来蹦迪的世界级电音尽情狂欢，唱响鹿城。

印象中的三亚，是碧海、是沙滩、是椰林、是度假胜地，最吸引眼球的是它的自然景观。三亚在世界旅游市场上已经树立了生态健康、碧海蓝天的"东方夏威夷"形象。然而在三亚加快建设世界级国际化热带滨海旅游城市过程中，文化娱乐活动的相对匮乏，是旅游发展的短板之一，难以吸引游客长期停留三亚。"三亚的夜间文化产品比较少，到了晚上没有太多的娱乐。"这让三亚对游客，尤其是对年轻群体的持久吸引力尚嫌不够，离国际性热带滨海旅游精品城市的建设目标有一定的距离。

为了改变这一局面，升级旅游消费结构，就需要引入更多新元素。要想吸引国内外更多人来到三亚，这个元素必须是世界通用，音乐就不需要语言，尤其是电子音乐。基于这一思路，三亚市政府和企业联合打造了音乐原创 IP——三亚国际音乐节，以国际游客和年轻群体为主要受众，用文化产业的创新推动旅游客群的更新。

让世界倾听三亚，让三亚唱响世界。

"我们不仅想为国内外电音粉丝提供一个狂欢平台，还想搭起一座文化交流的桥梁，在三亚这片土壤上播下新的文化种子，包容的城市个性加上各种助力的推动，相信三亚国际音乐节将成为这一代年轻人最难忘的狂欢记忆，三亚也将拥有一个新的文化名片，吸引全球受众。"中民文化传媒（三亚）总经理白穆迪说。

历时短短 3 天，首届三亚国际音乐节创造了参与人数达 20 余万人的纪录，进一步搅热三亚旅游市场热度。

来自全球各地的成千上万乐迷涌入三亚看音乐节，自然少不了吃喝住等需求。而大量粉丝集聚，也让近水楼台的海棠湾酒店及商家心花怒放。"音乐节带来的效果非常明显，客流量增大，潮男潮女多了，再加上年轻人消费水平高，这几天的营业额直线上升啊。"经营海棠湾 68 号美食街的东榕集团负责人喻杰笑眯眯地说，他建议三亚每年多举办类似的大型音乐节活动，不仅可以提升海棠湾的人气，还在一定程度上有效减少三亚旅游淡季时长。

国际旅游岛商报三亚记者站站长柴彦明认为，以三亚国际音乐节为代表的新旅游业态，显示了三亚在延展旅游产业链上所作出的创新性尝试。本届音乐节联合了 500 家本土餐饮、酒店、旅游产品商户、出行接待等服务机构，推出了全城一站式消费推介认证平台，充分挖掘出音乐节的价值空间。

三亚市市长阿东表示，ISY 三亚国际音乐节是三亚市旅游发展创新的又一开端，也将是中国同世界文化的交流大会，是三亚实现文化旅游创新，助力旅游供给侧改革的重要措施。这一音乐盛典以"世界顶尖音乐 IP"为代名词，将为三亚增添更加时尚的城市魅力，打造面向世界的旅游城市文化新名片。

第五章　旅游精品城市是这样炼成的

　　天生丽质，三亚却不拼"颜值"拼"内涵"。

　　标准化，让标准成为习惯，让习惯符合标准。

　　信息化，让出行更智慧，让旅游更舒心。

　　全域旅游，"点""线""面"同时发力，三亚处处皆美景，日月同辉满天星。

　　"大三亚"旅游经济圈，携手共进，优势互补，大视野带来大变革，大联合带来大风景。

　　城市"双修"，用脱胎换骨的昂扬斗志、浴火重生的奋发精神改天换地。

　　不忘初心，方得始终。

第一节　标准化：以品质提升品牌

三月的蜈支洲岛，游人如潮。

在《私人订制》的取景地，来自秦皇岛的游客吴先生独自带着4岁的小女儿在草坪上玩耍，蓝天、白云、大海，如诗如画。

一会儿，女儿说想上厕所。吴先生抬头环顾，还好，路边有个指示牌，顺着标牌指示的方向，父女俩很快找到了卫生间。

让小女儿独自去女厕所，吴先生不大放心，带她去男厕，显然又不合适。吴先生正在犹豫之间，保洁阿姨用手一指，示意他们进"第三卫生间"。

吴先生将信将疑带着女儿走进"第三卫生间"，根据门上的指示牌，找到了配置了儿童坐便器的厕位。

吴先生仔细打量起以前还没听说的"第三卫生间"：洗脸盆有成人用的，也有儿童用的，座椅、饮水机、护手液、室内喷香器，甚至还有婴儿护理台和婴儿床。厕位旁的红色按钮是干什么的？标牌上标注得很清楚：报警器，老人、孕妇或孩子如果需要求助，一按就可以了。

吴先生不由得啧啧称奇。他不知道，舒适的"方便"之旅，得益于三亚旅游景点标准化建设。

一

标准是一种统一规定，是有关各方共同遵守的准则和依据。

所谓"旅游标准化"，就是在旅游及相关行业，大力推行国家标准、行业标准的宣标与贯标，以推动全行业、全社会在服务品质管理方面跃上新台阶，最终实现游客满意和行业经济效益的显著提升。

就拿吴先生在蜈支洲岛带女儿上厕所来说，其实已经牵涉到许多旅游标准：景区卫生间的指示牌必须清晰、醒目，字体要规范，甚至还要标注上外文。卫生间内，各种指示、标识、器具的规格、大小、颜色等均要统一，方便游客辨识和使用。对五 A 级景区来说，"第三卫生间"也是标配。

在蜈支洲岛景区体系督导部主管马永良看来，从公司管理文件的编制、修正及完善，到组织各部门开展岗位工作流程、工作标准制定和完善，再到景区各岗位仪容仪表、服务质量、环境卫生等日常工作的现场督导，都是建立旅游标准化体系的必备内容。这不仅是旅游区管理需要，也是旅游区未来管理发展的必然。他感慨道："得拿着修火箭的细致精神，去操着社管阿姨的心"。

1995 年，我国成立了国际上第一个国家级的旅游标准化专业机构——全国旅游标准化技术委员会。

2000 年，国家旅游局颁布实施《旅游业标准体系表》。

2009 年，国家旅游局发布《全国旅游标准化发展规划（2009—2015）》，初步形成了由旅游业基础标准、旅游业要素系统标准、旅游业支持系统标准、旅游业工作标准四个业务领域和国家标准、行业标准、地方标准、企业标准四个标准层级组成的全国旅游标准体系。

2013 年，国家旅游局颁布实施《旅游质量发展纲要（2013—2020）》，提出以标准化促进旅游质量提升，到 2020 年："全面实现旅游服务的标准化、规范化和品牌化，旅游诚信体系更加完善，形成一批国家级旅游服务质量标杆单位，游客满意度得到明显提升，旅游服务质量水平达到或接近国际先进水平。"

2014 年 8 月，《国务院关于促进旅游业改革发展的若干意见》颁布，强调要"推动旅游服务向优质服务转变，实现标准化和个性化服务的有机统一"。

业内人士认为，旅游的标准化建设不是样板化工程，也不是抑制旅游景区多元、特色地发展，更多的是为旅游服务提供一个操作指南。

为了助力旅游行业新发展，三亚市加速推进旅游市场标准化建设，力争实现量质突破、整体跃升，努力尽早实现以旅游业为龙头的三亚经济"3.0"时代。

旅游标准化建设大势所趋，汹涌向前。

二

作为我国唯一热带滨海旅游城市，三亚在国家旅游标准化的潮流中，勇立潮头。

2007 年 11 月，三亚开展了为期两年的旅游服务业标准化试点城市建设工作，2010 年 12 月通过国家标准委专家组的验收评估。

三亚市政府印发《关于加快推进旅游服务标准化工作的意见》，深入实施"质量兴市"战略。相继出台《三亚市市容规范》《出租车星级质量等级评定》《海洋潜水旅游服务质量等级划分与评定》《三亚市市民公约》《高尔夫球俱乐部服务质量规范》等多项地方标准。

2014 年 11 月，国家旅游局正式确认三亚市为全国第三批旅游标准化试点城市，由此拉开三亚为期两年的"创建全国旅游标准化示范城市"试点工作。

三亚抓住契机，以旅游标准化提升旅游品质，从而塑造三亚国际化旅游精品城市品牌。

2016 年，三亚市委、市政府将旅游标准化创建工作列入三亚市国民经济和社会发展"十三五"规划，并写入政府工作报告。

三亚市委、市政府成立了以市委副书记、市长为组长，市旅游、质监、发改等 23 个相关政府职能部门为成员单位的旅游标准化试点城市建设工作领导小组。

顶层发力，统筹谋划，强力推进。

相关部门明确分工、密切配合，制定了联席会议制度，定期组织领导小组成员单位和重点旅游企业召开会议，研究工作，分析问题，部署任务。

三亚确立了"政府推动、部门联动、试点带动、企业行动、社会互动"的试点建设工作原则。

三亚市旅游标准化创建办公室还从旅游、安监、财政、海洋等职能部门抽调工作人员组成创建专班，确保了旅游标准化创建日常工作的落实与顺利推进。

三亚创标，如火如荼。

各相关部门根据市政府的总体要求，纷纷出台了旅游标准化创建工作具体实施方案。各涉旅企业结合行业要求和企业自身特点，切实抓好各项标准的落实。

"有标贯标、无标制标、缺标补标"。

三亚市旅游标准化创建办公室业务负责人兼试点企业工作组组长郑银河说，针对国际化热带滨海旅游精品城市的发展定位和产业特征，三亚广泛收录国家标准、行业标准、地方标准和企业标准，对上述标准未覆盖但又是三亚旅游业亟须规范提升的事项，制定了《婚礼服务规范》《婚纱摄影企业等级的划分与评定》《海鲜餐饮经营服务规范》《海鲜餐饮等级的划分与评定》《海鲜餐饮诚信经营管理评价规范》《海鲜加工店设施与服务评价规范》6 项全国首创地方标准。

2016 年 9 月，《三亚市旅游标准化工作管理办法》以三亚市人民政府令颁布实施，全面推进旅游标准化建设。

《三亚市旅游标准化工作奖励暂行办法》也随后印发。

以上两个《办法》的出台，充分调动了旅游企业参与旅游标准化建设的积极性，提高了政府旅游标准化创建工作的规范性。

三亚市旅游标准化创建办公室还聘请专家，对相关职能部门、试点企业和全市旅游企业进行旅游标准化试点城市创建工作培训，就"金银叶级绿色旅游饭店""绿色旅游景区""金银铜盘级旅游餐馆""A级旅行社""旅游购物推荐店或示范店""旅游娱乐场所""星级旅游汽车公司"七个标准进行评定；对试点地区58项标准落实情况进行检查，同时对试点企业落实有关标准的情况进行考核。

坐落于三亚大东海旅游度假区的银泰阳光度假酒店，金发碧眼的外国游客往来穿梭，这家酒店是国际游客热选的酒店之一。在这里，我们看到了其作为海南省旅游标准化示范单位的不同之处：在推行标准化旅游之后，酒店提高了服务质量和效率，比如每位客人的入住办理手续时间不能超过五分钟；酒店的餐饮也充分考虑到了外国游客的需求，自助早餐品种多样，种类丰富，中西结合。

"游客更满意，酒店更具吸引力。"三亚银泰阳光度假酒店旅游标准化创建负责人唐彩霞深有体会地说。通过推动旅游标准化建设，银泰酒店餐厅被评选为"金盘旅游餐馆"，企业被授予"旅游标准化示范单位"，美誉度大为提升。

三

兵马未动，粮草先行。

为确保创建工作顺利推进，三亚财政2014年至2016年累计投入2.96亿元用于全市旅游标准化创建。

2016年8月，三亚市制定出台《三亚市旅游标准化工作奖励暂行办法》，建立旅游标准化专项奖励制度。

三亚市旅游、财政、质监、食药、交通、海洋等13个部门先后制定了助推旅游标准化工作。

　　为使旅游标准化观念深入人心，三亚印制《旅游标准化知识100问》等系列培训教材资料10000余册；组织各类专题培训班16期3000余人次；专家团队上门对试点企业进行一对一精细化培训达16000余人次。

　　在旅游标准化创建期间，三亚城市旅游公共服务平台进行了全面提档升级。三亚市民游客中心、三亚旅游集散中心、三亚旅游信息咨询中心、旅游厕所、旅游标识标牌、智慧旅游6大重点项目相继建设。

　　目前，三亚市三星级以上宾馆、3A级以上景区、主要旅游特色街区、旅游公共场所、机场和车船口岸、城市道路上均设立了旅游行车导向标识。

　　截至2017年，三亚全市共新增旅游行车导向标牌478块；新增旅游行人导向标识322处；各试点企业共更换或新增旅游标牌5000余块。

　　"上环岛高速路，一路上都有路牌，沿路牌一直开车就可以了，行驶到达南山互通路口转入225国道往西行驶就是南山文化旅游区景区入口……"2018年3月15日，广州游客王先生从三亚市区自驾到南山景区，沿线路牌清晰地标示出路口东南西北4个方向的主要景点和单位名称。

　　按照旅游标准化工作要求，三亚市依照统一规划、统一标准、合理布局、科学连线、形成网络的原则，在通往主要景点的国道、干线公路上统一设置旅游交通标志牌。同时，旅游交通标志牌为国际标准旅游景点指示牌，用中英文标注景区图示、方向及公里数，为自驾车游客和驾驶员提供清晰、醒目、易懂的旅游标识服务。有了精准的"指路人"，旅游不再转晕头。

　　通过"旅游品质服务计划"等一系列旅游标准化工作，推动三亚旅游业走规范化、标准化、特色化、可持续的产业发展之路，促进了旅游服务的全面提升。

酒店业一直都有一套苛刻的标准。旅游标准化的推进，就是运用科学的方法，让各方运作更规范，效率更高。

标准化建设，让三亚旅游风貌焕然一新。

四

旅游业地方标准体系是展现地方特色和魅力的重要技术载体，直接关系到城市旅游业特色和亮点的培育和打造。

在实践中，三亚市根据自身旅游业特点和实际，不断摸索，加大标准化创新力度，制定了一批全国领先、特色鲜明的旅游业地方标准。

标准不能只挂在墙上，标准必须落地。

郑银河介绍说，三亚市已在全市潜水、出租车、婚庆、海鲜餐饮等旅游行业内选定 248 家企业推广实施 10 项地方标准。旅游地方标准实施落地共分三个阶段。

第一阶段：2016 年 11 月 1 日，正式启动对三亚海鲜排档、婚纱摄影、婚庆服务等行业进行旅游标准化地方标准实施评定检查工作。市旅标办聘请市旅游企业 43 位评定专家对全市 91 家涉旅企业，包括海鲜餐饮 47 家、婚纱摄影机构 22 家、婚庆服务企业 22 家等进行评定检查及标准落实工作。

第二阶段：2017 年 7 月 4 日，正式启动对三亚经营一日游服务的旅行社、出租车服务行业、潜水旅游服务行业、旅游购物场所点、海鲜餐饮行业、近海旅游船等行业，进行实施六项旅游地方标准落地检查工作。对全市 111 家涉旅企业进行落地实施检查，其中包括经营一日游服务的旅行社企业 16 家、出租车服务企业 7 家、潜水旅游服务企业 11 家、旅游购物场所点 19 家、海鲜餐饮星级企业 39 家、近海旅游船企业 19 家。

第三阶段：2017年12月18日，正式启动对全市海鲜餐饮行业深入推进实施《海鲜餐饮经营服务规范》《海鲜餐饮星级的划分与评定》《海鲜餐饮诚信经营管理评价规范》三项旅游地方标准落地检查工作。对全市46家海鲜餐饮企业进行落地实施检查，其中，实施规范及复核评定的海鲜餐饮企业有17家，实施规范及新评定的海鲜餐饮企业有29家。

标准就是市场，标准就是竞争力，标准就是效益。

三亚通过创建全国旅游标准化试点城市，延伸传统管理范畴，规范旅游市场秩序，全面提升旅游国际化接待服务水平和服务质量。

谈到推进旅游标准化给旅游企业带来的变化，三亚蜈支洲岛旅游区副总经理杨晓海体会颇深，作为一家集旅游、住宿、餐饮、娱乐、购物为一体的5A级旅游景区，蜈支洲岛以其独特的地理位置、天然无污染的海域环境，以及丰富多彩的海上娱乐项目被广大游客所熟知。

2014年11月，蜈支洲岛以三亚市创建全国旅游标准化示范城市为契机，并以《全国旅游标准化试点企业工作标准》1000分要求为依据，全面开展旅游标准化建设，为建立景区完善的标识和导向系统，景区加大对标识标牌的资金投入，更换景区所有不符合标准的标识标牌，增加综合导向标牌、公共服务标牌、定位标牌，更换景区全景图、导览图、功能分布图，目前，景区安全标识、服务标识、公共信息符号使用、引导指向系统全部参照国家标准设计、使用。

蜈支洲岛景区自开展旅游标准化创建以来，通过对标准的不断落实，推动了景区管理和服务水平不断提升，游客满意度连年提高，获得了游客的认可和赞誉，企业效益也连年增加。在取得了良好经济效益的同时，景区也收获了各类荣誉，品牌影响力不断上升。杨晓海本人也在创标实践中脱颖而出，被聘为三亚市旅游标准化专家，而这样的专家，全市旅游企业已有 33 人。

<h1 style="text-align:center">五</h1>

如何突出地方特色，引领国内旅游标准化，三亚在不断创新、探索。

三亚创造性地将休闲度假区及特色旅游景区、康体休闲旅游、公寓别墅的星级划分、汽车旅馆/房车营地、旅游船设施与服务、特色旅游交通标准、三亚特色餐饮标准、休闲度假设施管理与服务等纳入旅游业地方标准体系中。

2015 年年初，三亚市旅标办聘请了全国旅游标准化推广基地武汉专家作为旅游标准化创建工作专业技术辅导团队，对相关职能部门、试点企业和全市旅游企业进行专题培训、全程技术指导，并指导制定了《三亚市旅游标准化发展规划（2016—2020）》和《三亚市旅游业标准体系表》，既满足了当前旅游新业态对标准的实际需要，又保持了城市旅游标准体系的可扩充延展性，为标准的持续改进预留了空间。

三亚市政府各职能部门指导全市的旅游企业针对《全国旅游标准化试点地区工作标准》的要求，对照国标、行标、地标分类进行了专项指导和评估考核，确认了蜈支洲岛旅游区等 8 家旅游景区为绿色旅游景区，三亚凤凰岛度假酒店等 18 家旅游饭店为绿色旅游饭店，亚龙湾热带天堂森林公园为国家生态旅游示范区，亚龙湾国家旅游度假区为国家蓝色海洋示范基地，亚龙湾维景国际度假酒店为全国文明旅游先进单位。

国家 5A 级景区三亚南山文化旅游区是中国佛教旅游胜地。南山文化旅游区公司总裁关鹏认为，创建旅游标准化，是机会也是挑战。在创建旅游标准化试点工作中，该公司把"一切为游客着想，一心为游客服务，建游客最贴心的景区"当作创建工作的准则，坚持提倡为游客提供"人性化""细节化"服务。

政府始终是推动旅游标准化的主要力量。

三亚政府管理部门与企业帮扶结对，共同推进旅游标准化进程。

市旅游委指导三亚大小洞天旅游区实施《民族民俗文化旅游示范区认定》和《绿道旅游设施与服务规范》标准。

市文体局指导三亚美丽之冠等 3 家旅游娱乐场所实施《旅游娱乐场所基础设施管理及服务规范》标准。

市商务局指导海棠湾国际免税店等 6 家试点企业对照《旅游购物点质量等级划分与评定》标准进行了旅游购物店的评定。

市安监局指导三亚千古情景区实施了《游乐园（场）安全和服务质量》标准。

市交通局指导三亚洋海船务等 2 家单位对照《近海旅游船服务规范》《游览船服务质量要求》贯标实施。

众人拾柴火焰高，三亚旅游标准化建设的烈焰越燃越旺。

2016 年 12 月，三亚市被确定为第三批"全国旅游标准化示范城市"，三亚维景国际度假酒店、三亚天涯海角游览区被确定为第三批"全国旅游标准化示范企业"。

六

旅游业是综合性强、关联度大的"集成产业"，兼具消费性服务业和生产性服务业双重因素，"吃、住、行、游、购、娱"等旅游六要素涵盖了服务业发展的方方面面。旅游服务业的提升对标准化有着积极的促进作用。

符合旅游标准质量和国际化水平的公共服务到底什么样？品质旅游到底体现在哪些方面？游客满意度到底如何……2018 年 5 月，

海南省第二批省级旅游标准化试点企业赴三亚学习交流，走进银泰阳光度假酒店、蜈支洲岛、凤凰岛酒店等旅游标准化示范企业，感受旅游标准化的成效。

如今，旅游产业正逐渐迈向优质旅游。业内人士普遍认为，细致、准确的标准对于修正发展中出现的乱象有着积极作用，一份好的标准也能得到旅游从业者、消费者的认同，从而让相关行业进入良性循环。

"标准化是旅游业发展的基石，标准化建设是提升旅游品质的重要途径。"三亚旅游委主任樊木表示，旅游标准化是一套有明确工作规范的标准体系，包括具体内容、施行目标、组织机构、经费保障、工作机制等。旅游业发展的新形势、新挑战和新态势，都对旅游标准化工作提出了更高要求，特别是在当前全面推进全域旅游示范省工作的大背景下，如何改进服务方式、方法，提升服务质量和水平，适应新形势和任务的要求，标准化建设是最有效、最直接的抓手。

旅游标准化工作事无巨细，需要相关部门和专业人士的规范与指导。

"我们充分调动政府部门与旅游企业推进旅游标准化工作的积极性，以点带面逐步推广，提高我市旅游管理水平和旅游服务的质量。"樊木介绍，2017年，海南省对首批11家省级旅游标准化试点单位创建工作情况进行终期评估验收，其中，三亚银泰阳光度假酒店最终被授予"海南省旅游标准化示范单位"称号。

"我们现在实行接待潜水游客标准化流程，从游客报名参加体验潜水开始，服务人员接待用语、接待手势、游客潜水时间、游客潜水后反馈等每一个环节都制定了规范化内容。有关潜水流程全部向游客公开，主动接受游客的监督。据景区跟踪访问，采用潜水标准化流程后，潜水游客满意率在95％以上。"大东海景区相关负责人表示，大东海将继续推进旅游标准化建设，提升游客旅游体验。

标准化试点，是时代赋予三亚旅游业的历史使命；大力推进旅游标准化建设和实施，是三亚市落实旅游产业转型发展的重要战略支点。

三亚旅游，正踏着标准化"步伐"，迈向品质游。

第二节 信息化：因为智慧，所以舒心

2018 年春节，来自山东的王先生带着妻子和一双儿女来到三亚度假，兴奋之余，多少有点忐忑，毕竟这是人生地不熟的天之涯、海之角。

刚在酒店住下，就有热心的服务员建议他下载一款叫"三亚放心游"的 APP，一打开这个 APP，王先生眼前一亮，好家伙，吃、住、行、游、购、娱，样样有，简直就是一个不花钱的"导游"。

大年初三，儿子要去蜈支洲岛玩潜水，闺女要去鹿回头公园看梅花鹿，无法取舍的王先生打开 APP。他首先点开放心游，发现蜈支洲岛景区离市区较远，最好提前一天预订，而且当天游客爆满，已经暂停售票。而鹿回头山顶公园就在市区，出行十分方便。便带着一家人打车前往鹿回头公园。

等车时，王先生叮嘱家人手上尽量不要拿吃的东西，否则公园里的野猴会过来抢。还为孩子准备了零钱，到山上鹿苑时，可以买几把青草，近距离喂梅花鹿。

妻子疑惑地看着一向粗心的丈夫，不知他为何今天这么细心。王先生哈哈一乐，举起手机："我有三亚放心游 APP 啊！"

一

2015 年至 2017 年，我国旅游综合最终消费占同期国民经济最终消费总额的比重超过 14％，旅游综合资本形成占同期国民经济资本形成总额的比重约 6％，对社会就业综合贡献达 10.28％。

旅游业方兴未艾。

在这个信息化时代，互联网、大数据深刻地改变着世界的面

貌，同样也深刻地改变着旅游业的运行方式。

在这样一个宏大的背景下，国家旅游局因势利导，将 2014 年旅游业发展主题定位"智慧旅游年"。

何为智慧旅游？就是指利用云计算、物联网等新技术，通过互联网或者移动互联网，借助便携式终端上网设备，主动感知旅游资源、旅游经济、旅游活动、旅游者等方面的信息，及时发布，让人们能够及时了解这些信息，及时安排和调整工作与旅游计划，从而达到对各类旅游信息的智能感知、方便利用的效果。

随着信息科技的蓬勃发展，互联网、智能手机等新技术正深刻影响着人们的工作、生活，各行各业都在积极应对这场巨大的变革。越来越多的游客通过网络、手机应用程序等工具完成旅行的信息收集、机票酒店预订、行程安排，旅行游记发布、后期评价等行为。游客消费行为方式的智慧化对旅游行业提出了新的要求。

智慧旅游体现在智慧服务、智慧管理和智慧营销三个方面，以智慧旅游为主题，结合旅游业发展方向，有利于促进以信息化带动旅游业向现代服务业转变，引导智慧旅游城市和旅游目的地的建设，提升旅行社、景区、酒店等旅游企业的现代科技管理水平和服务水平，有利于改革和创新旅游宣传推广模式，扩大新媒体、新技术的运用，扩大中国旅游品牌的宣传覆盖面和影响力。

归根结底，智慧旅游可以提高游客的幸福感。

2016 年 12 月，国务院发布《"十三五"旅游业发展规划》，提出"大力推动旅游科技创新，打造旅游发展科技引擎。推进旅游互联网基础设施建设，加快机场、车站、码头、宾馆饭店、景区景点、乡村旅游点等重点涉旅区域无线网络建设。推动游客集中区、环境敏感区、高风险地区物联网设施建设"。

《"十三五"旅游业发展规划》要求十分具体。建设旅游产业大数据平台。构建全国旅游产业运行监测平台，建立旅游与公安、交通、统计等部门数据共享机制，形成旅游产业大数据平台。实施"互联网＋旅游"创新创业行动计划，建设一批国家智慧旅游城市、智慧旅游景区、智慧旅游企业、智慧旅游乡村。支持"互联网＋旅游目的地联盟"建设。规范旅游业与互联网金融合作，探索"互联网＋旅游"新型消费信用体系。到"十三五"期末，在线旅游消费支出占旅游消费支出 20％以上，4A 级以上景区实现免费 Wifi、智能导游、电子讲解、在线预订、信息推送等全覆盖。

中国旅游业信息化的顶层设计日趋完善，目标越来越清晰，智慧旅游的步伐不断加快。

二

伴随着中国旅游高速发展的另一个特征是，中国旅游已经进入散客时代，自助游、个性游成为主流。

与此相印证的是，三亚旅游的散客比例已经达到 80％以上，旅游行为转变必然会颠覆传统的旅游组织接待方式和行业管理模式。

三亚市旅游委副主任王菲菲介绍说，为适应不断发展的旅游形势，满足新时期游客的多方需求，三亚市不遗余力推动旅游信息化建设，多措并举，努力提升三亚旅游品质。

三亚建成了三亚旅游官方政务网、资讯网、APP、微博、微信、天猫等资讯平台、质监网、外文版（英、俄、日、韩）网站及英文版微信公众号等咨询平台，形成全市统一风格、资源共享、数据互通的旅游官方资讯服务平台，为广大游客提供全方位的旅游服务。

已经建成的三亚市智慧旅游大数据应用平台（一期）主要吴现以下几个方面的内容：

——三亚放心游 APP。

2017 年 5 月 22 日正式上线的三亚放心游 APP，基于大数据平台的成果，充分整合现有市旅游委、食药监局、卫生局、交通局、政务中心等政府部门的移动应用功能，为市民和游客提供便捷、周到、诚信的旅游、生活在线服务，满足游客在三亚"吃、住、行、游、购、娱"等各方面的旅游信息及服务需求，满足市民在日常生活中各方面的信息及服务需求，实现一站式移动服务。

三亚放心游 APP 主要包含放心游模块：预定景区门票、预定一日游产品、查询全市游客实时人数；放心吃模块：查询全市餐馆、美食推荐、海鲜价格查询；放心住模块：查询预定酒店、公寓民宿；放心行模块：网络约车、租车；放心购模块：预定热带水果、特色礼品、查询购物点。

在三亚放心游 APP 应用中的景区导览栏目中，游客可以通过手机完成部分景区全程的景区导览，真正做到了"智慧旅游"掌上行。

大型的生态景区，游客容易迷路。三亚放心游 APP 不仅可以帮助游客规划行程安排，还可以帮助游客在景区里不迷路。只要你打开手机定位功能，点击进入地图，就可以找到实时的位置信息。每到一处景点，都会有语音讲解和提示。界面右上角的筛选和一键查找功能，可以帮助你找到最近的卫生间、商店、售票处、出口等。

三亚放心游 APP 的另一核心主题是"诚信"。APP 中"信"字标识其实为三亚市旅游委和三亚市旅游协会对"三亚旅游诚信商家"的认证体系标识，通过"三亚旅游诚信商家"体系认证的商家，均会在店铺醒目位置悬挂统一设计和制作的牌匾，游客在有认证的商家可以放心消费。

"三亚放心游 APP"还与 12301 旅游投诉热线无缝衔接，实现一键式旅游问题投诉和处置。游客可以通过文字、语音、图片三种方式对旅游消费过程中出现的问题进行反馈。三亚市有关部门会在第一时间处理，为游客提供坚实的权益屏障。

——三亚旅游管理决策 APP。

该 APP 基于大数据平台的成果，通过数据共享融合和跨部门的数据分析，为推动城市管理精细化和旅游产业精品化服务。

——"数说三亚"大数据展示沙盘和大数据展示中心。

位于三亚市民游客中心的"数说三亚"大数据展示沙盘和大数据展示中心，为市民游客展示全新的旅游数据和城市服务数据，为城市管理者展示可靠的决策数据。三亚国际化旅游发展监测体系展示功能，也接入"数说三亚"。

——三亚旅游统计管理系统。

充分利用大数据技术手段，实现政府、企业与公众之间的互动和沟通，提供更加有效的政府、行业管理与监督手段；制定快速有效的旅游安全及应急救援的预防与处置措施；为全市旅游产业布局与旅游经济发展的分析研究提供更加科学有效的数据支撑。

——景区视频监控及人流量统计系统。

该系统涵盖了大小洞天、南山、蜈支洲岛、天涯海角、爱立方滨海乐园、亚龙湾森林公园、千古情、鹿回头、西岛九个景区。该项目对景区游客入园人数、人流实时监控，为市民游客中心提供动态数据，有利于加强有效管理，避免安全事故的发生。

三亚市旅游委主任樊木介绍说，三亚市智慧旅游大数据应用平台项目有两个主要目标。

一是促进旅游产业精品化和城市管理精细化，为游客、市民和管理部门提供服务。基于现有的政务信息化和行业信息化基础，与互联网企业充分合作，建立城市智慧旅游大数据平台。以 APP 等移动互联网应用为工具，为游客、市民提供随手可得的大数据服务。

二是发展形成智慧旅游大数据产业，为产业转型服务。智慧旅游大数据应用平台项目的成果，除服务于旅游行业和城市管理外，还可以形成标准化的产品为企业服务。推动数据源和服务对象的不断扩张，在三亚形成以旅游大数据交易为基础的大数据产业发展格局。

为方便游客咨询，三亚不断加强旅游信息咨询中心建设。中心设 15 个站点，成为为游客及时提供多元化旅游服务的窗口。2018 年春节期间，咨询服务站共接待游客 7742 人次。

信息时代，游客对无线网络的需要甚至超过了钱包。为此，三亚努力扩大全市 Wifi 覆盖面：旅游信息咨询中心完成覆盖 15 家，覆盖率 100％；旅游酒店完成覆盖 105 家，覆盖率 96.33％；A 级以上景区完成覆盖 17 家，覆盖率 100％；全市酒店及景区内停车场实现 Wifi 覆盖 81 家，覆盖率 64.3％。

在鹿回头公园，来自安徽滁州的游客杨小姐正与远在千里之外的老爸用视频互动，她把镜头对准远方的大海，兴奋地说："老爸你慢慢欣赏，不用急，这山顶上也有 Wifi。"

"好神奇啊，就像真的一样。"在三亚市民游客中心一楼的游客体验区，9 岁的小游客岚岚不停地对身边的妈妈介绍她从特制的眼镜中看到的景象。通过这套 3D 游三亚虚拟旅游互动系统，游客可以足不出户游览南山寺、大小洞天、天涯海角、蜈支洲岛四个著名景区。"我看到一条大鲨鱼在我身旁游来游去的，旁边还有许多小鱼和珊瑚礁。"岚岚不时告诉妈妈。

从"拼人气"、"拼颜值"、"拼价格"到"拼品质"、"拼服务"、"拼品牌"，日益完善的旅游信息化构架，在三亚打造国际化旅游精品城市过程中起到了重要作用。

三

信息化提高旅游管理效率的同时，也在改变旅游管理者的工作方式。

2014 年 12 月 25 日，三亚市四套班子带头组建了"天涯工作群"，在全国首创以政务工作微信群来治理管理城市，借助信息化手段，打造"指尖调度指挥平台"。三亚运用微信群推进各项工作的落实，利用微信进行政务通知、签到，实现了无纸化办公的常态管理。

智慧旅游，有效提升旅游管理水平。

历年来，春节期间三亚拥堵已不再是新闻，三亚市为改变这一现状做了诸多努力。

2018 年春节黄金周，三亚共接待游客 96.69 万人次，八大景区共接待游客 113.13 万人次，同比增长 6.77％。各大旅游景区游客接待量皆创历史高峰，却实现了旅游秩序井然，游客满意度不断提高。原因何在？

三亚政府在春节前就基于大数据的分析加大了对旅游市场的整治和环境的优化。三亚旅游已经开发了多套现代化管理系统，通过门禁、监控系统，可以掌握景区客流量、车流量，甚至掌握人流、车流的来源方向、逗留时间等，提前预判到散客比例大幅上升，并就此做了全面细致的应对措施。

三亚通过各种渠道全方位开通网络售票，比如天涯海角推出网上订票、手机 APP 订票，游客可通过景区官网、淘宝和天猫网店，进行个性化预订。预订之后，游客获得一个电子二维码。抵达景区后，游客不需要兑换纸质的门票，只需通过展示手机二维码，自动扫描机扫码识别后即可进入景区。

2018 年春节期间，三亚通过三亚旅游官微、官网、官博发布旅游动态信息。大年初二、初三在微博、微信等网络平台发布由于蜈支洲岛景区游客较多暂停售票的信息，提示游客们另择景区前往游玩，让游客及时调整出行计划。

2月20日，受大雾天气影响，海口秀英港、新海港、南港三港停航。三亚市有关部门获悉这一情况后，及时通过电信、联通、移动三大通信运营商及各大媒体等渠道发送应急旅游温馨提示，并在旅游咨询服务站及景区 LED 显示屏发出相关信息，提醒三亚游客错峰前往海口过海。

2018 年春节期间，三亚电信、联通和移动共计发送外地到访三亚游客落地温馨短信达 282 多万条。

三亚市副市长谢庆林提出，三亚要围绕建设世界级滨海旅游城市的战略目标，抓住市民游客、政府部门和旅游业者的痛点和难点，进一步完善三亚智慧旅游建设规划和方案；要围绕"大旅游"产业转型升级的要求，进一步加大系统整合，打破信息孤岛，促进数据融合，发挥信息技术特别是大数据在智慧旅游建设中的作用；要从"大旅游"产业生态和旅游活动全周期、全流程的角度不断推进智慧旅游建设，充分发挥市场化互联网平台的作用，不断提升三亚旅游市场的信息化水平。

四

针对旅游信息化工作，海南省旅游委主任孙颖指出，互联网的发展和大众旅游时代的到来，给旅游业创新发展以满足游客个性化多元化需求提供了机遇，也带来了挑战，要打破普遍缺少专门的旅游信息化部门、相关人才较为匮乏等发展瓶颈的制约。加快推进智慧旅游在全域旅游中的作用，推动信息化和国际化、标准化的融合发展，促进旅游产业转型升级，提升管理服务水平，乃当务之急。

靠旅游"吃饭"的三亚一直在旅游信息化道路上探索前行。

早在 2007 年，三亚就率先在全省提出了旅游国际化的战略目标，明确重点发展国际旅游岛信息服务体系。并在全省范围内第一个制订了政务信息资源共享管理办法。作为数据共享的一项重要内容，此举为三亚实现信息化建设与应用奠定了坚实基础。

2010 年，三亚启动"数字城市综合监管"项目，整合市属各机关、单位、部门、行业、社区的监控系统，实现社会安保常态化。

2011 年，"数字三亚地理空间框架建设"经批准立项，项目建成后将实现全市地理信息资源的纵横联通和有效集成，为旅游管理提供在线位置信息服务。

2011 年 10 月，三亚完成了全市数字旅游规划编制工作。

2012 年 7 月，三亚市旅游委组织召开了《三亚市数字旅游规划》评审会，建议按专家意见修改后上报批准实施。

伴随着云计算、大数据等技术的成熟与引进，三亚逐渐开始重视信息化各层级的资源整合问题。

从 2015 年起，三亚就开始布局资源融合共享工作，着重从基础设施、管理体制机制、数据资源、重点应用四大部分同时开展建设。

在基础设施方面，三亚市科工信局统筹全市统一的无线 Wifi 网络、电子政务外网建设。

三亚市科工信局局长周俊介绍说，截至 2017 年年末，三亚无线 Wifi 网络覆盖区域达 91 个，共布设热点 AP 约 3500 个，注册用户数已超过 133 万人；电子政务外网承载业务系统达到 53 个，项目整体运行稳定。

在三亚，旅游信息化的触角无处不在。

在三亚市民游客中心二楼的 12301 旅游调度指挥中心和三亚旅游警察指挥中心，通过互联网接入全市 1400 多个监控摄像头，可以清晰直观地展示出各大景区景点和交通要道的实时视频现状。

在全市重点旅游区、旅游景区、旅游购物点等区域，三亚市政府建立了基站，通过监控系统，可将基站周边半径三公里之内的旅游市场现场执法视频传递到指挥中心，实现指挥者与现场执法人员的实时对讲及可视化调度，第一时间处理各类突发事件，极大地提高了三亚旅游现代化管理水平。

2016 年 3 月 22 日，李克强总理正是在三亚旅游警察指挥中心，通过大屏幕与在南山文化旅游景区执勤的旅游警察进行实时互动，了解景区情况。他对三亚旅游信息化带来的高效监管表示肯定。

在三亚火车头万人海鲜市场，每一家海鲜排档都安装并使用了电子价格公示屏、电子点菜系统、POS 机收银系统"三大系统"，鲜活和冰鲜海产品要在加工区域（厨房）外设置专区、专柜进行销售，并分别注明品种、价格，不得在加工区域（厨房）存放冰鲜海产品。

海鲜排档在海鲜池的玻璃外壁都贴有二维码信息，并在醒目区域处亮出了明码标价显示牌。游客拿出手机轻松利用微信"扫一扫"功能，便立即收到政府规定的当日海鲜最高限价。如果遇到宰客行为，三亚市民游客中心收到反馈后能立即分派相关执法部门赶赴现场进行取证处理。

根据《三亚市水果店、海鲜排档、旅游购物点优化升级工作实施方案》，这三种行业的经营场所都将安装视频监控系统，监控能清楚显示消费者购物全过程；逐步推广市场智慧支付，如微信、支付宝支付等。商家安装的收银系统终端、商户终端数据采集上报等系统，将与三亚旅游大数据平台数据采集系统对接，实现经营的标准化、规范化和信息化。

在天涯海角景区，智慧旅游让游客有了更为幸福、便捷的体验。景区副总经理郑聪辉介绍，景区已经实现无线网络热点和视频安防监控、高清实景、360 度虚拟实景、智能入园、智能导游、智能停车场管理等系统全覆盖，通过智慧服务、信息化管理等模式，不断提升旅游品质。

《三亚市推进智慧城市建设"十三五"行动计划》指出，以构建旅游业为龙头的多元化产业体系，打造热带特色高效农业，培育互联网信息产业等新兴科技产业为目标，通过智慧旅游大数据应用成果推动城市精细化管理，将三亚打造为全国智慧城市示范城市、国际化热带滨海旅游城市、宜居宜游精品城市。

智慧旅游是智慧三亚建设的旅游模块，是最大的创新点，项目依托三亚智慧旅游大数据中心，为各行业提供大数据提取、挖掘、分析服务和各项应用服务，减少信息化基础设施重复建设，提升资源共享，打造出了独具特色的智慧旅游应用平台。

凭借多年的信息化建设，硕果累累的三亚众望所归，在 2017 年亚太智慧城市评选颁奖典礼上，三亚荣获"中国智慧城市创新大奖"。

海南省委书记刘赐贵在听取三亚旅游实时大数据汇报时指出，提升国际化水平、打造智慧旅游，全面、准确、实时的旅游"大数据"必不可少。有关部门要抓紧部署启动，尽快建设覆盖全省各地各类旅游信息的大数据平台。三亚要在其中发挥带头示范作用，真正把游客中心做成便利游客、解决问题的枢纽。同时为政府决策提供科学支撑，切实增强服务游客的意识和能力。

五

近年来，我国旅游信息化建设取得长足发展，旅游在线服务市场初具规模，全覆盖式旅游宣传营销格局基本形成，旅游电子政务稳步推进，旅游信息化对旅游业支撑保障作用明显增强。

2012—2016 年，中国在线旅游市场交易规模增速保持在 30%
以上。中国互联网络信息中心最新发布的第 41 次《中国互联网络
发展状况统计报告》，截至 2017 年 12 月，在线旅行预订用户规模
达到 3.76 亿，较 2016 年年底增长 7657 万人，增长率为 25.6%；
同时，在线旅行预订使用比例达到 48.7%，较上年提升 7.8 个百
分点。网上预订火车票、机票、酒店和旅游度假产品的网民比例分
别为 39.3%、23%、25.1% 和 11.5%。

中国人的旅游消费习惯正在迅速发生着变化。过去只能在线下
进行的购票、出行、住宿预订等流程，现在只要通过一部手机就可
轻松完成。

日益简单方便的操作流程，也催生出大量的在线旅游用户。
2018 年春节前夕，单是携程旅游这一平台，就有数十万来自近 200
个国内城市的旅游者，通过携程网站、APP 等平台定制旅游产品。

2017 年 3 月 7 日，《"十三五"全国旅游信息化规划》正式印
发。《规划》共五章，明确了"十三五"时期旅游信息化面临的形
势、发展目标、主攻方向、重点工程、优先行动和体制机制保障，
是统筹推进"十三五"时期我国旅游信息化发展和改革的综合性、
纲领性文件，是指导各地加快推进旅游信息化建设的行动指南。

根据《规划》，到 2020 年，我国旅游"云、网、端"基础设施
建设逐步完善，信息新技术创新应用在行业不断深化，旅游数字
化、网络化、智能化取得明显进展，旅游公共信息服务水平显著提
高，旅游在线营销能力全面发展，行业监管能力进一步增强，旅游
电子政务支撑行业治理体系和治理能力现代化坚实有力，信息化引
领旅游业转型升级取得明显成效。

《规划》要求，努力实现 4A 级以上旅游景区实现免费 Wifi、
智能导游、电子讲解、在线预订、信息推送等全覆盖；所有旅游大
巴、旅游船和 4A 级以上旅游景区的人流集中区、环境敏感区、旅

游危险设施和地带，实现视频监控、人流监控、位置监控、环境监测等设施的合理设置；在线旅游投资占全国旅游直接投资的15％以上；在线旅游消费支出占旅游消费支出的20％以上。

《规划》提出"十三五"时期我国旅游信息化工作的十个主攻方向：一是推进移动互联网应用，打造新引擎；二是推进物联网技术应用，扩大新供给；三是推进旅游电子支付运用，增加新手段；四是推进可穿戴技术应用，提升新体验；五是推动北斗系统应用，拓展新领域；六是推动人工智能应用，培育新业态；七是推动计算机仿真技术应用，增强新功能；八是推动社交网络应用，构建新空间；九是推进旅游大数据运用，引领新驱动；十是推进旅游云计算运用，夯实新基础。

可以想象的是，未来游客的出行将更加便利化，真正实现出门前手指轻轻一点，酒店、机票、景区门票全搞定；旅途中，地图定位、电子导游讲解、VR技术等全程伴随；旅行结束，电子支付、社交分享轻松完成。

来一场"说走就走的旅行"，指日可待。

"十三五"时期是全面建成小康社会决胜阶段，也是我国旅游业从粗放型旅游大国向比较集约型旅游大国发展的关键时期，旅游信息化面临重大发展机遇。

《2018年全国旅游工作报告》提出，要坚持走科技创新发展之路。以科技为基础的智慧旅游，有效通过信息化优质高效整合旅游资源要素。通过大平台、大网络、大数据推动旅游发展数字化转型，打破信息孤岛，实现数据共享，实现旅游服务、旅游管理、旅游营销、旅游体验、景区流量调控智能化，真正让游客"一机在手，说走就走，说游就游"。

第三节 全域旅游：共建、共融、共享

"全域旅游，全新追求。"

狗年伊始，国家旅游局就确定 2018 年为"美丽中国—全域旅游年"。

全域旅游，高潮再起。

景点景区内鸟语花香、干净整齐，景点景区外却是私搭乱建、脏乱破差；酒店里流光溢彩、金碧辉煌，酒店外却是污水横流，垃圾成山。这种景区、酒店内外两极分化，"里外两重天"现象，在我国许多地方长期存在着。

时代发展，社会进步，人类的生活越来越注重品质。人们对旅游质量的要求也越来越高。

旅游从高增长向高品质的转变已是大势所趋。

2017 年 3 月 5 日，在十二届全国人民代表大会第五次会议上，李克强总理在政府工作报告中明确提出，要"完善旅游设施和服务，大力发展乡村、休闲、全域旅游"。

这是全域旅游第一次被正式写入政府工作报告，正式上升为国家战略。

一

很长一段时间，各地旅游业的主攻方向一般都是集中在建设景点、景区、饭店、宾馆，这种发展方式实际上是一种"景点旅游"模式。星星点点、大大小小的旅游景点，一时间在国内蓬勃发展起来。

正是这些点上的突破，才为我们今天新阶段旅游发展打下了良

好基础。

而现阶段的旅游业，逐步迈入了全民旅游的全新阶段。传统的以抓点方式为特征的景点旅游模式，已经不能满足现代大旅游发展的需要。

这就需要进行旅游战略的重新定位。

全域旅游，应运而生。

全域旅游是指在一定区域内，以旅游业为优势产业，通过对区域内经济社会资源尤其是旅游资源、相关产业、生态环境、公共服务、体制机制、政策法规、文明素质等进行全方位、系统化的优化提升，实现区域资源有机整合、产业融合发展、社会共建共享，以旅游业带动和促进经济社会协调发展的一种新的区域协调发展理念和模式。

它要求全社会参与、全民参与旅游业，通过消除城乡二元结构，实现城乡一体化。

国家文化和旅游部副部长李金早曾对全域旅游概念这般解释：全域旅游就是各行业都无一例外地积极融入其中，所有部门齐抓共管，全城居民共同参与，充分利用目的地全部的吸引物要素，为前来旅游的游客提供全过程、全时空的体验产品，从而全面地满足游客的全方位体验需求。

过去，我们老百姓建房子，不会考虑到当地旅游景观的需要，政府部门策划景区开发，也没有考虑到当地居民的需求。规划水利设施只考虑防洪、排涝、抗旱，基本上不会顾及旅游用途与需求。

封闭的景点建设和景区经营，常常与社会是割裂的、孤立的，有的甚至是冲突的，造成景点景区内外"两重天"。

全域旅游就是要改变这种"两重天"的格局，将一个区域整体作为功能完整的旅游目的地来规划、来建设、来运作。实现景点景区内外一体化，做到人人是旅游形象，处处是旅游环境。实现旅游业全域共建、全域共融、全域共享。

眼下人们追求的，不再是景点门票的销量、旅游人次的增长，而是旅游质量的整体提高以及旅游对人们生活品质提升的意义。

二

全域旅游的成败，关乎着区域旅游业一次根本性的变革。

党的十九大报告提出，中国特色社会主义进入新时代，我国社会主要矛盾已经转化为人民日益增长的美好生活需要和不平衡不充分的发展之间的矛盾。

"上车睡觉，下车尿尿，进了景区就拍照。"过去那种走马观花式的旅游已经满足不了现代人们对旅游的感官需求和精神需求。

习近平总书记指出，旅游是综合性产业，是拉动经济发展的重要动力，是传播文明、交流文化、增进友谊的桥梁，是衡量人民生活水平的一个重要指标。

全面推进全域旅游，能最大限度地满足新时代人民对美好生活的需要，有利于缓解我国新时代的社会主要矛盾，从而推动我国社会主义建设不断迈上新台阶。

早在 2015 年 8 月，时任国家旅游局局长李金早就首次明确提出全面推动全域旅游发展的战略部署。

2016 年，国家旅游局将海南确定为全国首个全域旅游示范创建省。

海南利用全域旅游示范省创建这一契机，把全省作为一个大城市、大景区来规划，实行点、线、面全方位推进，提出打造 100 个特色产业小镇、1000 个美丽乡村。通过精细规划设计，严格管控建设，努力把每一栋建筑、每一条街道、每一个景点都打造成精品，让海南处处是风景，为中外游客提供良好的旅游体验。

2016 年，刘赐贵就推进海南全域旅游示范省创建工作开展做出指示："推进全域旅游，把全省作为一个大景区来打造，是落实习近平总书记'以国际旅游岛建设为总抓手'殷切嘱托的具体行动，是实现'十三五'期间'把海南建设成为全省人民的幸福家园、中华民族的四季花园、中外游客的度假天堂'三大愿景的迫切需要。"

刘赐贵说："我们要把海南全岛作为一个大景区来规划建设，实现日月同辉满天星，全省处处是美景。"

沈晓明省长的指示也很明确：必须把整个海南当成一个大景区来规划。空间上注重的是"处处是景点"；产业上注重的是"行行有旅游"。

沈晓明对于全域旅游的设想显得格外自信，但又不失严谨的布局和安排：

一个是"旅游＋"，注重的是把旅游景点做大做强；另一个是"＋旅游"，注重的是旅游与其他产业的融合，这两者不可偏废。

创建全域旅游示范省，围绕这两个方面，就有很多文章可以做，有更多故事可以讲。

2018年2月25日，沈晓明在三亚调研时说，希望三亚做好"旅游＋"文章，夯实产业基础。三亚提出构建"旅游＋"产业发展新格局，对"旅游＋农业""旅游＋医疗健康""旅游＋互联网""旅游＋海洋""旅游＋会展""旅游＋金融"有思考、有部署，我十分赞同。希望三亚认真研究产业发展规律和国内外相应产业布局情况，有针对性地"点对点"开展产业招商，将这些"旅游＋"落到产业项目上。

沈晓明说，我有个畅想，今后到海南岛来旅游的游客，1/3在亚龙湾、海棠湾这些传统旅游点，1/3进入中部的热带雨林地区，还有1/3就在环岛旅游公路的珍珠链，比如环岛驿站、景点旁边。这样才算是真正意义上的游客和景区融为一体，真正实现岛内"一步一景，处处景区"。

专家预计，随着全域旅游的快速推进，今后旅游目的地去中心化、旅游方式的去中介化、旅游传播的去媒体化，将成为旅游产业的三大趋势。

沈晓明表示，"海南作为首个全域旅游创建试点省，无论是对本省经济发展，还是对全国全域旅游发展，都有着深远而重大意义"。

因为，海南的兴衰荣辱，是中国旅游业繁荣发展的一个缩影和象征。

<h1 style="text-align:center">三</h1>

《三亚市全域旅游发展规划（2016—2020）》及《三亚市创建国家全域旅游示范区工作方案》显示，三亚全域旅游发展建设的重点主要从城市和农村两个方面着手，点线面协调推进，统筹城乡发展，构建"全域旅游"新格局。

三亚全域旅游建设同时从城市与农村两方面着力。城区加快城市景区改造，优化城市交通线路，坚持把所有线路当做旅游线路进行提质改造，打造"旅游交通"。农村大力推进美丽乡村建设，深入挖掘好山好水好资源，根据区位优势、地域特色、乡村文化进行规划建设，丰富旅游产品供给。同时，加强山、海、河的生态修复与保护，重塑三亚河"河清白鹭飞"的胜景，大力开发一批连接周边市县的精品旅游线路，满足不同游客的多元化需求。

创建国家全域旅游示范区，三亚从"点、线、面"着手。

突出抓好"点"，为全域旅游夯实基础。一是以"双修"为突破口，形成了"两河九景十八湾"（三亚东西河、九大公园），建成了面向南海的凤凰岛国际邮轮港，单位面积效益最高的三亚千古情景区和世界上单体面积最大的三亚国际免税城；二是以规划建设 8

个省级特色产业小镇为抓手，培育和发展"一镇一特色"、"一镇一风情"、"一镇一产业"的城镇、村镇经济；三是以打造 47 个美丽乡村工程为亮点，推出一批农旅融合发展的示范项目，推动乡村品质提档升级。

重点加强"线"，为全域旅游强化保障。一是加强海岸线、河岸线修复；二是优化旅游交通线路，开展了主干道景观提升工程，对重要道路沿线建筑进行夜景灯光改造；三是以绿道相接绕城高速公路、西环高铁与东环高铁，形成最美景观欣赏线路；四是加开三亚到崖城等串联景区的短途列车，调整公交线路；五是完善现有东环、西环高铁旅游体系，筹建旅游铁路和有轨电车游览系统，引进网约车，建立全域旅游多元化交通体系。

积极推进"面"，提高全域旅游发展水平。一是科学规划布局，制定乡村旅游、家庭旅馆、邮轮旅游发展等专项规划，优化《三亚市全域旅游发展规划》，统筹推进三亚全域旅游发展；二是强化旅游监管，全域实施治理，网格化监管，三亚旅游监管步入常态化、制度化、规范化；三是实施"双修""双城"计划，优化城市环境，加强山体的修复，加强绿地保护，建设湿地公园。集中规划建设了一批管理规范、服务到位的水果市场，升级改造农贸市场，狠抓环境卫生，改善市容市貌，完备旅游标识、完善公共信息。

四

把全域旅游作为供给侧改革的着力点，三亚全力推进"旅游＋"发展模式。

根据市场需求，三亚深度开发个性化、精品化、高端化的旅游休闲度假产品和旅游线路，不断提升三亚旅游的竞争力和创富能力。以旅游业为核心，推动旅游业与其他产业融合发展，以"旅游＋"为主要模式，不断创新旅游产品、旅游业态和旅游服务，提升旅游品质。

如今，从海洋走向乡村，从平面走向立体，三亚旅游展现出丰富多彩的全新印象。

三亚市市长阿东表示，三亚作为海南国际旅游岛旅游业的排头兵，不仅要打造成为国内旅游发展的引领城市，更要建成"一带一路"国家旅游的门户和样板，成为我国泛南海智慧旅游的主要支撑区，更要成为国家全域旅游的模范试验区、先导区。

国家旅游局发布的《2017 全域旅游发展报告》显示，两年来，产品建设已经成为全域旅游、融合发展的新亮点和新空间，开放的"旅游＋"发展格局初步形成。要素型产品不断提档升级，各地普遍加大了特色餐饮、主题酒店、旅游民宿、房车营地、休闲绿道、旅游风景道、必购商品、文化体验产品等开发力度，两年累计投资超 1000 亿元。园区型产品开发如火如荼，A 级景区、旅游度假区、休闲区、主题乐园、旅游综合体、城市公园、大型实景演出和博物馆、文化馆、科技馆、规划馆、展览馆、纪念馆、动植物园等纷纷成为创建单位产品开发的新选择，在建旅游综合体项目 1500 个，两年累计投资超 900 亿元。目的地产品日益丰富，美丽乡村、旅游小镇、风情县城、文化街区、宜游名城建设加速推进。目前在建美丽乡村项目 2500 个、特色小镇项目 1100 个，两年累计投资超 2100 亿元。

五

西岛渔村火了。

珊瑚石院墙的斑驳印记，海上书屋里的慢时光，文创馆里的清新悠然，民宿主人的淳朴热情……2018 年"五一"小长假，正在进行"美丽渔村"建设的三亚市天涯区西岛渔村凭借着得天独厚的自然风光和人文风貌，吸引大批游客前来观光体验。

"今年春节更火爆，村里的民宿天天满员。"三亚西岛渔村首家民宿"小康别苑"经营者黎小康，掩饰不住内心的喜悦。

西岛，在三亚湾西部的海面上，与繁华市区遥遥相望。曾经，岛上的一道围墙，把面积 2.8 平方公里的岛屿隔出两个"世界"。墙那边，是人头攒动的西岛景区，游客们上天入海，尽享动感与欢乐；墙这边，是世世代代靠打渔为生的渔村，村里的年轻人早早就外出打工，只剩下越来越旧的老房子。

从那时起，三亚就开始思考如何将渔村的原生态之美发挥效益。为此，三亚市委、市政府将西岛社区打造"美丽渔村"纳入美丽乡村建设中，通过"十镇百村"工程，将西岛渔村打造为融山、海、村、民为一体的"5A 级海岛生活区"，实现景区与村庄的共建共享、渔民的转产转业，进一步完善基础设施和公共服务设施，促进西岛经济、民生福祉的全面提升。

2017 年 11 月 28 日，西岛渔村一期建成迎客，围墙的一扇大门正式开启，游客可同时饱览景区与渔村美景，景区与渔村采用一体化融合的方式，共同推进全域旅游建设。"这一天，我们盼了 19 年！"西岛社区党总支部书记、居委会主任黎庆学有些激动。

杂乱的菜市场，被改造成特色集市；海边的荒地，被改造成社区广场；海上书房、西岛文创馆、西岛门户广场、女民兵展馆、珊瑚科普中心等相继建成，为老渔村注入新活力。美丽渔村建设不搞大拆大建，最大限度地保留渔村原生态风貌，新增垃圾场、污水处理站、旅游标识标志……

来自湖南的游客李娟在岛上待了两天。白天在景区里又是潜水又是坐摩托艇，玩得不亦乐乎，天色渐暗就入住民宿，尝尝渔民捕捞上来的海鲜，晚上听着海浪入眠。位于海边的海上书屋给她一个大大的惊喜："紧挨着的三条船布置成书屋、茶室、船宿三种空间，港口的海浪让渔船轻摇，海风中夹着书香，美极了！"

在新政策的激励下，村里 200 间闲置房屋被天涯区政府租下，逐渐被改造成发展民宿、文创、餐饮、特产集市等产业的基地，越来越多的村民在家门口吃起"旅游饭"。曾经靠打渔为生的村民王身取就是其中之一，如今他的老屋被改造成的西岛文创馆，已经是美丽渔村的样板工程。"政府租我的房子 15 年，房租、分红吃得久咧！"

"去年春节，西岛渔村的大街小巷几乎看不到游客，但今年节假日里一出门就是游客。"黎庆学说，游客的到来，让村民感受到了旅游发展的脉动。

前段时间，西岛渔村又传来一个好消息。在三亚市政府相关部门及西岛景区的支持下，海上巴士开通西岛站点，未来，游客若乘海上巴士从凤凰岛出发仅需 15 分钟就可抵达西岛。这让西岛景区总经理黄家奇尤为高兴："随着西岛景区和社区的升级改造、资源开发，进出西岛客量突增，预测 2018 年客量将突破 200 万人次。"

从一堵围墙的内外之别，到如今渔村与景区之间的边界越来越模糊，这样的发展模式，或许就是三亚全域旅游发展的生动注解……

2017 年起，三亚市实施乡村振兴战略，推进"十镇百村"工程建设，一个个美丽乡村迅速崛起，呈现旅游区与美丽乡村融合发展的态势。

文门村，历史悠久，民风淳朴，是三亚"十镇百村"工程建设的美丽乡村之一。自整村推进美丽乡村建设工作以来，被列入国家第一批"绿色村庄"、国家级环境整治示范村名单。

作为千年黎寨，"文门"二字寓有"文化之门"含义。因文门位于出山入海之地，与汉文化交融历史悠久。相传南朝隋初，冼夫人抚定海南千余黎峒，文门寨是歃血盟誓之地，成为琼南最早吸纳中原文化的古老村寨之一。

在三亚看多了椰风海韵，来自天南海北的游客初见文门，无不为眼前这山清水秀、花果满山、古树参天、满目新绿的田园美景所陶醉。休闲小广场、果园、菜地，孩子们在文化室前追逐嬉戏、村民脸上洋溢着笑容……

文门村有一条850米长、半米宽，河卵石铺成的庭院经济观光小道，远道而来的游客定要走上一趟。

沿着观光小道，一幅田园牧歌式农家画卷徐徐展开。槟榔树成排成行，椰子树、杨桃树、柚子树、石榴树、木瓜树、菠萝蜜树点缀其中，微风拂来，树枝哗哗作响。瓜果飘香引来蝶舞蜂飞，鸟声鸣啼婉转空灵。

六

2017年"五一"，焕然一新的青塘村以"彩虹部落、美丽青塘"为主题开园，为当地村民和外来游客，呈上了一份成功转型的精彩答卷。

两年前，海棠区的青塘村还是个"小猪满地跑"，拿不到台面上来的小村落。如今，在全域旅游的大力推动下，昔日破旧小山村摇身一变，成为依山傍水的亲子乐园，一到周末便游人如潮。

农村变景区，农田变景点，农民变导游，美丽乡村建设所带来的"蝴蝶效应"，是海南省"美丽海南百镇千村"工程大步迈进的一个缩影。

美丽乡村建设中，三亚格外强调村民的共建共享，助力村民深层次地参与。

海南省委常委、三亚市委书记严朝君表示，美丽乡村建设过程中，三亚要加快推动各类资源向农村延伸。

2018年1月，游客期盼已久的三亚水稻国家公园正式开园，让人耳目一新。

水稻国家公园被誉为海棠湾国家海岸的后花园。公园以国际视角展示中国水稻科学技术发展，展示海南南繁地理优势，挖掘中国农耕文明、稻作文化，以新资源，新理念，新产品，新体验，探索全新的农旅融合发展之路。

水稻国家公园董事长张海林介绍说，水稻国家公园一期规划面积 3800 亩，计划总投资 23 亿元人民币。正式开园之日，先期推出稻田花海景观、全球首个一比一恐龙科普基地、田野狂欢实景演艺、大型婚庆一站式基地，亲子乐园、稻田温泉景观、共享农庄村人易物线下体验基地、大型房车体验中心、稻田盛宴海鲜广场、禾下乘凉艺术造型游客服务中心十大亮点，以差异化创新产品打造三亚夜间市场，丰富三亚旅游业态。

因为海南的气候适合水稻生长，水稻公园中很好地融合了南繁产业，引进了"世界杂交水稻之父"袁隆平院士的 300 亩育种基地、三亚南繁院 150 亩育种基地、沈阳周晓东 600 亩北稻南移再生稻实验种植，成为国际领先、国内一流的水稻种植业基地。

在这里，游客可以深入体验农耕文化，稻浪层层、稻花飘香，白鹭翔集，一场生动的水稻科普就此展开。

说起水稻田，在大多数人们的印象中无非是千篇一律的田地，很难和旅游联系到一起。经过水稻公园的升级打造，海棠区 2000 多亩田地焕发新生，成为融农耕乐趣、农庄休闲、亲子慢游、南繁科研为一体的农旅融合游览体验区。

这里有精心设置的植物迷宫，引人入胜。儿童主题乐园童心园，等待孩子们去感受童趣。

吃饭的场地起名为"稻田盛宴"，被绿树、三角梅和稻田所围绕。这是园区内郁郁葱葱的水稻田边"生长"出的一个农家主题餐厅，餐厅农家菜讲的就是一个"农"字，所有应季菜品都是自给自足。

在稻田里观赏《田野狂欢》大型实景演出，令人耳目一新。

《田野狂欢》最直观的特点，就是把演出现场直接搬到了田野中。这台以农耕文化、田园情怀为题材的 70 分钟大型实景演出，编排了春耕和插秧、太阳和月亮、水妹与春仔、稻草人和云彩、秋收和太阳等几幕场景。在节目中，会看到几十米高的太阳风车升起于田亩之间，会看到无数的太阳气球在舞台和观众席上翻滚，会看到天上的星河坠落田野，会看到水田里星星点点的萤火虫，会看到稻子从青葱长到金黄……

这个景区内现有 800 多名员工，67％员工都是本地的村民，"不离乡，不离土，农民永远是业主"。

水稻国家公园，既把全国科研院所的专家与产品都集中到三亚来形成农业技术高地，又充分利用农耕文化的吸引力，让游客有了更丰富的文化旅游产品选择，也让村民有了更多收入，还给农产品、土特产提供大型销售平台，实现了多方共赢的大好局面。

七

全域旅游，是我国新阶段旅游发展战略的再定位，是一场具有深远意义的发展变革。国家旅游局共批准了两批 500 家国家全域旅游示范区创建单位，覆盖全国 31 个省区市和新疆生产建设兵团，总面积 180 万平方公里，占全国国土面积的 19％；总人口 2.56 亿，占全国人口的 20％。

2018 年 1 月 8 日，时任国家旅游局局长李金早在做《2018 年全国旅游工作报告》时，布置下一阶段 18 项重点工作任务，第一项就是"深化供给侧结构性改革，大力推进全域旅游"。

近年来，三亚利用全域旅游创建这一契机，精心规划设计，严格管控建设，努力把每一栋建筑、每一条街道、每一个景点都打造成精品，让海南处处是风景，随时随地为游客提供良好的旅游体验。

2018 年 2 月 27 日，海南省副省长刘平治在省旅游委调研时强调，要牢记海南的战略定位和历史使命，以更加精准、更加配套、更加革命的举措，推动更大范围、更深层次、更具活力的新一轮改革开放。以全域旅游示范省创建为抓手，以加快培育以旅游业为龙头的现代服务业为目标，以实际行动推进全省旅游工作再上新的台阶。

第四节　大三亚旅游经济圈：1＋3＞4

2017 年 10 月 20 日，以"休闲让生活更美好"为主题的 2017 年第三届世界休闲博览会在杭州国际博览中心开幕。

在参展的众多城市中，有一个独特的展位吸引了观众的注意，它不是某一个城市，而是来自海南的三亚、陵水、乐东、保亭一市三县"大三亚"旅游经济圈。

当然，吸引观众的还有椰风海韵、黎苗文化、迷你高尔夫推杆、热带雨林风情等多样化海南元素。

带队参展的三亚市副市长戴玉明表示，参加此次博览会，在向国内外游客推广和宣传"大三亚"旅游经济圈旅游资源和产品同时，也能学习和借鉴国内外休闲旅游行业的经验，全方位加强对三亚旅游要素和旅游设施进行国际化改造，重点提升邮轮游艇、健康医疗、高端海洋度假、免税购物、会展等产业功能。

这是继"大三亚旅游经济圈"走出去完成昆明、贵阳、成都、合肥四站营销后的再出发。

"大三亚"旅游经济圈品牌正在走向全国，走向世界。

一

传统旅游模式在新时代如何迸发新的活力，不断提高旅游消费的性价比，让游客有更多的获得感和幸福感？

相对分散的旅游资源如何整合，互助互补？

不少网友发出质疑，"来三亚除了玩海就是玩海，周边有没有其他一些景点推荐？"

三亚的滨海风光的确吸引人，但作为游客，漂洋过海，不远千里万里来到三亚，当然希望能体验到更多特色的旅游产品。

海南省委书记刘赐贵在省第七次党代会报告中提出："协调是建设美好新海南的内在要求，必须坚持在协调发展中拓宽发展空间，在加强薄弱领域中增强发展后劲。支持三亚建设国际化热带滨海旅游精品城市，加快推进'大三亚'旅游经济圈建设，充分发挥南北两极对周边市县的辐射带动作用。"

"大三亚"旅游经济圈就是以三亚为核心，蓄力三县力量，整合优势旅游资源，突出旅游产业在该区域的核心地位，加快推进区域经济社会转型升级，提升旅游品质，强化高端旅游、精品度假，以期打造国际化海岛度假旅游胜地。

"大三亚"旅游经济圈包括三亚、陵水、乐东、保亭等市县，地处世界级养生度假天堂黄金线北纬18°以南，自然条件得天独厚，是全国唯一的热带滨海地区，是全省旅游资源最优质最密集的区域。

"大三亚"土地总面积6967平方公里，占全省土地面积近两成。区域内各市县地域相连、文化同源、民俗相近、人缘相亲、往来频繁，一体化发展具备良好的地理和人文基础。

三亚的旅游资源得天独厚，而陵水县、乐东县和保亭县的旅游资源也是自然恩赐，各具特色。

陵水黎族自治县位于海南岛的东南部。东邻万宁，西交保亭，北依琼中，南连三亚。

陵水旅游资源丰饶，有海湾、沙滩、岛屿、椰林、原始森林、瀑布、温泉、猕猴、鸵鸟游乐观赏等。

千峰竞秀的吊罗山脉横贯西北，万顷碧波的大海静卧东南。

优越的地理位置、宜人的气候和丰富的旅游资源相得益彰。陵水景观丰盛引人注目：椰子岛、香水湾、土福湾、南湾猴岛、吊罗山原始热带雨林、小妹湖等自然风光带有浓厚的热带韵味，惹人流连；苏维埃政府旧址、陵水县农民协会旧址、南霸天庄园、龙王庙、三昧寺和清代一条街等人文景观历史气息浓重，是沾染文人雅韵的好去处；舒适的汤浴是这里的一大特色，南平温泉、高峰温泉、红鞋温泉等天然浴池洗濯尽游客的尘土和疲劳。

5A级景区分界洲岛，被称为浮在南海上的美丽遗世孤岛。海水澄澈洁净，温润的海风让人忘记远行的疲惫，这座带着清冷温润气息的岛屿因此被称为"心灵的分界岛"。

分界洲岛有海南最大的以海洋科普为主题的珊瑚馆，馆内展示了南海海底的珍稀海洋生物标本、"海上丝绸之路"古代商船及遗留在海底的景德镇古瓷器、陶罐，以及海底打捞到的古代火炮、古铁锚等，这座珊瑚馆集结了南海美好的海底风光以及神秘的历史海底发掘，是对海底世界痴迷的游客最好的招待场所。

气象上习惯把分界洲岛当作海南南北气候分界的一个地标。在这里经常可以看到"牛头下雨牛尾晴"的奇观，分界洲岛牛岭的岭北天空阴雨或大雨滂沱，岭南却是阳光明媚。

分界洲岛海豚湾是一个与自然亲近的良地，是国内第一个纯自然条件下，规模最大、最具观赏特色的野生海洋动物世界。这里有地球上最大的鱼类、有着"温柔的海洋巨人"之称的鲸鲨、智商可比孩童的"海洋精灵"海豚、体大如饭桌的海龟、生性凶猛的龙胆石斑鱼等。

猴岛位于陵水县南约14公里处的南湾半岛，它依山傍水，三面环海，形状狭长，大小12个山头连绵起伏。

南湾猴岛上的动植物物种种类繁多，森林覆盖率达95%，生态资源极为丰富。猴岛景区内的跨海观光索道将神秘的南湾猴岛、迷人的热带港湾、浓郁的"疍家民俗风情"、热闹的渔港风光串成一线。

乘缆车在海上越空滑行，可俯瞰港湾处千帆竞发、渔排林立的盛景；游客沐浴着凉爽的海风可观白云朵朵点缀蔚蓝天空，可望远处洁净迷人的沙滩与妖媚多姿的椰林随风摇曳，令人回味无穷。

二

乐东黎族自治县位于海南岛西南部，旅游资源主要有"一江一山二岭三湾"，即百里画廊的昌化江，稀世奇观的毛公山，神秘莫测的尖峰岭热带原始雨林，石景奇美的西山岭，碧海银滩的龙栖湾、龙腾湾、龙沐湾。

尖峰岭位于乐东县境内，是我国现存面积最大、保存最好的热带原始森林区，是一个巨大的天然物种基因库。

进入尖峰岭，就如同置身于雾海，云雾蒸腾，一片迷茫。

深山里、高峰上、森林稠密处，雾气愈加浓重。

山风掠过，身边的云雾随风翻滚，仿佛大海的波涛，气势恢宏。在尖峰岭的黑岭东边，有一个群山环抱的盆地，由于终日被云雾笼罩，云雾在其中翻卷飘荡，因此有"天池"的美称。

莺歌海盐场是海南岛最大的海盐场，在华南地区首屈一指。它面临大海，背靠尖峰岭林区，是一片3000多平方公里的滩涂地带。

来到莺歌海盐场，首先映入人们眼帘的是一望无垠的银海。这里，渠道纵横井然有序，片片盐田银光闪闪，高压电线凌空飞架，水泵房池星罗棋布，制盐机械转动轰鸣，一派生产繁忙的景象。

欣赏一望无际的蓝色海洋，感受白色晶莹的盐场风光，听盐业历史，感受舌尖咸味小吃，不失为繁忙中的一次简单感受，悠闲惬意。

闻名于世的毛公山旅游景区，位于乐东县保国农场场部东侧的保国山，距天涯海角旅游点40公里，峰峦连绵起伏。中部突起的一座高630米的花岗岩山，貌似已故领袖毛泽东的半身仰卧像，形神兼备，雄伟壮观，是一处罕见的自然景观。1989年，这一特殊景观被发现后，当地群众遂将保国山称为"毛公山"。

三

保亭黎族苗族自治县位于海南岛中部五指山南麓，山清水秀，风景秀丽。

保亭县的风光更多体现在宜人属性，这里的温泉和少数民族文化，是最原始的宝藏，等待各地游客的采撷。

七仙岭温泉国家森林公园距保亭县城 7 公里，1998 年被批准为国家级森林公园。境内独具特色的温泉、奇峰、田园风光、民俗风情让人流连忘返。温泉温度最高可达 95℃，含有多种微量元素，温泉水属硅酸重碳酸钠型水，日出水量 3800 多升，是海南岛探明的出水量最大、温度最高的温泉，具有清净肌肤、美容、医疗保健等独特功效。

七仙岭的最高山峰海拔 1126 米。登上峰顶，可体验"一观、二看、三瞻、四望、五拜"的境界，尽享"与仙同游、与人同乐、与景同醉、与山同寿"的无穷乐趣。

七仙岭温泉国家森林公园，是海南岛内仅有的保存较为完好的热带雨林之一。山上古树参天、藤萝交织。漫步七仙岭原始热带雨林，可尽情欣赏动植物景观，饱吸原高浓度的氧气和负氧离子，通身畅快。

一个县拥有 2 个国家 5A 级风景区，这在全国极为罕见。

5A 级风景区槟榔谷黎苗文化旅游区创建于 1998 年，位于保亭县与三亚市交界的甘什岭自然保护区境内，景区坐落在万余棵亭亭玉立、婀娜多姿的槟榔林海，藏身于古木参天、藤蔓交织的热带雨林中。

槟榔谷因其两边森林层峦叠嶂，中间是一条延绵数公里的槟榔谷地而得名。景区由非遗村、甘什黎村、雨林苗寨、田野黎家、

《槟榔·古韵》大型实景演出、兰花小木屋、黎苗风味美食街七大文化体验区构成。

景区内还展示了十项国家级非物质文化遗产，其中"黎族传统纺染织绣技艺"，被联合国教科文组织列入非物质文化遗产急需保护名录。

槟榔谷还是海南黎族、苗族传统"三月三"及"七夕嬉水节"的主要活动举办地之一，文化魅力十足，是海南民族文化的"活化石"。

保亭县另一个 5A 级风景区呀诺达热带雨林景区是中国唯一地处北纬 18 度的热带雨林，是海南岛五大热带雨林精品的浓缩，是最具观赏价值的热带雨林资源博览馆，堪称中国钻石级雨林景区。

呀诺达在海南本土方言中表示一、二、三，同时又被译为欢迎、你好，表示友好和祝福。

景区充分以天然形胜和热带雨林景观为主体基础景观，融汇"热带雨林文化、黎峒文化、南药文化、生肖文化"等优秀文化理念于一体，构建一个以"原始绿色生态"为主格调的高档次、高品位、高质量的大型生态文化旅游主题旅游景区。

在这里，独具特色的热带雨林六大奇观可以让你身心震撼，长达数公里雄伟瑰丽的峡谷奇观让你目不暇接，飞瀑流泉、飞花溅雪让你留连忘返，悠久精美的黎锦工艺让你叹为观止，甘美如饴的黎家香醇让你如梦如幻，长年不断的热带瓜果让你大饱口福。

集山奇、林茂、水秀、谷深于一身，呀诺达可以称得上是海南岛的"香格里拉"，人间的"世外桃源"。

近年来，保亭不断开发"到保亭深呼吸""红毛丹采摘季""婚庆旅游季""温泉美食季"等特色旅游新业态、新模式，旅游业呈现良好发展态势。

四

有心之人把三亚、保亭、陵水、乐东和五指山组合成一只"金凤凰"，三亚市是凤凰的头部，陵水、乐东是凤凰的翅膀，保亭是凤凰的主体，五指山则是美丽的凤尾。

陵水、乐东和保亭自然风光优美绮丽，少数民族民俗优势明显，他们蓄力共建的"大三亚"旅游经济圈，不仅会给游客带来非凡的旅游体验，也将成为海南全域旅游建设的"试验田"。

三亚市旅游委副主任王菲菲说，到三亚休闲度假的游客中许多是回头客，除了碧海蓝天，他们期待更新鲜的旅游产品。呀诺达、槟榔谷、南湾猴岛等周边"绿色游"推出后，一下子吸引了游客们的眼球。这些景区主打绿色生态，亲水亲山，游人既能零距离感受大自然，又能在炎炎夏日中避暑戏水。"大三亚"旅游经济圈给游客带来了更多的实惠。

从地理位置上来看，"大三亚"旅游经济圈地处泛南海经济合作圈的最前沿。从产业发展上来看，"大三亚"旅游经济圈所拥有的旅游产业基础优势，在整个泛南海经济合作圈内独占鳌头。

通过"大三亚"旅游经济圈建设，可以发挥三亚21世纪"海上丝绸之路"战略支点作用，推动泛南海经济合作圈务实合作，构建全方位、立体化、多层次、宽领域、高水平的开放型新格局，辐射整个泛南海区域。

"大三亚"旅游经济圈建设，最需要的是格局引导和旅游规划，亟待摒弃固有思维、突破利益藩篱，具备大局观、拥有大视野。

中国南海研究院海洋法律与政策研究所副所长康霖撰文，对"大三亚"旅游经济圈未来发展提出了建设性意见。

编制"大规划"。

按照省域"多规合一"有关要求，在《海南省总体规划（空间类 2015—2030）》约束指导下，根据《"大三亚"旅游经济圈发展规划》，对三亚、陵水、乐东、保亭一市三县现有"十三五"发展规划和其他相关产业发展规划进行逐项梳理对照，推动"大三亚"旅游经济圈规划编制和推进实施更加科学合理。

构建"大交通"。

旅游的意义在于迁徙，便捷的交通是旅游业发展不变的追求。

建设"大三亚"旅游经济圈，交通的互联互通是重要前提和基础。然而，旅游交通问题是目前制约一市三县互利共享的掣肘。

抵达海南和三亚最快捷的途径是飞机和邮轮。那么，加快推进凤凰岛国际邮轮港二期建设，加快凤凰机场三期扩建项目建设是迫在眉睫的第一要务。

设计"大旅游"。

按照"一个世界级旅游城市、两个'山海互动'特色滨海旅游城镇、一个民族文化养生栖息地"的规划方案，突出不同地区的优势特点，对"大三亚"旅游经济圈的旅游产业进行细化分工。

比如，在医疗养生旅游方面，三亚可发挥 301 医院辐射带动优势，建设大三亚旅游经济圈医疗服务中心；陵水可根据现有 301 医院后勤基地建设基础，突出自身在大三亚旅游经济圈中的服务保障作用；乐东可利用莺歌海盐场的特色资源优势，参照以色列死海盐疗产业发展模式，发展大三亚旅游经济圈特色盐疗养生；保亭可主打"绿色、富氧"牌，发展术后理疗、养生恢复产业。市三县形成了分工明确、优势互补、体系完善的大三亚旅游经济圈医疗养生旅游产业链。

基于大三亚旅游经济圈建设的方案，今天，整个"大三亚"地区旅游特色及服务状况都有了显著提升。

五

三亚和三县的旅游资源各有不同但风貌又有相似之处，如何取长补短，利用核心旅游资源，配合彼此，共建旅游圈，是定位的首要关注所在。

海南省委常委、常务副省长毛超峰强调，三亚的各个重点项目建设均要立足"大三亚"旅游经济圈交通基础设施一体化。

三亚市政协主席容丽萍提出，从产业发展、人流物流集散中心建设、标准化服务管理、区域优质资源共享等各方面，三亚要扛起"大三亚"旅游经济圈"领头羊"的责任担当。

作为"大三亚"旅游经济圈中的"配角"，陵水、乐东、保亭三县无疑需要发挥自身优势，找准发展定位。

陵水可依托国际旅游岛先行试验区建设为基础，推动陵水南部滨海旅游区、中部丘陵旅游区和北部山地森林旅游区开发，发挥热带农业和南繁育种优势，逐步形成由海岸带—丘陵地带—山地森林—热带农业休闲旅游为一体的"山海互动"陵水特色滨海旅游格局。

"陵水是黎族自治县，游客期待在这里体验文化差异，挖掘和再现黎族文化具有国际意义。"参考巴厘岛旅游开发经验，海南省旅游协会副会长王健生提出了"黎药SPA"的创意：陵水有温泉，有黎药，可以考虑将二者引入SPA项目中，创造出独具特色又有吸引力的休闲养生产品。

在"大三亚"旅游经济圈中，乐东由于旅游开发起步晚、基础设施薄弱、交通等公共服务体系滞后，旅游资源还处于原生状态。

然而，乐东拥有"一江一山二岭三湾"旅游资源，生态优势同样突出。继续发挥乐东所特有的"毛公山"红色山海互动旅游资源优势，推动整个乐东旅游产业纵深发展，大有文章。

海南省旅游委副主任陈铁军说："乐东现在就像一张白纸，只要顶层设计做得好，提前谋划，有的放矢，将来潜力不可预期。"

作为"大三亚"旅游经济圈中唯一一个不接海的县，保亭必须突出其有别于其他三个市县的"绿色"旅游优势，主打山村、森林、温泉、黎族苗族文化这四个核心旅游要素，依托民俗文化和自然生态资源以及呀诺达、槟榔谷、七仙岭等特色旅游景区，建设以少数民族文化、健康养生、旅游温泉、医疗恢复、山地养生等为特色的养生栖息地，并提供高质量度假设施和服务。

按照规划的思路，三亚是"蓝色旅游"的代表，保亭则以"绿色旅游"与之呼应，形成山海并举、蓝绿互动的旅游格局。

保亭将作为大三亚旅游圈中心的重要组成部分，充分融入大三亚高端旅游圈内，在旅游产品和特色上与三亚对接，扮演更重要的角色。

乐东、陵水、保亭可共享三亚现有的医疗、教育、培训、金融、交通和互联网等方面的优质资源，发展本区域的特色旅游市场。

三亚市副市长王铁明介绍说，三亚正在加快"双修"（城市修补、生态修复）和"双城"（海绵建设试点城市、综合管廊建设试点城市）建设的脚步，向"大三亚"旅游经济圈内市县提供城市生态文明建设模式、新型城镇化发展方式，缩小市县之间的差距，实现城市同步发展。

2017 年 5 月 9 日，"大三亚"旅游经济圈联席会议首次明确了发展路线图，即三亚牵头联动陵水、保亭、乐东组成区域旅游业合作发展机构，在保护生态的前提下加快基础设施建设，实现经济、公共服务互联互通，提升旅游品质，打造全省重要经济增长极。到2020 年，力争实现经济总量超过全省1/4。

围绕这一目标，未来，"大三亚"旅游经济圈将会进一步突出旅游产业在该区域的核心地位，加快推进区域经济社会转型升级，强化高端旅游、精品度假，全方位对旅游要素和旅游设施进行国际化改造，促使其建设成为全国全域化旅游实践范例。

六

自三亚 1999 年率先提出构建大三亚旅游圈，到海南省第七次党代会明确提出支持三亚建设国际化热带滨海旅游精品城市，加快推进大三亚旅游经济圈建设，前后历时 19 年。经历了从市县自发状态到区域协调发展理念上升到省级层面，再到省委重大决策部署、省政府务实举措三个阶段。

今天，"大三亚"旅游经济圈战略定位和实现路径越来越清晰。在党代会责任分工中，由省长沈晓明任"大三亚"旅游经济圈建设责任领导，省发改委为牵头单位，省旅游委、财政厅、国土资源厅、住建厅、交通厅为参加单位，形成了党政主导、部门协同、整体联动、共同推进的科学工作机制。

与此同时，"大三亚"各市县抱团发展的氛围逐步形成，一体化合作初步展开。三亚提出要发挥核心城市龙头带动作用，陵水、保亭、乐东提出要积极主动融入，"大三亚"旅游经济圈建设成为市县发展的现实需求和迫切愿望。在建立联席会议的基础上，"一市三县"有意识、分步骤地开展合作，在旅游线路开发、品牌共同塑造、宣传推广促销等方面旅游联动初具雏形，联动效应初显成效。

2018 年年初，由时任海南省政协主席于迅领衔的"大三亚"旅游经济圈建设调研组，推出了《加快推进"大三亚"旅游经济圈建设调研报告》。

调研组认为，"大三亚"区域合作开展十多年来，各市县经济社会取得长足发展，但"大三亚"旅游经济圈建设仍处于起步阶段，对"大三亚"旅游经济圈建设各方尚缺乏长远战略性考量。

对此，调研组提出"大三亚"旅游经济圈建设存在的突出问题有：区域发展定位不够清晰明确，开发缺乏规划统筹；国际旅游岛优惠政策尚未用足用好，国际化水平明显偏低；旅游产品吸引力不强，新业态培育发展进程缓慢；旅游业发展不均衡，极化现象突出；交通基础设施建设滞后，旅游运输服务机制不完善；旅游人才严重短缺，供需矛盾突出；缺乏强有力的协调保障机制，合作深度有待加强；等等。

近年来，"大三亚"旅游经济圈开发日渐加快，2016年，"大三亚"旅游总收入352.53亿元，占全省的52.45%；接待过夜游客1952.9万人次，占全省的39.16%；国际游客占全省70%以上，旅游业态成绩斐然，成为海南省旅游业发展的重中之重。旅游产业的优势地位毋庸置疑。

刘赐贵表示，"大三亚"区域资源禀赋得天独厚，建设"大三亚"旅游经济圈，是加快推进供给侧结构性改革，科学合理布局，充分发挥资源最大效益的必然选择。要充分认识建设"大三亚"旅游经济圈的重要意义，牢固树立"全省一盘棋"理念，互联互通、互利互补，以差异化、精细化、国际化推进区域一体化，进而引领带动全省东、西、南、北区域组团和中部生态核心区的协调发展。

"大三亚"旅游经济圈的旅游"航母"，正驶向改革深水区，破浪前行。

从单打独斗到抱团发展，1＋3＞4，"大三亚"旅游经济圈，必将给中外游客带来更为丰富的旅游体验，取得更为丰厚的社会和经济回报。

第五节　城市"双修"：扫净院子迎客来

2016 年 12 月 10 日，全国"生态修复、城市修补"工作现场会在三亚召开，来自全国的城市管理者聚集天涯海角，解剖三亚样本，探索"双修"之路。

在三亚河亲水平台，时任海南省长、现任海南省委书记刘赐贵拿起话筒，亲自向代表们作了讲解，他特别强调，优良的生态环境是海南发展的最大"本钱"和基础。海南将坚守生态底线，坚决把全国 13 亿人民的这块宝地守护好、呵护好。

就在刘赐贵讲解之际，一行白鹭从河边的红树林翩然飞起，让来自全国的会议代表大为叹服，羡慕不已。

与会代表现场考察了三亚市生态修复城市修补重点工程，实地了解三亚发生的巨大变化，作为全国第一个"双修"试点城市，三亚经过一年多取得的骄人业绩让人们啧啧称奇。

徜徉在青山绿水之间，人们不禁要问：是什么成就了三亚的美丽风景？是什么让三亚展露出国际范儿的独特气质？是什么让一个城镇化进程中"诸病丛生"的滨海城市，成为摆脱顽疾的"转换中的典型"？

一

风貌失控、生态滑坡、环境污染、交通拥堵、违建丛生、垃圾围城……快速发展的中国，饱受"城市病"困扰。

"成长的烦恼"是无法避免的。三亚与其他许许多多的城市一样"病"了，急需"刮骨疗伤"，亟待浴火重生。

经过几十年的发展，三亚已经成为全国闻名的旅游度假城市。

但是，三亚引以为傲的生态环境正在遭受威胁，乱象丛生：全市共有废弃的矿坑55个，山体受损面积80余万平方米；受到侵蚀的沙滩岸线达21.6公里，占已开发沙质岸线90%；违法建筑多达1.5万栋，肆无忌惮地抢占了建设用地、河道、公园、绿地；流经市区的三亚河和临春河，近400处污水直排口，让清澈的河水成为过去的记忆；山、河、海、城的自然格局被打破，城市形态风貌渐渐失色。

"别让黑水挡了旅游城市的景"，央视曝光的三亚内河排污口污水直排、水体氨氮致癌物严重超标等现象，极大地损害了三亚市的城市形象。

是啊，作为一个以旅游业为支柱产业的城市，城市面貌就像一个人的"脸面"，蓬头垢面会招谁待见？

中国城市粗放、野蛮的发展方式已经不可持续。城市发展如何转型、生态文明建设如何破题，迫在眉睫。

2015年12月20日，中央城市工作会议在北京召开。会上，中央层面第一次提出"城市修补、生态修复"理念。两个月后，中共中央、国务院发布《关于进一步加强城市规划建设管理工作的若干意见》，"城市修补、生态修复"正式上升为国家战略。

2015年新春伊始，踏着春天的脚步，三亚人民迎来了具有历史意义的大事件——撤镇设区。三亚市委、市政府抓住了这一千载难逢的机会，有幸成为我国唯一的"双修"试点城市。

时任住房城乡建设部部长陈政高亲自率队，来到三亚调研城市规划和建设工作情况，他们深入河边、海岸、街头，"为三亚把脉"。

住建部开出"诊疗单"：山、海、河、林、田、湖、湿地作为一个整体统一推进生态修复，从打违、绿化、色彩、亮化、天际线和街道立面多方面着手开展城市修补，整体改善城市功能和面貌。

聚焦三亚旅游，优势和劣势显而易见：生态气候的独特性和唯一性，面向世界的开放性和国际性，这是高期待；基础建设的滞后性和薄弱性，民生发展的落后性和失衡性，这是大制约。

三亚"双修"有着丰富的内涵，是新时期城市转型升级的重要标志。三亚"双修"既肩负着自己的使命，又承担着国家责任！三亚必须把"双修"这张牌打好，全面提升城市品质，向全省人民乃至全国人民交上一份满意的答卷。

2015年7月2日，刘赐贵在三亚调研城市规划建设和管理时，对三亚提出要求：要下大力气提升三亚城市形象。在"双修"过程中，把海岸线资源还给市民和游客，把违背自然规律的建设项目坚决拆掉，高度重视做好海域环境整治和生态修复。重视城市绿化，把绿化与美化、彩化、亮化等结合起来。

刘赐贵特别强调，要让国内外游客耳目一新、眼前一亮，看到三亚的变化。

三亚拥有优良的环境禀赋，好的生态决不能仅存于记忆之中，要将其化作高质量的产品，呈递给市民和全世界的游客。

"生态环境是三亚的核心竞争力，绿水青山就是金山银山。三亚唯一能与全国竞争的就是独特的气候、独特的地理单元'山海河城'。"时任市委书记张琦在给全市党员领导干部讲党课时表示，作为三亚人，我们要对"一湾两河三路以及三亚的山"进行修复治理，守住这片山水，守住三亚的乡愁。

二

人民日报曾刊文称，抱坡岭是一座被"啃了一半"的山。

裸露光秃的山体，被周边老百姓俗称为"狗皮膏药"。这座三亚最大的废弃矿坑，位于绕城高速三亚入口的形象区域，三亚中心城区北面中部区域，紧邻规划中的城市行政中心。多年来，由于过度采矿，抱坡岭东边的山岭完全被削平。山体上植被所剩无几，与绕城高速公路两侧的翠绿景观极不相符。

如果不及时进行修复，将给三亚的旅游城市形象和生态环境带来极大负面影响。

补山而且是裸露面积达 6.3 万平方米的山体，谈何容易？

项目开始前，有人提出山体的破坏是历史形成的，修复非一日之功，付出多、收效慢，"是愚公才干的活儿"，不值得！

关键时刻，三亚的决策者没有犹豫。

"对三亚来说，生态建设就是生命建设。"张琦刚一履新三亚，就提出了这一生态立市理念，"作为全国唯一一个热带滨海旅游城市，良好的生态环境是三亚生存之本，是三亚的核心竞争力，是三亚最大的民生。"他明确指示相关部门一定要拿出对三亚负责，对子孙后代负责的态度，要有一刻也不耽误的紧迫感，科学规划，专业设计，加快行动，力争以最快的速度看到成果。

抱坡岭山体治理被列为三亚市"双修"首批项目和 2015 年生态修复重点工程。

补山，标志着三亚"双修"正式拉开历史性大幕。

补山不仅是复绿，与后者相比，前者投入要大得多。据测算，仅抱坡岭修复就需要投资近亿元。被破坏了几十年的山，修复起来谁买单？

经过多次协商，最后决定修复资金由三亚市政府和三亚华盛水泥股份有限公司共同承担。政府投资 2/3，企业投资 1/3 并垫资代建。

抱坡岭修复主要采用人工退台填土的方式。在修复中，坚持"以自然恢复为主，与人工修复相结合"的原则，增加山体植被覆盖率，对岩石裸露部分因地制宜进行处理。

经过一年多努力，山丰满了、变绿了，鸟来了、松鼠灰蛇满山跑。

三亚市民果园是"双修"亮点之一。

虎豹岭脚下的土地，早在 2004 年就被批为建设用地，计划建设 20 多层的地产项目。一道 10 多米的山体陡坡，红土裸露格外扎眼。马路对面，葳蕤的红树林，翩飞的白鹭，将失去家园。

这是一场利益的博弈。7 栋 15 层高楼，2.5 的容积率，按该地段每平方米 2 万元的均价，约可获得 30 亿元的收益。

而凿山建高楼，留给三亚的将是无尽的懊悔和痛苦！

没有了好山好水的三亚，还有魅力吗？

保护青山、保护红树林，一场生态保卫战打响。2015 年 7 月，人们发现，一度热闹的两处施工工地停工了。次月，轰轰烈烈的植树活动在施工工地上开启，市委书记、市长带队为果园用地上的破损山体披"绿衣"！

三亚是中国的热带滨海旅游城市，每年到这旅游休闲的人绝大多数只知道热带水果，却不知果树长什么样。市里决定大面积种植龙眼、荔枝、菠萝蜜、番石榴、释迦、绿橙、杨桃、诺丽果数十种热带果树。

市民果园建成了，生态环境变美了。园内果树争相挂果，呈现出一幅生机勃勃、绿意盎然的优美画卷，吸引着一波波市民及游客前来休闲游玩。许多人说，这是我们老百姓自家的果园。

三

三亚河，是三亚的母亲河。清澈的河水，河边翠绿的红树林是三亚人的骄傲。

但随着社会经济的不断发展和城市规模的不断扩大，游客数量的急剧增加，污水排河、垃圾堆岸、船舶排污等问题，严重影响了三亚河生态环境。鱼少了，水臭了，变浊了，喜欢在三亚河嬉戏的鹭鸟飞走了。

2015 年 4 月 12 日，中央电视台央《新闻直播间》将镜头对准三亚内河污染：渔船垃圾横生，酒店生活污水直排，河水变质变色，鱼群横尸水面，恶臭难闻……

三亚人的骄傲变成了隐痛。

三亚河的污染成为打造"精品城市"道路上一道难以逾越的坎，一道必须解答的题。

河道污染，腐臭难闻，怎么治？

有人建议，进行河道疏浚，见效快。但三亚最终放弃了这条"捷径"：河道两旁和中间都有红树林，疏浚会破坏红树根系，从长远看，得不偿失。

治河要治源。为了实现打造"水清、岸绿、景美"的生态之河的远景目标，三亚市明确提出了完善污水处理和收集系统建设、污水排河口治理、打击违建、重点污染源清查整治、河道保洁等重点整治任务。

完善污水处理和收集系统。全面配套建设污水支管网，2015 年建设和改造污水处理厂 2 座，建成污水管道 82 公里，清理疏通污水管道 438 公里；完成 94 处污水排海排河口的治理；采用移动式污水处理站应急解决污水管网尚未完善区域居民生活污水排河问题。

清理畜禽养殖厂等沿河重点污染源。清理整治违规畜禽养殖场等沿河重点污染源和违规侵占河道的行为，清理整治畜禽养殖户 200 多家，拆除违章建筑 272 处。

加大船舶排污整治。2015 年以来，共清理 40 艘废弃渔船及渔排 1200 平方米。排查出排污口 132 个，其中建设项目排污 27 处。对 7 家三亚河沿岸企业进行环境立案处罚。

严控农业面源污染。大力推行农药及化肥废弃物回收，并推广

"耕地地力保育项目"和"测土配方施肥技术"。完成测土配方施肥技术指导 3 万多亩，完成秸秆还田 2 万多亩。

功夫不负有心人。三亚河水质很快有了明显好转，由劣 V 类提升为 Ⅳ 类水质。

三亚河上又有了白鹭轻盈起舞。"太漂亮了!"不少游客兴奋地用手机拍照。

张琦说，打赢"母亲河"治污攻坚战，赢回的不仅仅是更清的河流、更好的生态，更是所有市民和游客对美好环境的获得感和幸福感。

四

绵延的三亚湾一直以来都是城市美丽动人的风景线。弯弯的海岸，细白的海沙，岸上绿树如带，曾是多少老三亚人眼中最美的画面，又是无数还没有到过三亚人的向往。

三亚市境内拥有海岸线 259 公里，大小港湾 19 个。三亚湾，因离市区最近，弧状海岸线景色宜人，被誉为三亚的城市会客厅。

过度开发、水质污染、恶意侵占、超负荷接待游客使海湾环境日益恶化，三亚湾不堪重负。

2007 年 4 月，央视《焦点访谈》节目曾经以"珍惜三亚湾"为题曝光日益凸显的沙滩"泥化"及海岸线侵蚀等问题。三亚湾椰子树根部裸露，草坪植被大面积陷落损毁。

"双修"战略刚一确立，三亚湾的生态修复就理所当然地成为第一批实施的重点项目。

2016 年 5 月，三亚出台 8 项措施治理海滩"瘦身"乱象。依法顶格处罚圈占公共海滩经营的涉事酒店和企业；收回到期的公共海滩使用权；限期拆除公共海滩上的设施，恢复海滩原状，有效遏制了三亚湾滨海绿带"私有化""营业化"现象。

一个月后，三亚公共海滩全面向公众开放，太阳伞、沙滩椅等海滩设施对公众一律免费。

为了让"城市会客厅"靓起来，三亚迅速行动起来。

开展生态修复和景观构建。开辟了3条从城区道路连到海边的滨海休闲道，让海直通人心，真正实现"还海于民"的愿景。

开展河口及近海海域污染综合防治。整改和完善污水排放系统，强化污水排放管理，严厉查处偷排、乱排和超标排放行为，通过截污净污改善海水水质。

对侵蚀较为严重的三亚湾东段，实施实验性的补沙。人工补沙海岸长2.6公里，补沙量达22.5万立方米，同时配套建设一道长100米的拦沙潜坝。

保护和恢复三亚湾原生植被。先做了约2公里长的示范段，随后向全线拓展，在一年多的时间里进行了三亚湾原生植被恢复5次重复种植。

2016年6月，人们从网友上传的视频中看到，成群海豚在三亚湾凤凰岛附近海域畅游嬉戏，十余只海豚背鳍和尾叶露在蓝色海面上，它们不时垂直跃水，作出系列空中动作。

三亚湾的美，又回来了。

五

白鹭公园位于三亚中心城区。因其环境优美，地理位置优越，红树林资源丰富，成为白鹭的主要栖息地之一，因而得名，也是市民主要的休闲、健身和娱乐的场所。

中心城区的土地已经成为稀缺资源。于是，一些开发商把觊觎的目光瞄向了寸土寸金的白鹭公园。

为此，三亚市民忧心忡忡，甚至有网友断言，白鹭公园很快就会"变身"，成为富人才能出入的豪华社区。还有人说，政府为了财政收入，肯定招架不住开发商、投资客的"进攻"。

公园不能再丢，绿地不能再少。三亚的老百姓开始不停地向有关部门反映，甚至在网上发起保卫白鹭公园的民意投票，有识之士更是大声疾呼，白鹭公园，仅存的"硕果"不能再被任意采摘。

经过近3个月的"开门立法"和8次修改，在详细征求各方意见的基础上，《三亚市白鹭公园保护管理规定》经三亚市人大常委会表决通过。

三亚市自2015年6月1日起，开始有权制定地方性法规，随即就将地方立法权的首秀"献给"一座城市公园，其意义不言而喻。

这是执政为民理念的具体体现。这是三亚"精品城市"战略的关键性布局。

《三亚市白鹭公园保护管理规定》明确规定："任何单位和个人不得侵占依法确定的白鹭公园用地或者擅自改变其使用性质。禁止出租公园用地，不得以合资、合作或者其他方式将公园用地改作他用。""任何单位和个人不得在白鹭公园内建设住宅、会所、办公楼以及其他与公园功能无关的建筑物、构筑物及临时设施。"

白鹭公园"保卫战"是三亚保卫公园绿地的第一个战役，却不是最后一个战役。三亚乘着"双修"的强劲东风，继续扩大战果。

六

不惜代价叫停房地产项目改建公园，在三亚并非个案。

2016年9月13日上午，伴随着三亚临春河畔"咚咚咚"的巨大机械声响，富斯·福水湾项目最后一个建筑被依法拆除，标志着三亚红树林生态公园内房屋拆迁取得了最后胜利。

富斯·福水湾项目位于三亚市凤凰路和春光路交汇处东北侧，紧邻临春河，规划建设一幢酒店和7幢高层住宅。由于河两岸拥有大片红树林，且河西岸为月川生态廊道，项目的地理位置和生态环境优越。近 2000 平方米售楼中心和样板房两幢房屋已在河边建成。

然而，由于该项目占用河道，破坏生态和城市景观，众多人大代表、政协委员和市民纷纷建言，要求重新评估该项目建设的生态合理性，建议取消开发。

三亚市委、市政府广纳谏言，抱着"还绿于民、还景于民"的决心，不惜代价果断叫停该项目，通过土地置换等方式补偿企业损失，并着手将此处改建成红树林生态公园。

红树林生态公园规划建设面积达 525 亩，总投资约 2 亿元。公园分为四个功能片区：红树林科普岛、红树林生境园、红树林游乐园、红树林丰果园。在区域红树林植被恢复上，采用了人工种植与自然演替相结合的方式。同时，结合整座城市游憩绿环考虑，公园内规划了环湖自行车道、人行步道、滨水栈道等，打造生产性景观、游憩空间，市民游客可体验别样的乡野风光。

不到一年时间，一个集生态涵养、科普教育、休闲游憩为一体的红树林生态科普乐园便蓦然开放。

东岸湿地公园、红树林公园、丰兴隆桥头公园、金鸡岭公园、春光路滨河公园、临春河路市民休闲公园……市民和游客惊喜地发现，"双修"开始之后，一座座公园从大桥头、山脚下、河岸边生长出来了，每一个走进公园休憩的人心头都洋溢着由衷的幸福感。

七

前几年，三亚流传着一个顺口溜："三亚变化快，二三层小楼隔夜盖；三亚怪事多，宾馆酒店城中村里多。"话里虽然透着幽默和无奈，却是对三亚城乡规划建设和管理环境的无情揶揄。

三亚的违法建筑到底严重到什么程度？三亚市相关部门对存在的违法建筑进行了一次认真的调查摸底。

截至 2014 年年底，城区范围内违法建筑达 1.5 万栋，建筑面积 723 万平方米。按照当年商品房均价计算，此违建转化为商品房价值达高到 1500 亿元，是三亚全年财政收入的 19 倍。

这一调查结果令人触目惊心。

拆还是不拆？

拆违，显然存在着巨大的决策风险。有一种观点，三亚的违法建筑是历史形成的。曾经两次集中拆除都未达到目的，现在再拆风险更大。

一些城市在拆迁工作中发生的冲突事件，更让决策层不得不慎重思考。

市委很快统一了认识：违法建筑犹如一个个"毒瘤"不断侵蚀城市肌体，成为城市转型发展的"拦路虎"和"绊脚石"。不打击违法建筑，旅游精品城市建设将无从谈起。

海坡村毗邻三亚湾畔，地理位置极其优越。一些村民和外地投资者为谋取经济利益铤而走险，不顾国家法规、不惜破坏环境，打起了违法占地、违章建设的算盘。他们在村里大肆抢建酒店、公寓等，村里的"亲吻楼""贴面楼""牵手楼"越长越高，越长越密。即使在 2010 年"铁锤行动"的凌厉攻势面前，海坡村的违建依然禁而不止，遍地开花。到 2014 年年底，海坡村的违建面积已接近 100 万平方米。

治乱用重典。天涯区成立后，区委、区政府将海坡村列为第一批违法建筑重点打击区域。

2015 年 4 月 1 日早晨，三亚市相关部门及天涯区联合行动，对位于海坡村凤凰豪生酒店进行强制拆除，由此拉开了三亚大规模拆违的序幕。

凤凰豪生酒店建筑面积达 1.6 万平方米，占地 3100 平方米，楼高 12 层，客房 420 多间，由一栋主楼、一栋配楼和一个立体的停车场和游泳池组成。这间已经运营 4 年多的酒店竟然是个没有任何合法手续的违法建筑。

在破碎机的一记记重击下，凤凰豪生酒店被夷为平地。

到 2016 年年底，三亚市共拆除各类违法建筑 12108 栋、总面积 717 万平方米，是同期商品房销售面积的 2 倍多，违建势头得到了有效遏制。

行动之快，力度之大，影响之广，空前绝后。

打违控违，是对高标准规划修编的坚持和坚守，是对"精品城市"的布局，是塑造"精品城市"气质的前提。

八

2017 年 1 月，省委常委、市委书记严朝君在市委七届二次全会上再次重申，坚持一张蓝图绘到底，坚定不移推进"双修"工作，并提出推动"双修"工作从城区延伸至全市，持续改善生态环境，完善城市功能，提升城市品质，当好全省"双修"工作的排头兵。

"双修"升级版全面启动。

三亚市建设世界级滨海旅游城市十大行动方案与三亚市幸福民生十大行动计划相继出台，85 项具体举措公布于众。三亚，以"绣花功夫"细化城市治理。

一个月后，严朝君在传达省两会精神时再次强调，三亚将按照"建设精品城市，打造幸福三亚"的主题，一张蓝图绘到底。要不断丰富"双修"的内涵和外延，全力打全力打造三亚"双修"升级版。

作为创造"双修"经验的三亚，将如何打造"双修"升级版？

三亚市委、市政府明确了"方向"：提升"双修"要求，2017年安排 42 个"双修"项目，比 2016 年 18 个增加了 24 个，拆违

200万平方米，并推进"零违建"社区（行政村）创建，最终实现消除违建目标；将"双修"范围从城区延伸至全市，启动全市491个自然村的污水治理，完成33个农贸市场改造升级等；丰富"双修"内涵，将33个棚改项目纳入"双修"，进一步改善群众居住条件；将"双修"与发展产业协同推进，全年推进重点项目122个，年度计划总投资551亿元；大力推进亚特兰蒂斯、海昌梦幻不夜城、旅游商品专业市场、大型海鲜广场、国际游艇港、水稻国家公园、东岸文化商业街区、长隆水上乐园和三亚新机场、城市轨道交通等项目建设。

一个个实实在在的项目，让三亚升级版"双修"有了更加丰富的内涵，有了更加有力的支撑。

与此同时，升级版"双修"从硬件建设为主向硬件和软件并重转变，大力推进"创文巩卫"，提高城市文明程度，巩固提升"双修"成果。通过"双修"升级版，加快国际化热带滨海旅游精品城市建设，让三亚生态更优、环境更美、城市更靓、实力更强、功能更完善、老百姓受益更多。

执政者的理念变了，不再唯GDP是图，而是把追求绿色GDP、让百姓享受优质生态环境作为目标，将注重民生作为责任和追求；人们不再迷恋高楼大厦，而是追求绿水青山为伴，追求城市内涵和品质的提升；人们希望"面子"光鲜，更想要"里子"强健。

今天，升级版"双修"让三亚这座年轻的城市充满了更多诗情画意。

有人说，城市"双修"，让三亚打扫干净了自家院子，中外游客就都愿意来看看、走走、坐坐了。

"双修"的持续发力，正让三亚这座名闻天下的旅游城市"脱胎换骨"、焕然一新，变得更具内涵、更有魅力、更添活力。

　　海南省住房城乡建设厅厅长霍巨燃指出："三亚升级版'双修'，从理想到现实，从探索到样本，根本在责任担当。这份担当，是践行五大发展理念，引领城市内涵式发展方向的勇气和责任。"

　　观全局，思一域。一个民族的进步，需要一种精神；一个城市的发展，也需要一种精神。透视升级版"双修"，我们强烈感受到当下三亚大地升腾起的一股精气神。

　　这种精神力量，深嵌于这座城市的肌理，催动三亚跨沟壑、攀高峰、征远途。

　　升级版"双修"的探索表明，三亚再已不是城市建设舞台上踉跄学步的迟到者，在新城市发展的语境中，三亚人比以往任何时候都更关注城市形象，也具有更加开阔的视野和胸怀。

　　新征程大幕开启，"双修"之路让人们看到一个更加开放的三亚、内外兼修的三亚、昂首迈向世界级滨海旅游城市的三亚！

第六节　爱 TA 就带 TA 来三亚

"一年一个样，鹿城越来越漂亮。"来自温州的摄影记者林夕用镜头定格三亚的美。

林夕打开相机向朋友展示他的摄影作品。"以前找三亚拍摄点要么去景点，要么前往海边。如今，三亚市区处处都能找到美景，有街心公园、湿地公园，还有内河、美丽乡村等。"林夕说，白天，走在三亚街头，随便一拍就是一景。晚上，漫步三亚，仿佛置身流光溢彩、灯火辉煌的不夜世界，绚烂的灯光秀，让人目不暇接、赏心悦目。

漫步在湿地公园，流连在迎宾路、凤凰路、榆亚路，穿梭在大街小巷，骑行在美丽乡村，碧海蓝天，椰影交错，火红的凤凰花点缀在青山上，白鹭展翅掠过临春河面，随即优雅地立在红树林的枝丫上整理羽毛……一切都显得那么自然和谐，三亚的美，巧夺天工。

一

"小伙子，你能帮我们拍张照吗？"2018 年 2 月 23 日下午 4 时许，三亚日报记者翁叶俊在美丽之冠的时代广场遇到一对吉林夫妻游客，原来他们被路边的两只凤凰造型植物景观吸引，想要在此拍照留念。

拍好照后，夫妻俩看着手机里的照片喜笑颜开，连连感慨："三亚不仅空气好，连街道也这么漂亮，走在路上就像在逛花园一样。"

凤凰路两侧，苍翠的绿植和喜庆的灯笼交相晖映，隔离景观带的三角梅争相绽放，不远处的木棉树开着火红的花朵；路边大大小小的变电箱被绘上凤凰花等图案，色彩艳丽引人注目；时代广场对面的三亚国际友好中医疗养院大楼阳台上布满绿色植物，让人耳目一新。

行走在凤凰路，不同风格有序切换。交替种植的糖棕、雨树、蒲葵等植物，行道树、背景林以及灌木形成了凤凰路绿化的 3 个主要层次。在迎宾路，15.9 公里的路段绿化带依次呈现出六种风格，不仅展现"繁华秀景，棕榈迎宾"的景观特色，还能避免视觉疲劳，确保司机驾车安全。

随着绿化覆盖率的逐渐提高，三亚又开始加入了彩化建设。在原有绿化基础上通过植入不同颜色的植被，丰富游客视觉感受，打造独具热带滨海旅游城市特色的道路景观，推动全域旅游发展。

从 2018 年 2 月 28 起，三亚市园林环卫局在城区部分社区及主干道实行全天 24 小时保洁机制，并将总结试点经验在全市主城区推广，提升三亚城市"五化"工作中的"净化"水平，为全市社会文明大行动助力。

干净的大街小巷、靓丽的城市天际线、迷人的城市夜景灯光秀、道路公园的绿化彩化……三亚的颜值越来越高。

美丽的三亚，不仅有秀于外部的热带风情，也积极培育"内在的智慧"，营造舒适宜人的"城市温度"，彰显三亚的文明之美。

"我看到路口那么多志愿者、文明交通劝导员，不自觉地就对自己提高了要求，规范好自己的开车行为。"来三亚自驾游的余先生说，在景区也能看到志愿者开设咨询服务站点，为游客解答问题，这些细节都能看到三亚对城市文明建设的高标准和高要求，游客无时无刻都能享受到贴心的服务，心里非常踏实。

十万志愿者，一座有礼城。截至 2017 年底，在志愿海南网上注册的三亚志愿者人数超 10 万人。如今，在景区酒店、机场车站、交通路口、乡村学校等许多地方，你总能看到这样一抹靓丽的色彩，他们用热情的服务，换来游客的满意而归；他们用自己的无私，守护三亚的平安喜乐。

春节期间，数十位"候鸟"老人在三亚湾开展文明劝导志愿服务，每天 500 位志愿者为市民游客提供各项服务。沙滩上，志愿者捡拾垃圾倡导环保，马路边，青少年站岗劝导文明出行。来自北京的游客退休教师肖女士说："一言一行，都体现着居民的素质；一点一滴，也孕育出城市的气质。当文明形成风尚，三亚必将更加美好。"

二

游客量增多、旅游安全事故减少，理性消费增多、不文明行为减少，优质服务增多、涉导游领队和旅游购物投诉比率减少——在刚刚过去的 2018 年春节长假里，"三多三少"成为三亚旅游市场突出特征。

2017 年 12 月 11 日，三亚市召开了 2018 年春节黄金周暨旅游旺季综合服务保障工作部署动员大会，将春节黄金周整体任务部署落实到各区各部门，为春节黄金周旅游市场治理和服务明确了路线和目标。

"年年春节黄金周，次次都'压力山大'，今年我们把各项工作做在前面，未雨绸缪，提前应对，感觉心里有了底。"三亚市旅游质量监督管理局办公室主任赖紫叶说。

2 月 2 日，春节临近，省委常委、市委书记严朝君在市民游客中心主持召开旅游市场整治工作办公会，强调各部门要认真履职，切实担起责任，按照"五更"要求继续抓好旅游市场服务管理工作。

一年多前，同样在市民游客中心，同样在春节黄金周到来前，严朝君提出要以更高的标准、更严的要求、更细的工作、更优的服务、更满意的结果"五更"标准，提高旅游服务水平、让游客享受更优的旅游环境、让人民过上更好的生活，建设精品城市，打造幸福三亚。

时间奔流不止，一年的时光不过是转眼间。

一年间，旅游市场在变，游客需求在变，三亚旅游坚持不变的是自我加压和持续提升。正是秉承着"五更"的标准，锻造自己的实力，在一次次"大考"中做足了功课。

一年间，三亚第三次捧得"长安杯"，蝉联"国家卫生城市"，荣登"全国绿色生活型和健康宜居型城市"榜首，获"东亚文化之都"创建扶持城市、2017 年度中国十大品质休闲城市、中国智慧城市创新奖多项荣誉，入选 2017 中国全域旅游指数排行榜，环境友好型、绿色生产型、绿色生活型、健康宜居型四类城市榜单前十名……

所有这一切，给予这座城市更足的底气，同时也让各地游客有了新的期待。

春节黄金周期间，三亚市委、市政府领导多次对旅游市场进行调研，检查各项工作情况，要求要交出一份"满意答卷"。

一次次部署，为这次"考试"明确了答题思路。

2 月 16 日 21 时 31 分，一名外地游客通过微博吐槽，自己在网上预订了一家客栈的房间，因客栈转让，客栈名字和电话都发生更改，导致其很久才找到这家客栈。

微博发出 9 分钟后，三亚市旅游委立即安排人员与网友留言对接，经协调，客栈方面向游客致歉，并将未入住的房费全额退还游客。

每逢春节临近，从各地赶往三亚的游客大幅增加。与往年春节黄金周不一样的是，2018 年，伴随着《阿凡达前传》《红色娘子军》大型实景剧演出、首届中国体育庙会等活动开锣，游人们有了更幸福、更丰富的体验。

游客投诉量大幅下降、欺客宰客等市场顽疾得到有效遏制、游客满意度显著提升，三亚在严查严管旅游市场上尝到了甜头。这些甜头也激励着三亚治旅一直走在用重典、下猛药的路上。

用行动传递文明，用文明温暖城市，让广大市民游客享受美好的假期生活。

5岁男孩途中高烧，交警驾驶警用摩托打开生命通道；13岁女孩走失，城管民警联动两小时寻回；西线高速疏导交通，飞鹭支队路管员受伤骨折；让游客旅途顺畅，150辆新能源汽车加入应急保障……

大年初一，三亚湾依旧热闹非凡，游客在海边玩耍、拍照、唱歌跳舞，享受着北纬18度的温暖和舒适。30余名"候鸟"志愿者穿着蓝色背心，身披"三亚社会文明引导员"的肩带。这些"候鸟"志愿者分为沙滩组和路边组，一边走路一边沿途捡拾垃圾，宣传环保和文明理念，为三亚湾平添了一道亮丽的风景。

书写春节黄金周的"答卷"，不仅有来自各单位一线工作人员的坚守，还有社会各方共同参与。如果说前者的努力构建起的是一套行之有效的治理管理机制，后者的付出则营造的是良好的社会风尚。

三亚积极推动的社会文明大行动，成为提升城市品质的助推剂，也在黄金周期间成了检验城市文明程度的试金石。

自驾途中燃油耗尽，警察帮忙"加油"解困。春节期间，三亚街头两度出现的"加油哥"热助游人暖心事，得到广大市民游客盛赞，也让三亚这座城市的"温度"愈发舒适宜人。而这，正是三亚实施"双十行动"，提升城市形象和品质的一个缩影。

在三亚千古情景区，讲解员陈昭瑞同时还身兼"三亚社会文明引导员"，"遵守公共秩序，讲究公共卫生，爱护公共环境，让文明成为最美丽的风景。"

在水稻国家公园大门口，旅客会在电子显示屏上看到这样一段文字：文明与山水同在，和谐与风景共存，一花一木皆是景，一言一行要文明！

天涯海角游览区、亚龙湾热带天堂森林公园、蜈支洲岛等景区充分利用宣传栏、横幅、LED 屏、广播开展文明告知、文明提醒活动，积极引导游客争做文明旅游人，制止不文明行为发生。

三

三亚旅游，渐入佳境。

党的十九大报告提出，发展更高层次的开放型经济，推动形成全面开放新格局。

2017 年，三亚积极推进全域旅游示范市建设，推动旅游产业转型升级，改造提升天涯海角等传统景区景点，加快南山"4＋2"、亚特兰蒂斯、海昌梦幻不夜城、专业化旅游商品市场和大型海鲜广场等项目建设；多管齐下创新城市宣传和旅游推介，不断提升三亚的国际知名度和美誉度。

一场"厕所革命"为三亚再增亮点。

2017 年 11 月 29 日，央视《新闻联播》头条新闻"一件让习总书记挂心的'小事'"中，点赞了三亚旅游厕所方便又舒适。

2017 年，三亚旅游厕所新建、改建数量共计 50 座，其中新建 41 座，改建 9 座，计划总投资 3052 万元。春节前，全市旅游厕所已全部完工，完成率 100％，完成投资 3308 万元，占总投资的 108％。同时，三亚要求全市所有 4A 级以上景区必须修建第三卫生间，已建设完成 20 座，分布在大小洞天旅游区、南山文化旅游区、蜈支洲岛旅游区、天涯海角游览区、鹿回头公园、海棠湾水稻国家公园、海螺姑娘创意文化园、南天热带植物园 8 家旅游景区。

三亚大小洞天旅游区常务副总经理张理勋说，厕所问题看起来事小，却是关系游客舒适度和满意度的大问题，马虎不得。

2017 年 12 月 22 日，三亚市旅游委召开了旅游厕所开放联盟工作推进会，倡议各相关单位、旅游餐饮企业、酒店等城市厕所对游客进行开放，缓解市民和游客如厕需求压力。

四

一座玫瑰雕塑、两面舞台荧屏、四方嘉宾观众、满园玫瑰夜色；最艳丽的舞美、最深情的告白、最动情的事迹……

2018 年 3 月 6 日晚，三亚 2017 年十大幸福民生新闻评选揭晓晚会在玫瑰园里温馨开启，舞台上最平凡的人，用最不平凡的举动，托起三亚的幸福民生。

夜晚的玫瑰谷星光灿烂、百花争艳。2013 年 4 月 9 日，习近平总书记就是在这里，第一次提出了"小康不小康，关键看老乡"，总书记浓浓的民生情怀深深地感动了三亚的父老乡亲。他们是这块玫瑰园的村民，因为玫瑰鼓了腰包。今天，他们欢聚在亚龙湾玫瑰谷，看到了台上他人与自己一样的幸福。

民生是我们的幸福之基、社会和谐之本。

"人民对美好生活的向往，就是我们的奋斗目标。"这是以习近平同志为核心的党中央，对全国人民作出的庄严承诺。

2017 年 9 月，三亚发布《三亚市幸福民生行动计划（2017—2021）》，涉及教育、医疗、社会保障等民生领域，细化为 40 项民生"账单"。

20 秒的宣传片道不尽人民的幸福，歌舞拉开晚会的面纱，锣鼓喧天敲开通往幸福之门。在观众的掌声和欢呼声中，幸福民生新闻人物李鸿民、马向阳和黄宗斌、"潜水哥"陈永国、"神回复"陈敏、上海交通大学医学院附属仁济医院副院长王育以及中俄联姻夫妇陈泰通、OLGA上台分享自己与他人的民生故事以及三亚幸福民生看得见的变化。

照顾家中患病的亲人，这不离不弃的美，是家庭之幸福；以教育为本，提升教育惠及民众，是教育之大爱；建设公交都市、完善医疗体系、推进厕所革命，是大众之福……这个舞台，只是三亚人民幸福的缩影，站在新时代的起点，走向幸福的殿堂，需要每一个人的付出与努力。

心中有梦，脚下有路。2017年，三亚被国家确定为"公交都市建设示范城市"，智能公交设备正式投入使用，三亚公交迈进智能互联网时代；加快推进公共交通领域新能源汽车推广应用，三亚推进公交都市建设的大幕迅速拉开。

2017年4月10日，三亚开通扶贫公交线路天涯1号、天涯2号，为三亚市贫困山区高峰片区的两万余名村民解决公交出行问题。8月，崖州区在原有的4条公交线路上新增加3条公交线路；9月，市区16条三亚公交线路优化调整……三亚公共交通的发展让市民出行更便捷、更舒适。2017年，三亚共有78条公交线、1136辆公交车。其中有6条微公交线路、14条扶贫公交线路。

在党的十九大精神的指引下，三亚加快推进公交都市建设的步伐，让群众获得了实实在在的发展红利。

绿水青山就是金山银山。2017年10月25日，严朝君在接受人民网访谈时，以青蛙、海豚、白鹭这"三只动物"的故事，形象说明了三亚这些年来生态环境的喜人变化，赢得网友点赞如潮。

环保"齿轮"的加速转动，让三亚收获颇丰。"光头山"穿上绿装，白鹭频繁飞翔在三亚河上空，海豚屡屡出现在近海海域，今天的三亚天常蓝、山常绿、水常清。

乘着建设世界级滨海旅游城市的东风，三亚国际航空网络越织越密，国际化步伐越来越快。

2017 年，三亚不断加大对国际客源市场的开拓力度，打开通往世界的窗户。在三亚凤凰国际机场累计运营的航空公司有 44 家，运营航线 160 条，其中国际及地区航线 26 条，航线网络覆盖日本、韩国、俄罗斯、哈萨克斯坦、东南亚等"一带一路"沿线重要国家以及中国香港、台北。

国际知名度逐步提升、国际航线的不断开通、三亚得天独厚的自然环境和巨大的市场潜力，对全球产生了强大吸引力和关注度，越来越多的国际客源涌入。

人民网海外中心舆情监控显示，在全国 60 个重点旅游城市的国际知名度总排名中，三亚市位列第七。2017 年，三亚被《纽约时报》列为 52 个最值得去的国家或城市，且是中国唯一入选的城市。

五

2017 年，三亚幸福民生行动计划给这座城、这里的人们描绘出一幅崭新的幸福画卷。2018 年，随着一个个民生工程的推进，将会有更多的幸福时光充溢在这座城市。

学生家长收到了"幸福账单"。

能否让孩子在"家门口"享受到更好的教育，是每一个家长心中的牵挂。三亚把教育事业放在优先位置，下决心拿出"真金白银"，推动教育事业全面发展。引进西南大学全面托管市第六中学、海南中学全面托管市实验中学、人大附中三亚学校开建……每一个项目的落地，都让家长心中增添了一份幸福感和获得感。

2018 年，教育提升还将继续。三亚将新建、改扩建 13 所幼儿园、6 所小学、5 所中学，新增公办幼儿园学位 2610 个、小学学位 2000 个、中学学位 1500 个，加快推进人大附中三亚学校、上外附中三亚学校、北大附中三亚学校等项目。同时，坚持"一校一策"，提升教育质量，做实用好教育基金会，助推教育事业发展。

医疗的改善，对老百姓而言是一个重大利好消息。如今，三亚成为全国首批健康旅游示范基地之一：市人民医院急诊综合楼建成投用，市妇幼保健院新院区主体结构封顶，三亚恒大妇产医院、三亚国康医院等项目稳步推进，组建了4个医疗服务联合体，推进分级诊疗工作。三亚的医疗服务水平被推上新高度。

老有所养，病有所医，提升医疗服务的脚步不能停。2018年，三亚将进一步提升医疗卫生服务水平，抓紧推进市人民医院、市中医院新院区建设，面向全国招聘医疗骨干包括优秀退休医生，做到市级三甲医院专科基本覆盖，打造琼南区域医疗中心。同时，积极发展医疗健康产业。加快推进国家健康旅游示范基地、中医药健康旅游示范区和国家医养结合试点建设，推进北大口腔医院三亚分院、三亚恒大妇产医院、石药德中健康产业园等项目落地生根。

2018年，三亚幸福民生在持续。今年40岁的苏吉丽是博后村的村民，在玫瑰谷工作已达7年之久。"我们家以前以种植水稻为生，如果遇上台风等天气影响，就没有什么收入了。"苏吉丽说，很多村里的年轻人甚至中年人都不得不外出打工谋生。

玫瑰谷产业园落户博后村后，昔日的产出匮乏之地变成了今日适合花卉种植的肥沃土壤。"景区＋合作社＋农民"等发展模式，带动了周边农村发展，给村民提供了就业岗位，老百姓的钱袋子渐渐鼓起来了。"租了我们的地之后，还给我们提供工作岗位，有了不错的收入，再也不用外出打工了，现在日子越过越有味。"苏吉丽说。

2018年，三亚将扎实推进乡村振兴战略。"十镇百村"建设、热带特色高效农业、大数据、农旅融合等一系列措施，必将成为新一轮农民增收的助推剂。苏吉丽和其他村民的幸福生活将翻开新的一页。

当时间进入 2018 年，人们再次细数幸福民生行动计划，教育提升、医疗卫生体系建设、住房保障、"五网"基础设施建设、居民增收、社会保障、文化体育公共服务提升、生态环保、农村提升、城市治理管理，每一个计划都是令人期许的幸福，每一项工程的进展都关乎民生福祉，每一步前行都让三亚离幸福民生城市的目标更近。

碧海蓝天春常在，山河海城美如画。

明天的三亚，将继续谱写宜游宜居、经济繁荣、社会文明、人民幸福的新篇章。

到一个幸福的城市开启幸福之旅该是一件多么幸福的事啊。

爱 TA 就带 TA 来三亚。

后记

久久见过还想见

"久久不见久久见，久久见过还想见。"

2018年4月10日上午，习近平在博鳌亚洲论坛发表主旨演讲时，引用海南经典民歌歌词作为开场白，向与会嘉宾表达欢迎之意，会场爆发出经久不息的掌声与会心的笑声。

作为本书作者，我们对三亚的感情也正是"见过还想见"。

因为工作的关系，这几年，我们去三亚的机会多了些，对这座城市有了更多的认识，也多了几分期待与关注。

三亚是年轻的。从1984年5月撤销崖县建立县级三亚市，再到1987年升格为地级市，三亚市才走过30多个春秋。

作为中国唯一的热带滨海旅游城市，旅游业一直是三亚的绝对支柱产业。

30年筚路蓝缕，从"养在深闺人未识"的渔家姑娘，到国际舞台上的名模新秀，三亚旅游业曾经走过许多弯路，有过痛彻心扉的教训，有过难以忘记的"成长的烦恼"，但三亚具有刮骨疗毒的勇气，敢于正视问题，不断寻求解决问题的新路径。

全国第一支旅游警察队伍、全国第一个旅游巡回法庭、全国第一座"城市修补、生态修复"试点城市、四位一体的管理模式、长效的暗访机制……三亚在城市建设与旅游管理方面的创新与探索，有目共睹。

三亚旅游业的"涅槃"与"蝶变"，无疑是中国旅游业发展的一个缩影和生动写照。

"中国的海南、亚洲的博鳌、世界的三亚"，已经成为今天海南影响力的重要标识。

随着海南国际旅游岛的建设，"美丽三亚、浪漫天涯"的品牌形象逐渐深入人心。

椰林婆娑、海风妩媚，不论是细软洁白的沙滩，百吃不厌的海鲜、别具一格的美丽乡村、山间田园，抑或是天际遨游的畅快体验，都让无数人对三亚心驰神往。

三亚，正在从一处美迈向一片美，从一时美迈向持久美，从外在美迈向内在美。

三亚，美在颜值，美在自信，美在气质，美在成长。

在这样一个不可复制的年代里，对于一座城市来说，30年的记忆不是个人记忆的简单集合，也不仅是一方水土的记忆，更是一个国家和民族的记忆。

当我们走进鹿城，深入其中时，实际上已经开始了一段更为久远而悠长的时光旅程，心潮起伏，思绪荡漾。

我们力求站在国家的视野和更久远的时空坐标中，结合改革开放40年的中国变迁，对三亚旅游发展路径和旅游文化基因进行系统的梳理和解析，展示三亚人所特有的人文精神。我们竭尽全力地进行多侧面、多角度、多层次的透视，并从源头探析三亚领先全国的诸多旅游改革发展举措的出台背景、历史价值，以及它们对现实和未来的巨大影响和借鉴意义，使其具有强烈的纵深感、厚重感，同时充满思想性、知识性。

一路风雨兼程，一路澎湃前行。

三亚旅游走过了一条不平凡的发展之路，三亚旅游经历了一次次惊心动魄的革命，岁月之河积累着三亚人民负重前行、开拓创新的一页页壮丽画面。其中最可宝贵的，就是无论在什么时候、什么情况下，三亚人民始终坚持发展为重、发展为先、发展为大的理念。即使在最困难的时候，全市上下思考最多的，仍然是如何推进改革开放，加快发展，打造旅游精品城市。正是这样的执着和坚韧，让三亚人民一直保持着昂扬向上的精神和斗志，保持着对发展的强烈渴望和追求。也正因为此，近年来，三亚确定了新的历史定位，实现了跨越式发展。

"人们为什么喜欢三亚"，在探寻三亚旅游发展路径的过程中，这是一个始终盘桓在我们脑海里的问题。随着对这座城市的深入了解，我们渐渐明白：一座城市的魅力并不与它的面积成正比，甚至与它所创造的GDP多少无关。在一个特定的历史时期，传奇往往从鲜为人知的地方升起。一位三亚媒体人这样告诉我们，永远用不着为三亚人担心，无论遇到什么样的难题，他们都会活得很好。每当谈起三亚的未来时，每一个三亚人都显得轻松而乐观。我们在探访三亚期间，从未遇到过一张沮丧的面孔。

历史，总是在一些特殊年份给人们以汲取智慧、继续前行的力量。今天的中国，正站在一个新的关键转折点上，经济持续繁荣，文化正在复兴。前所未有的历史机遇正摆在所有国人面前，每一个有责任感和使命感的人都责无旁贷。

本书在写作过程中，参考了许多资料，引用了一些报刊和专家的观点，由于多种原因，难以一一注明，谨向涉及的同志表示由衷的感谢。

感谢海南省委常委、原三亚市委书记张琦同志，他在调任海口市委书记后，依然十分关心三亚旅游业发展，因为他的关心，才促成本书的面世。

感谢三亚市旅游委对我们的信任。

感谢世界旅游城市联合会首席专家魏小安先生为本书作序。

感谢樊木、余明恭、郭宝正、吴奇峰、叶凯中、唐嗣铣、郑聪辉、刘国安、张理勋、杜自传、赵庆山、李清云、吴坤苗、樊辉、张勇、王启高、吴光锋、王昆明、庞永达、容幕开、陈民敏、赵宽、邓勇波、张文军、李石磊、李清平、宋春丽、罗妩、刘武、郑银河、阳柏怀、赵江薇、柳枢、杨晓海、汪裴、胡笑铭、杨雨桐、袁永东、赖紫叶、唐彩霞、朱鑫隆、肖寒等同志对本书提供的帮助。

感谢中国政法大学方宇菲、热依娜、肖微同学为本书在资料收集、文稿整理等方面付出的辛勤劳动。

感谢新华出版社要力石、许新、程红根、张永杰等同志为本书的编辑出版付出的努力。

南海之滨，浪激潮涌。

穿越岁月沧桑，道路在脚下延伸。

随着而立之年的海南特区再出发，劈波斩浪，奋楫争先，在把海南打造成为展示中国构建人类命运共同体，实现中华民族伟大复兴中国梦宏大背景下，三亚旅游独有的价值正在凸显。实际上，一旦鹿城这方水土融入这样的命题，就已经担负起了某种意义上的"国家使命"。

可以预见，面对各方的更高期待，面临着发展的更大机遇，三亚将以更加积极有为的姿态，以更加昂扬向上的步伐，奋力谱写新时代精彩三亚与大美海南的时代交响，力争用更亮眼的发展成就、更新颖的舒适体验，让更多的中外游客对三亚来了还想来，见过还想见。

因此，本书便是对海南建省30周年和中国改革开放40周年的美好纪念。

祝福三亚！祝福海南！

作者

2018 年 6 月 13 日